JN301079

日・韓卸売構造
の変化に関する研究

金 成洙

専修大学出版局

はじめに

　これまでの日本の流通業を振り返って見ると、話題を集めた分野は卸売業ということになろう。日頃、我々が深い関心をもって見ている卸売業の問題は、その存在意義が問われながらも他国と比べてもなお高度な発展を遂げてきた。それが日本の卸売業の最大の特徴でもある。しかし、主として1990年代に入り、日本の卸売事業所数は減少しつつある。一方、韓国の卸売事業所数は増えつつあるが、とりわけ1980年代後半以降は著しく成長を示している。しかし現在、韓国の卸売業も大規模小売店の参入により、その成長には歯止めがかかりそうである。

　本書では、このような両国の現状を踏まえて、まず日本と韓国の卸売業の基本的な特徴は何か、その特徴を明らかにする。その上で、深部で起きている現在の卸売業の問題、すなわち卸売業を取り巻く環境変化の中で、今後卸売業が勝ち残るためには卸売機能の強化を通していかに成果をあげるかの解明に迫っていく。換言すれば、卸売業がいかなる機能強化を図るべきか、いかなる選択肢が最も適切かについての解明である。その方法としては、卸売業を対象としたアンケートのデータ解析から、今後の成長の方向を模索する。以上の点を明らかにすることが本書の主なねらいである。詳細な本書の構成については、「序」を参照されたい。

　なお、本書の出版にあたっては、多くの方々にお世話になった。この場をお借りして次の方々に心から感謝の意を表したい。

　まず指導教授である田口冬樹先生に感謝したい。先生には未熟な私を引き受けて頂き、研究・論文指導のみならず、公私にわたりあらゆる面であたたかいご指導を頂いた。田口先生は学問的にも人物的にも私の支えであり、また私の最大の目標でもある。また、本学の前学長である出牛正芳先生（現、理事長）は、ご多忙にもかかわらず私の博士後期課程の4年間にわたって、大変貴重な時間を割いてご指導頂いた。なお、出牛先生から頂いた大変貴重なアドバイス

やコメントは、私の一生の宝物にしたい。

いつも私を見守って下さっている専修大学での修士課程時代の恩師である十合曉先生と中央学院大学での学部時代の恩師である吉井敏子先生、陰でご指導を頂いた専修大学商学部教授の関根孝先生にも、厚くお礼申し上げたい。

加えて、直接的・間接的にお世話になった先生として、専修大学経営学部教授であられる溝田誠吾先生、東京都立大学経済学部教授であられる朝野熙彦先生、専修大学ネットワーク情報学部教授であられる田中稔先生、山梨学院大学の秋川卓也先生からは、調査設計の段階および分析の段階において多くのご助言を頂いた。そして同じ研究室で勉学に励み、論文作成にあたり助言を頂いた細田雅義氏、尾野輝男氏、アンケート実施に際してご協力頂いた天野伴君、三浦由里さん、秋葉和彦君、李東勳君、長島寿孝君、松田彩さんのご協力なくしては本書の完成は不可能であった。ここに深い感謝の意を記したい。

また、国分株式会社副部長岡村宏隆氏、課長代理奥野博正氏、菱食株式会社室長西井勝一氏、韓国物流次長 Jing-Sok Yang 氏、コロンブス部長 Hak-Ku Hwang 氏には、長時間にわたる我々のインタビューに誠実にお答え頂き、この場を借りて厚くお礼を申し上げたい。

最後に、多くの方々にアンケートを回答していただいた。ご多忙にもかかわらず、質問票の回答に貴重な時間を割いて頂き、心からお礼を申し上げると同時に、各御社の発展を心から祈りたい。

本書の刊行にあたっては、平成16年度専修大学博士論文刊行助成を受けた。また専修大学出版局の笹岡五郎氏とエディターの木下正之氏には編集と校正で一方ならぬお世話になった。この場を借りて感謝申し上げるしだいである。

2005年1月　北海道美唄にて

金　成　洙

目　次

はじめに

序　1

第1章　日本と韓国の商業統計による卸売業の比較分析　9

1　卸売業の全体的動向　9
2　卸売業の業種別構造　15
　(1)　物資類型別構造　15
　(2)　細分類（4桁分類）による業種別構造の分析　18
3　卸売業の規模構造と本支店構造の比較　26
　(1)　規模構造　26
　(2)　本支店別構造　26
4　卸売経路の分析―多段階性―　28
結び　32

第2章　日本の卸売構造の変化　35

1　業種から見た構造の特徴　35
　(1)　全体的な業種動向　35
　(2)　産業財卸と消費財卸　39
2　日本の卸売業の発展段階　41
　(1)　1945年以前の卸売業　42
　(2)　1945年以後の卸売業　44

① 1945〜60年代までの卸売業　44
　　② 「流通ビジョン」による政策の方向・展開と卸売業　45
　　③ 『70年代の流通』　49
　　④ 『80年代における流通産業ビジョン』　52
　　⑤ 『90年代における流通ビジョン』　54
　　⑥ 『21世紀に向けた流通ビジョン』　56
　　⑦ 1970、1980、1990年代の流通ビジョンと21世紀に向けた流通ビジョンの評価　59
　結び　61

第3章　韓国の卸売構造の変化　67

　1　業種から見た構造の特徴　67
　　(1) 全体的な業種動向　67
　　(2) 産業財卸と消費財卸　70
　2　韓国卸売業の発展段階　72
　　(1) 1945年以前の卸売業　72
　　(2) 1945年以後の卸売業　76
　　　① 1945〜60年代までの卸売業　76
　　　② 経済開発5ヵ年計画の政策方向と卸売業　76
　結び　85

第4章　卸売業の卸売機能とは　89

　1　卸売業の諸機能　89
　　(1) 卸売機能のアプローチ　89

(2)　卸売機能の変化　89
　　(3)　卸売機能の分類の適切性　94
　2　卸売業の機能　95
　　(1)　基本機能　95
　　(2)　助成機能　97
　3　卸売業の存立意義　99
　　(1)　問屋無用論の批判　99
　　(2)　問屋有用論と利用条件　103
　結び　111

第5章　食品卸売業の機能強化の再構築モデル　117

　1　研究の背景と目的　117
　　(1)　研究の背景　117
　　(2)　研究の目的　119
　2　小売業と卸売業の関係に関する基本認識　121
　　(1)　小売業と卸売業の関係　121
　　(2)　「販売代行」から「購買代行」へのシフトと経営成果　122
　3　卸売業の機能強化方向性への再構築モデル　124
　　(1)　小売業を支援する卸売機能の再構築　124
　　(2)　事業拡大への再構築　129
　4　実証調査　134
　　(1)　概念の操作化　134
　　(2)　アンケート調査の設計とデータ収集　138
　　(3)　仮説の検証　139

①中小規模卸売業　141
　　　②大規模卸売業　144
　　　③専門型卸売業　147
　　　④総合型卸売業　151
　結び　158

補章　総合食品卸売業の実証研究　167

　1　日本の卸売業の事例　167
　「国分」　167
　　(1)　国分の概要　167
　　(2)　国分の特徴　167
　「菱食」　173
　　(1)　菱食の概要　173
　　(2)　菱食の特徴　173
　2　韓国の卸売業の事例　176
　「韓国物流」　176
　　(1)　韓国物流の概要　176
　　(2)　韓国物流の特徴　176
　「コロンブス」　177
　　(1)　コロンブスの概要　177
　　(2)　コロンブスの特徴　178
　結び　179

おわりに　183

資料1　191

資料2　194

資料3　206

資料4　214

参考文献　217

題字　田坂 州代
装幀　向井 一貞
DTP　木下 正之

序

　卸売業は、流通の中枢的な役割を果たしており、卸売業が存在しなければ、流通が円滑に進行しないケースも数多く見られる。しかし、卸売業の研究は小売業の研究に比較して、理論的にも実践的にも遅れている。そのような現状に鑑みると、卸売業への関心は小売業ほどではないように思われる。特に、韓国においては卸売業についての書物が未だ見受けられないことから、卸売業に関する研究が進んでいないといえる。

　このように卸売業研究の遅れは、特にアメリカでの流通に関する研究がメーカーからのアプローチ、あるいは小売業からのアプローチを中心としており、その影響が日本と韓国に及んだのであろう。

　ところで、日本の卸売業は第2次世界大戦前から多く存在していた。日本の小売業を歴史的に見ると、卸売業が存在しなければ百貨店をはじめ、スーパーやコンビニエンス・ストアなどは、今日のような著しい発展は実現しなかったであろう。百貨店の豊富な品揃え、スーパーの急成長、コンビニエンス・ストアの成功は、卸売業の存在を無視しては語れない。ところが、こうした卸売業の存在は、長引く経済不況のなかで存在意義が問われている。

　一方、韓国の卸売業は第2次世界大戦前から日本に比べ、相対的に少なかった。韓国では、1960年代初期以降、主に製造業中心の輸出ドライブ政策が経済成長に寄与した。その結果、相対的に流通分野の立ち遅れが表面化してしまった。製造業は自社製品を円滑に流通させるために、生産のみならず流通まで関与するようになり、その結果流通分野では製造業の支配が実現した。しかし、1980年代以降の韓国流通業界の成長は著しく、特に卸売業の成長にはその傾向が顕著に表れている。

　以上の現状を踏まえると、日本の卸売業は高度ともいえる発展を遂げているが、韓国ではなぜそれ程発展していないのか、また両国の流通機構において卸

売業がどのような役割と位置を示しているのかなどに関心が寄せられる。

以上の問題提起は、両国の卸売構造を明らかにすることによって、その発展過程の違いを明確にすることが可能となろう。したがって、日・韓の国際比較を用いて、卸売構造の変化と両国の流通機構における卸売業の果たしてきた役割について考察したい。

国際比較において、流通発展をめぐる研究は二つに分けられる。一つは、流通発展を経済発展段階との一義的な関連で捉える一元論[1]（標準化）であり、もう一つはそれぞれの国に固有の社会経済的条件の下で多様な流通発展が生じるという多元論[2]（現地化・適応化）である。

本書では、多元論の立場であるR.バーテルズに影響を受けた田島義博に倣って、日・韓における卸売業の国際比較を試みる。田島義博[3]によると、「比較研究の手順としては『2段階接近』（two-step approach）が勧告される。第1段階は、複数の国家の流通システムを統計的・非統計的に比較することにより、その類似点と相違点を識別する作業を中心とする。（中略）統計的・非統計的比較によって、複数国家における流通システムの類似点と相違点が識別されたら、その流通システム上の異同を、社会的・文化的環境条件に関連づけて説明するというのが、第2段階の接近である。特に複数国家の流通システムについて観察された相違点の成立メカニズムを、社会的・文化的条件にかかわらせて明らかにすることになる。」と指摘している。以上のように、国際比較研究において重要なことは、まず異なる国との類似点と相違点を比較することである。そして、その結果をもたらした要因を、社会的・文化的側面から説明することである。

また、卸売機能は時代の進展によって、その内容にも変化が起こっている。そこで、現在卸売業にはどのような機能が存在しその機能はいかなる役割を果たしているのか。特に卸売業は環境条件に合わせて、どのような方向でいかなる機能を強化すべきかが課題になる。

さらに、新しい環境変化は、現実を反映した新たな理論の枠組を必要とする。すなわち、その新理論は急変している新しい企業環境を反映し、企業の要

求に応えるものでなければ意味を持たない。本書では、新しい環境変化に合わせた小売業の要望による新しい卸売機能に関する研究仮説を提示する。これらの研究仮説は、卸売業の質問票調査を通じて研究仮説の妥当性を検証する。以上の論議に基づいて、卸売業の新しい機能強化の方向性を模索する。

　本書の基本的なスタンスは次のようである。

　第一に、卸売業の統計的分析は、その国の卸売構造を説明している点である。特に、統計的分析は他国との類似点と相違点が明白になる。

　第二に、卸売構造の相違点の成立メカニズムは、経済的・社会的・文化的諸条件によって大きく規定される点である。その諸環境条件は卸売業の発展過程で、換言すれば卸売業の生成から現在までの歴史的な視点で考察することによって、理解することができる。

　第三に、諸環境の変化は新たな卸売機能を要求している点である。卸売業が果たす卸売機能は、諸環境が変われば当然求められる重点が変わるのである。本書では、時代の変化から新たに重視される卸売機能を模索する。

　第四に、卸売機能を購買代行として、小売業との関係を中心に検討する点である。従来のメーカー主導が小売業の主導へとシフトしつつある。その変化から、卸売機能を小売業に焦点を当て再編成する必要があるからである。

　第五に、卸売業と小売業との関係を卸売機能という観点から実証研究する点である。その際に、経営成果を用いて卸売機能の新しい方向性を再構築することである。

　以上、本書の基本的なスタンスは、五つの章と補章で構成されている。

　第1章では、日・韓の「商業統計」の二次的資料を用いて、卸売構造を定量的に比較分析する。日・韓の卸売業にはどのような特徴が見られるのか、現在はどのような状況になっているのかなどを具体的に検討する。第2章以降の研究の土台にもなるこの章は四つの節に分かれている。

　第1節では、卸売業の事業所数、従業者数、年間販売額という三つの指標を用いて、日・韓卸売業の全体的な動向を分析する。

　第2節では、日・韓卸売業の業種別構造を分析する。業種別構造を物資類型

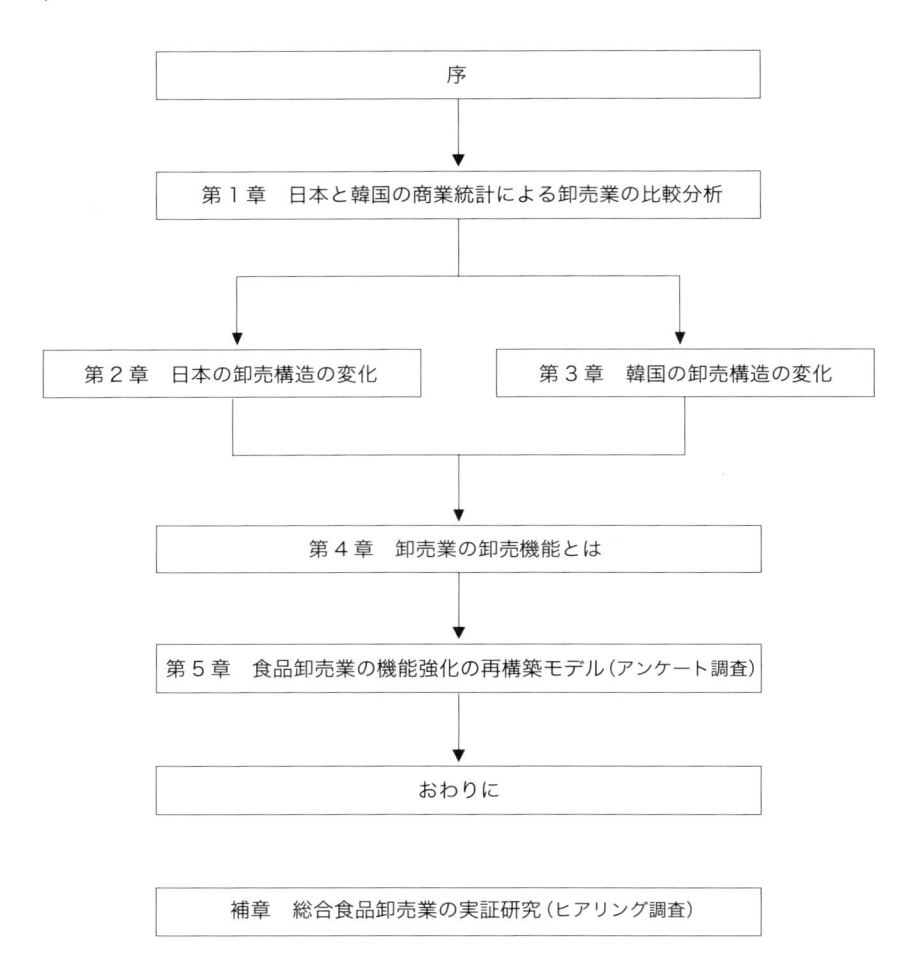

```
┌─────────────────┐
│       序        │
└─────────────────┘
         ↓
┌─────────────────────────────────────────┐
│ 第1章 日本と韓国の商業統計による卸売業の比較分析 │
└─────────────────────────────────────────┘
      ↓                    ↓
┌──────────────────┐  ┌──────────────────┐
│ 第2章 日本の卸売構造の変化 │  │ 第3章 韓国の卸売構造の変化 │
└──────────────────┘  └──────────────────┘
         ↓
┌─────────────────────────┐
│ 第4章 卸売業の卸売機能とは     │
└─────────────────────────┘
         ↓
┌──────────────────────────────────────┐
│ 第5章 食品卸売業の機能強化の再構築モデル（アンケート調査） │
└──────────────────────────────────────┘
         ↓
┌─────────────────┐
│     おわりに      │
└─────────────────┘

┌──────────────────────────────────┐
│ 補章 総合食品卸売業の実証研究（ヒアリング調査） │
└──────────────────────────────────┘
```

図1 研究の構成

別構造と細分類（4桁分類）による業種別構造に分けて、その特徴を分析する。

　第3節では、日・韓卸売業の規模構造と本支店構造の実態を比較分析する。卸売業はいかなる状況におかれており、いかなる方向に向かっているのかを検討する。

　第4節では、日・韓流通経路の段階構造を比較分析する。流通経路の長さは、生産者と消費者の間に介在する流通段階数によって決定される。日・韓の流通経路は、いかなる長さで編成されているのか。その分析方法として、全体のW/R比率と消費財のW/R比率を用いて、流通経路を分析する。

　第2章では、第1章で明らかにされた現状認識と相違点を、業種分類を用いて時系列的に検討する。また、日本の卸売構造の特徴はどういう発展過程で生まれたのか。日本の卸売業を歴史的視点でとらえて、1945年以前と1945年以後に大きく二つに分けて検討する。この章は、二つの側面から検討する。

　まず、第1節では業種分類を用いて、具体的に考察する。主に業種を時系列的に分析するが、長期間にわたる全体的な動向の側面と消費財卸の側面から重点的に考察する。

　第2節では、日本の卸売業を歴史的な視点でとらえて、1945年以前と1945年以後に大きく二つに分けて検討する。特に1945年以後においては、政府の流通政策が卸売業をどのような指針のもとで展開してきたか、その代表的なものの一つである通産省発行の70年代、80年代、90年代、21世紀に向けた「流通ビジョン」をもとに考察し、その変遷過程で卸売業がどのように捉えられていたか、またどのような方向性で政策が行われたかを検討し、卸売業の変化を考察したい。

　第3章では、第2章と同じく、第1章で明らかにされた韓国の卸売構造の特徴を業種と歴史的な視点でとらえて検討する。歴史的な視点では、1945年以前と1945年以後に大きく二つに分けて検討する。特に1945年以後においては、韓国政府が経済自立を目指して経済開発5ヵ年計画のもとで、経済開発政策が本格的に行われた。その変遷過程での卸売業の変化を考察したい。

　第1章の統計的な視点からの定量的分析と第2章、第3章の歴史的な視点か

らの定性的分析に基づいて、第4章では卸売業が流通過程においていかなる機能を果たしているのかを考察する。この卸売機能の研究は、三つの節に分かれている。

まず第1節には、卸売機能を先行研究から考察した上で、近年重要視されている卸売機能を明らかにする。

第2節では、卸売機能に関する基本認識を提示する。卸売機能の概念について、具体的に検討する。

第3節では、卸売業の存在意義について、卸売機能との関連において検討する。問屋無用論を批判的に検討した後、問屋有用論と新たな利用条件についてその可能性を重点的に検討する。

第5章では、以上の検討に基づいて卸売機能に関する研究仮説を提示した上で、特に食品卸売業を中心として実態調査で検証する。この実証研究では、五つの節から考察する。

第1節では、実証研究の背景と目的を述べる。

第2節では、卸売業による小売業に対する新たな認識と経営成果との関連を重点的に検討する。

第3節では、小売業を支援する新しい卸売業の機能強化方向について、研究仮説を提示する。

これらの研究仮説は、第4節の実態調査で検証する。卸売業の代表取締役に対する質問票調査を通じて研究仮説の妥当性を検証する。

以上の論議に基づいて、第5節では新しい卸売業の機能強化方向を提言する。また、大規模卸売業と中小規模卸売業との卸売機能強化の違い、さらに取り扱う品目の範囲による専門型卸売業と総合型卸売業間での卸売機能強化の違いなどを検討する。

補章では、日・韓の食品卸売業の上位卸売業を訪問し、インタビューとアンケート調査を行った。この調査によって、第5章の研究仮説が立てられ、実態調査で検証することができた。この章が本書において、重要な意味を持っていることを強調している。

注

1) Cundiff, E., W., "Concepts in Comparative Retailing", *Journal of Marketing*, Vol. 29, No. 1, 1965, pp. 59-63.
2) Bartels, R. (ed.), *Comparative Marketing: Wholesaling in Fifteen Countries*, Richard D. Irwin, Inc., 1963, pp. 285-296; Bartels, R., "Are Domestic and International Marketing Dissimilar?", *Journal of Marketing*, Vol. 32, No. 3, 1968, pp. 56-61.
3) 田島義博稿「比較流通の概念的問題」阿部真也・白石善章・加藤義忠・岩永忠康編著『現代流通の解明』ミネルヴァ書房、1991年、75頁。また、以下の文献を参照されたい。田島義博稿「国際比較の意義と研究方向」田島義博・宮下正房編著『流通の国際比較』有斐閣、1985年、3-5頁。

第1章　日本と韓国の商業統計[1]による卸売業の比較分析

1　卸売業の全体的動向

　1982年から1997年における日本卸売業の全体的な動向を見ると、表1-1のごとくである。まず、卸売業の事業所数は、1982年の426,722店から1985年の411,498店へと減少（年平均伸び率は－1.2％）したが、1991年には474,766店へと増加（年平均伸び率は2.4％）した。再び1997年には390,929店へと減少（年平均伸び率は－3.2％）している。

　また、卸売業の従業者数は、1982年の408万人から1985年の399万人へと減少（年平均伸び率は－0.7％）、1991年には477万人へと増加（年平均伸び率は3.0％）、1997年には416万人へと減少（年平均伸び率は－2.2％）を示している。

　一方、卸売業の年間販売額は、1982年の399兆円から1985年の428兆円へと増加（年平均伸び率は2.4％）、1991年には573兆円へと増加（年平均伸び率は5.0％）、1997年には480兆円へと減少（年平均伸び率は－2.9％）した。すなわち、1991年までは若干波があったものの、日本の卸売業は事業所数、従業者数、販売額は1982年と比較してともに増加していた。

　また、表1-1に基づいて1982年を100としてその動向を見ると、図1-1のごとくである。1991年の事業所数は111、従業者数は117、年間販売額は144とそれぞれ増加している。なお、1997年の事業所数の指数は92、従業者数の指数は102、年間販売額の指数は120へと変化している。

　しかし、1991年を頂点に事業所数、従業者数、販売額は、ともに減少傾向となっている。それは、いわゆるバブル崩壊とともに減少傾向に転換したからであろう。卸売業の事業所数と販売額の大幅な減少の理由は、住谷宏[2]によ

表1-1　日本卸売業の全体動向

		1982年	1985年	1991年	1997年
事業所数		426,722	411,498	474,766	390,929
	年平均伸び率（％）	-	－1.2	2.4	－3.2
従業者数		4,084,061	3,993,410	4,766,718	4,160,529
	年平均伸び率（％）	-	－0.7	3.0	－2.2
年間販売額（10億円）		398,536	427,750	573,164	479,813
	年平均伸び率（％）	-	2.4	5.0	－2.9

（出所）　通産省「商業統計表」各年より作成。

(1982年＝100)

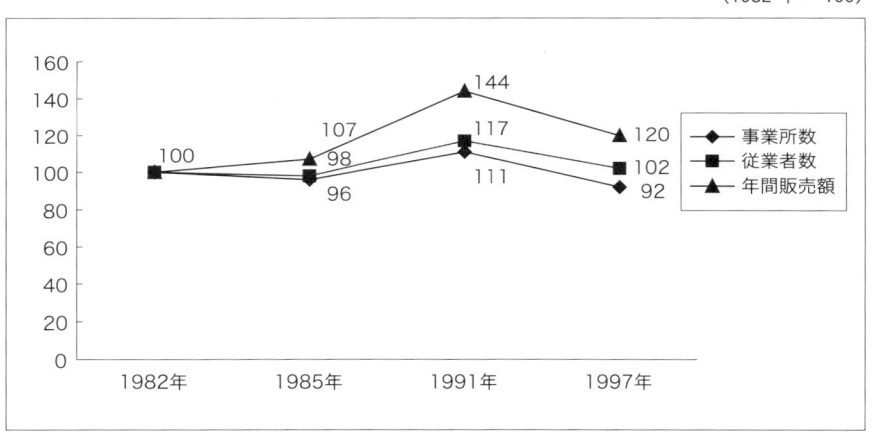

図1-1　指数で見た日本卸売業の推移

（出所）　表1-1と同じ。

ると、「①扱い商品に対する需要量そのものの減少、②輸出・輸入量の減少、③卸売業を必要としない生産者との直接取引の増加など」であると指摘している。また、卸売業の事業所数減少の理由として、①他業界（製造業者、小売業者、物流業者、情報仲介業者など）の経営主体が卸売機能を内部化したこと、②得意先が減少したこと、③卸売業者同士が合併したこと、などが考えられる。卸売業の事業所数の減少は、個々の企業に独特の事情があるかもしれないが、これらの理由の相乗効果として生じたものであろう。

次に、1982年から1996年において、韓国卸売業の全体的な動向を見ると、表1-2のごとくである。まず卸売業の事業所数は、1982年の45,568店から1986年の68,760店へ（年平均伸び率は10.8％）、1991年には113,255店へ（年平均伸び率は10.5％）、1996年には145,011店へ（年平均伸び率は5.1％）と年々増加傾向である。

また、卸売業の従業者数を見ると、1982年の17万人から1986年の34万人へ（年平均伸び率は18.6％）、1991年には52万人へ（年平均伸び率は8.8％）、1996年には63万人へ（年平均伸び率は3.8％）と年々増加を示している。

さらに、卸売業の年間販売額を見ると、1982年の7兆ウォンから1986年の22兆ウォンへ（年平均伸び率は32.5％）、1991年には53兆ウォンへ（年平均伸び率は19.3％）、1996年には125兆ウォンへ（年平均伸び率は18.9％）と事業所数や従業者数と相まって順調に年々増加している。すなわち、韓国の卸売業の事業所数や従業者数および年間販売額はすべてが安定的かつ着実に増加している。これは小売業の伸びに基づく[3]、卸売業の必要性による増加であると考えられる。

次に1982年から1996年までの15年間に、表1-2に基づいて1982年を100とすると、図1-2のごとくである。1996年の事業所数は318で、従業者数は364、年間販売額は1,766と一様に伸びを示している。この中で、一番著しい伸びを示しているのは年間販売額である。

以上のごとく、卸売業の事業所は増加傾向である。卸売業の増加理由は、LG研究所[4]によると、「コンビニエンス・ストアの成長と中小のチェーン店

表1-2　韓国卸売業の全体動向

		1982年	1986年	1991年	1996年
事業所数		45,568	68,760	113,255	145,011
	年平均伸び率（%）	-	10.8	10.5	5.1
従業者数		173,156	342,522	522,001	629,613
	年平均伸び率（%）	-	18.6	8.8	3.8
年間販売額（億ウォン）		70,861	218,439	527,249	1,251,193
	年平均伸び率（%）	-	32.5	19.3	18.9

（出所）　韓国統計庁「卸・小売業総調査報告書」各年より作成。

(1982年 = 100)

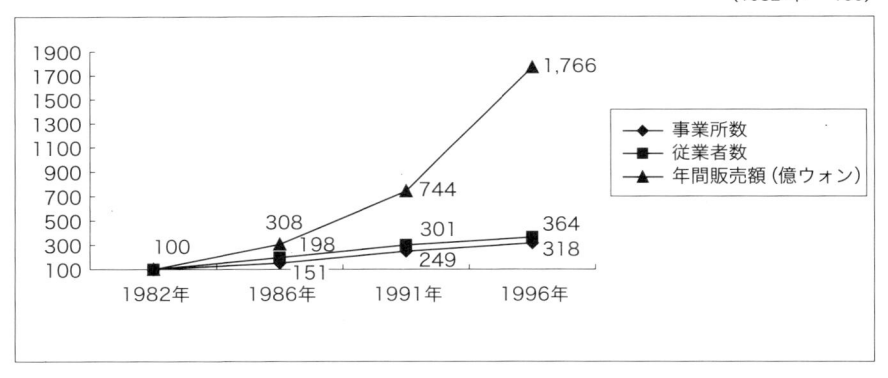

図1-2　指数で見た韓国卸売業の推移

（出所）　表1-2と同じ。

などの増加。」と述べている。

　また、朴奉斗ら[5]によると、1990年以降の卸売業の増加要因について「国内流通業界は大型百貨店を中心に発展してきたので、卸売業者の必要性を感じていなかった。しかし、1990年代に入り、コンビニエンス・ストアの成長、スーパーマーケットなどのチェーン化された近代的小売店舗数が増加するにつれ、製造業者は商品供給の効率性を追求した。これにより、卸売業者の必要性が増加した。」と指摘し、卸売業者の必要性が生じた具体的な原因を次のように述べている。「第1に、自社物流体制の確保が難しいコンビニエンス・ストアと韓国型スーパーチェーン業者、そして独立型店舗などは安定的で、多様な商品供給と少量多頻度配送を必要としているからである。第2に、製造業者は全国に分散されている小売店に商品を円滑に供給するために、物流拠点および組織を拡大しなければならないが、これを直接設立する場合、自社物流費が向上するからである。すなわち、1990年初期はコンビニエンス・ストアを中心に商品を供給し、コンビニエンス・ストアの成長と共にマーケット規模が大きく拡大した。1992年にはスーパーマーケット、1993年には百貨店等に商品供給を拡大し始めただけではなく、営業網を地方大都市に拡大した。」

　以上のごとく、卸売業の増加要因は主にチェーン店の成長であろう。特に1990年代に入り、コンビニエンス・ストアの成長、スーパーマーケットなどのチェーン化された近代的小売業が増加するにつれ、製造業と小売業が商品供給の効率性を追求した結果によるものであろう。

　また、卸売業の事業所数の増加要因として、第一に消費者の側面から見ることができる。文化的な特性から生鮮食品の選好が強く、毎日近隣地域で少量（多頻度・少量購買行動）のショッピングをする慣習が定着したからである。第二に、卸売業への参入障壁の低さがあげられる。小資本で始められる新規店舗の参入容易性である。卸売業の事業所数の増加は、個々の独特の事情があるかもしれないが、これらの理由は相乗効果として、生じたものであろう。

　日・韓卸売業の構造を比較するため、「日・韓における流通指標の国際比較」を見ると、表1-3のごとくである。

表1-3 日・韓流通指標の比較

指標	韓国				日本			
	1982年	1986年	1991年	1996年	1982年	1985年	1991年	1997年
人口1万人当たり卸売業の事業所数	11.6	16.7	26.2	31.8	24.1	34	38.4	31
卸売業の事業所1店当たり小売店舗数	11.9	9.28	6.33	5.28	4.03	3.96	3.35	3.63
卸売業の事業所1店当たり販売額(100万円)	16	32	47	86	929	1,036	1,238	1,225
卸売業の事業所1店当たり従業者数	3.8	5	4.6	4.3	9.6	9.7	10	10.6

(出所) http://www.maeul.welfare.net. 総務庁統計局「日本統計月報」No. 468、2000年、6月、13頁。両国における商業統計により作成。
(注) 韓国の10ウォンを日本の1円に換算した。

　まず「人口1万人当たり卸売業の事業所数」について、韓国は年々増加傾向であり、日本では1991年を頂点として減少している。しかし、最近の韓国(1996年)と日本(1997年)はほぼ同じ水準である。「卸売業の事業所1店当たり小売店舗数」の場合、韓国は減少傾向で、日本は1991年を境に増加している。1996年の韓国と1997年の日本を比較すると、約1.5倍と韓国が多い。

　また、「卸売業の事業所1店当たり販売額」を見ると、韓国は増加傾向であり、日本は1991年を頂点に減少している。しかし、日本(1997年)は韓国(1996年)の14倍に達している。韓国が日本より遥かに零細であることを示唆している。「卸売業の事業所1店当たり従業者数」の場合、韓国は1986年を境に減少し、日本は増加傾向である。韓国は日本の2分の1に近い水準である。すなわち、韓国はきわめて零細店が多い反面、日本は近代化、大規模化に進んでいると読み取れる。

2 卸売業の業種別構造

(1) 物資類型別構造

　それでは物資類型別で見ると、どういう傾向にあるのだろうか。まず、日本ではどういう傾向にあるのかを見てみよう。日本の物資類型別に見た事業所数や従業者数および販売額をみると、表 1 - 4 のごとくである。

　事業所数の構成比では、1982 年には「耐久消費財」が 6.9％と「その他」が 5.4％であったが、1997 年には 10.9％と 5.7％にそれぞれ増加し、その分だけ 1982 年には「生産財」45.8％と「消費財」が 41.9％であったものが、1997 年には 43.4％と 40.0％に減少している。従業者数では、1982 年には「耐久消費財」が 9.3％、「その他」が 5.2％であったが、1997 年にはそれぞれ 11.2％と 5.4％に増加し、その分だけ 1982 年には「生産財」が 41.9％、「消費財」が 43.6％であったものが、1997 年にはそれぞれ 41.5％と 41.9％に減少している。販売額では、1982 年と 1997 年を比較して構成比が伸びている物資類型は「耐久消費財」(7.6％→11.1％) と「消費財」(30.7％→32.9％) 及び「その他」(2.8％→3.4％) であるが、その分だけ「生産財」(58.9％→52.7％) が減っている。すなわち、「消費財」卸売業のみが平均規模を大きくしたのである。

　また、1982 年には事業所数の「生産財」の構成 (45.8％) が一番高かったが、1997 年にも「生産財」の構成 (43.4％) が高い。しかし、その事業所数は 25,913 店減っているのが特徴である。

　次に、韓国の物資類型別に見た事業所数や従業者数および販売額を見ると、表 1 - 5 のごとくである。事業所数の構成比では、1982 年には「生産財」が 21.7％と「消費財」が 22.8％であったが、1996 年には 39.9％と 26.5％にそれぞれ増加し、その分だけ 1982 年には「耐久消費財」が 52.7％と「その他」が 2.8％であったものが、1996 年には 32.9％と 0.6％に減少している。従業者数では、1982 年に「生産財」が 23.5％であったが、1996 年には 39.7％に増加し、

表1-4 日本の物資類型別に見た卸売業の事業所数、従業者数、販売額の推移

(カッコ内は%)

		1982年	1985年	1991年	1997年
事業所数	生産財	195,500 (45.8)	186,549 (45.3)	221,834 (46.7)	169,587 (43.4)
	耐久消費財	29,494 (6.9)	27,810 (6.8)	34,041 (4.2)	42,646 (10.9)
	消費財	178,695 (41.9)	175,923 (42.8)	191,426 (40.3)	156,430 (40.0)
	その他	23,033 (5.4)	21,216 (5.2)	27,465 (5.8)	22,266 (5.7)
	合計	426,722 (100.0)	411,498 (100.0)	474,766 (100.0)	390,929 (100.0)
従業者数 (千人)	生産財	1,713 (41.9)	1,671 (41.8)	2,104 (44.1)	1,726 (41.5)
	耐久消費財	380 (9.3)	345 (8.6)	414 (8.7)	468 (11.2)
	消費財	1,780 (43.6)	1,779 (44.6)	1,995 (41.8)	1,743 (41.9)
	その他	211 (5.2)	198 (5.0)	254 (5.3)	224 (5.4)
	合計	4,084 (100.0)	3,993 (100.0)	4,767 (100.0)	4,161 (100.0)
年間販売額 (10億円)	生産財	234,708 (58.9)	244,695 (57.2)	326,999 (57.1)	252,662 (52.7)
	耐久消費財	30,363 (7.6)	33,073 (7.7)	48,553 (8.5)	53,021 (11.1)
	消費財	122,245 (30.7)	138,375 (23.3)	178,114 (31.1)	157,634 (32.9)
	その他	11,220 (2.8)	11,607 (2.7)	19,498 (3.4)	16,496 (3.4)
	合計	398,536 (100.0)	427,750 (100.0)	573,164 (100.0)	479,813 (100.0)

(出所) 表1-1と同じ。
(注) 生産財は各種商品卸売業、繊維品卸売業、化学製品卸売業、鉱物・金属材料卸売業、機械器具卸売業（自動車卸売業、家庭用電気機械器具卸売業を除く）、建築材料卸売業、再生資源卸売業、肥料・飼料卸売業をいう。耐久消費財とは、自動車卸売業、家庭用電気機械器具卸売業、家具・建具卸売業をいう。消費財とは、生産財にも耐久消費財にも含まれないもの。その他とは、「他の分類されない卸売業」のうち「他に分類されないその他の卸売業」をいう。代理商・仲立商は除いた。

第1章 日本と韓国の商業統計による卸売業の比較分析

表1-5 韓国の物資類型別に見た卸売業の事業所数、従業者数、販売額の推移

(カッコ内は％)

		1982年	1986年	1991年	1996年
事業所数	生産財	9,879 (21.7)	15,085 (21.9)	31,686 (28.0)	57,901 (39.9)
	耐久消費財	24,000 (52.7)	35,492 (51.6)	50,947 (45.0)	47,754 (32.9)
	消費財	10,399 (22.8)	16,546 (24.1)	27,326 (24.1)	38,496 (26.5)
	その他	1,290 (2.8)	1,637 (2.4)	3,296 (2.9)	860 (0.6)
	合計	45,568 (100.0)	68,760 (100.0)	113,255 (100.0)	145,011 (100.0)
従業者数 (千人)	生産財	40,740 (23.5)	82,437 (24.1)	158,137 (30.3)	250,203 (39.7)
	耐久消費財	76,038 (43.9)	156,333 (45.6)	208,516 (39.9)	204,520 (32.5)
	消費財	52,631 (30.4)	96,431 (28.2)	140,158 (26.9)	166,091 (26.4)
	その他	3,747 (2.2)	7,321 (2.1)	15,190 (2.9)	8,799 (1.4)
	合計	173,156 (100.0)	342,522 (100.0)	522,001 (100.0)	629,613 (100.0)
年間販売額 (百万ウォン)	生産財	2,293,579 (32.4)	8,161,764 (37.4)	17,017,588 (32.3)	61,240,067 (48.9)
	耐久消費財	2,067,468 (29.2)	7,035,630 (32.2)	18,429,697 (35.0)	31,823,445 (25.4)
	消費財	2,623,390 (37.0)	6,288,110 (28.8)	15,931,795 (30.2)	29,933,111 (23.9)
	その他	101,613 (1.4)	358,440 (1.6)	1,345,823 (2.6)	2,122,650 (1.7)
	合計	7,086,050 (100.0)	21,843,944 (100.0)	52,724,903 (100.0)	125,119,273 (100.0)

(出所) 表1-2と同じ。
(注) 生産財とは、非農産物の中間製品、リサイクル材料、スクラップの卸売業、機械、器具、消耗品の卸売業をいう。耐久消費財とは、自動車卸売業、家庭用品の卸売業をいう。消費財とは、農産物、食料品、飲料及びタバコの卸売業をいう。その他とは、その他卸売業を指す。

その分だけ1982年には「耐久消費財」が43.9%、「消費財」が30.4%、「その他」が2.2%であったものが、1996年にはそれぞれ32.5%と26.4%と0.6%に減少している。販売額では、1982年と1996年を比較して構成比が伸びている物資類型は「生産財」（32.4%→48.9%）と「その他」（1.4%→1.7%）であるが、その分だけ「耐久消費財」（29.2%→25.4%）と「消費財」（37.0%→23.9%）が減っている。特に、事業所数と年間販売額の構成比の違いは、物資類型別による事業所規模の格差を反映している。すなわち、「その他」卸売業は平均規模が大きくなる一方（1事業所当たりの年間販売額規模が大きいことを意味している）で、「消費財」卸売業の平均規模はそれほど大きくなっていないことになる。

　また、もう一つ興味深いことは、1982年には事業所数の「耐久消費財」の構成（52.7%）が一番高かったが、1996年には「生産財」の方の構成（39.9%）が高い。

　すなわち、物資類型別における事業所数構成比で最大なものが、「耐久消費財」から「生産財」に移っているのである。

（2）細分類（4桁分類）による業種別構造の分析

　細分類（4桁分類）による業種別構造について、日本の傾向を見てみよう。日本における卸売業の業種別事業所数、従業者数、年間販売額の実数を見ると、表1-6、表1-7、表1-8のごとくである。ただし、日本において1991年はバブルが弾けた年なので実数の分析は困難である。

　では、構成比を見ると、表1-9のごとくである。1982年から1997年までの一貫して増加している事業所数の業種は、電気機械器具卸売業と医薬品・化粧品等卸売業（一時横ばいもある）で、この業種は従業者数、年間販売額のいずれも増加している。その反面、一貫して事業所数、従業者数ともに低下している業種は、再生資源卸売業である。

　さらに、表1-1でも指摘したように、卸売業は1991年を頂点に総事業所数

や総年間販売額および総従業者数が減少傾向に転じているが、すべてがともに減っている業種は繊維品卸売業、鉱物・金属卸売業、再生資源卸売業、一般機械器具卸売業である。

　では、韓国における卸売業の業種別事業所数、従業者数、年間販売額の実数をみると、表1-10、表1-11、表1-12のごとくである。

　また、業種別に構成比を見ると、表1-13のごとくである。1982年から1996年にかけて構成比が一貫して増加している事業所数の業種は、建設材料などの卸売業である。この業種は従業者数も増加している。その反面、一貫して事業所数、従業者数、年間販売額ともに構成比が減少している業種は、その他家庭用品の卸売業で、一貫して事業所数、従業者数がともに低下している業種は、織物、衣服、履物の卸売業である。

　1996年の業種別構成比を見ると、事業所数、従業者数、年間販売額いずれも食料品、飲料、及びタバコの卸売業が最も大きく、事業所数ではこれに次ぐのが織物、衣服、履物の卸売業で、従業者数と年間販売額では機械、器具、消耗品の卸売業である。

表1-6 日本の卸売業の業種別事業所数

	1982年	1985年	1991年	1997年
各種商品卸売業	50	985	706	1,309
繊維品卸売業	11,964	12,044	12,419	8,087
衣服・身の回り品卸売業	31,205	28,960	32,330	27,393
農畜産物・水産物卸売業	39,827	39,193	43,332	39,952
食料・飲料卸売業	54,205	54,082	56,658	47,485
建築材料卸売業	60,031	56,029	63,886	46,526
化学製品卸売業	15,341	15,546	18,141	15,998
鉱物・金属卸売業	21,229	21,017	22,655	18,191
再生資源卸売業	18,066	15,869	15,202	11,074
一般機械器具卸売業	41,710	40,389	54,616	36,685
自動車卸売業	14,426	13,755	17,942	17,659
電気機械器具卸売業	19,491	20,421	26,072	23,110
その他の機械器具卸売業	11,161	10,507	13,046	12,122
家具・建具・じゅう器等卸売業	23,592	21,354	23,436	19,433
医薬品・化粧品等卸売業	16,933	16,809	21,320	17,514
他に分類されない卸売業	47,491	44,538	53,629	48,391
合計	426,722	411,498	474,766	390,929

(出所) 表1-1と同じ。

表1-7 日本の卸売業の業種別従業者数

(千人)

	1982年	1985年	1991年	1997年
各種商品卸売業	53	58	51	58
繊維品卸売業	116	117	118	69
衣服・身の回り品卸売業	358	345	388	329
農畜産物・水産物卸売業	368	380	416	411
食料・飲料卸売業	490	496	561	519
建築材料卸売業	390	355	445	379
化学製品卸売業	147	149	179	158
鉱物・金属卸売業	256	245	264	211

再生資源卸売業	759	720	680	557
一般機械器具卸売業	398	393	577	366
自動車卸売業	216	195	225	216
電気機械器具卸売業	253	264	355	363
その他の機械器具卸売業	112	109	132	129
家具・建具・じゅう器等卸売業	187	170	205	170
医薬品・化粧品等卸売業	238	238	291	255
他に分類されない卸売業	427	410	495	471
合計	4,084	3,993	4,767	4,161

（出所） 表1-1と同じ。

表1-8 日本の卸売業の業種別年間販売額

(10億円)

	1982年	1985年	1991年	1997年
各種商品卸売業	75,859	84,078	98,713	71,761
繊維品卸売業	12,585	14,446	15,148	7,468
衣服・身の回り品卸売業	15,222	16,346	23,369	18,487
農畜産物・水産物卸売業	46,874	53,183	60,275	51,416
食料・飲料卸売業	32,634	34,846	47,844	46,432
建築材料卸売業	21,590	20,511	35,703	31,978
化学製品卸売業	15,640	17,741	24,457	19,950
鉱物・金属卸売業	61,203	59,650	61,136	44,279
再生資源卸売業	1,657	2,007	2,220	1,701
一般機械器具卸売業	21,812	23,760	47,912	30,827
自動車卸売業	18,210	19,574	29,308	31,757
電気機械器具卸売業	21,098	26,983	40,854	45,091
その他の機械器具卸売業	6,338	6,269	9,730	9,952
家具・建具・じゅう器等卸売業	7,244	7,334	11,180	8,852
医薬品・化粧品等卸売業	11,326	12,656	19,783	20,033
他に分類されない卸売業	29,244	28,367	42,825	39,830
合計	398,536	427,751	573,165	479,813

（出所） 表1-1と同じ。

表1-9 日本の卸売業の業種別事業所数、従業者数、年間販売額の構成比の推移

産業分類	事業所数				従業者数				年間販売額			
	1982年	1985年	1991年	1997年	1982年	1985年	1991年	1997年	1982年	1985年	1991年	1997年
各種商品卸売業	0.0	0.2	0.1	0.3	1.3	1.5	1.1	1.4	19.0	19.7	17.2	15.0
繊維品卸売業	2.8	2.9	2.6	2.1	2.8	2.9	2.5	1.7	3.2	3.4	2.6	1.6
衣服・身の回り品卸売業	7.3	7.0	6.8	7.0	8.8	8.6	8.1	7.9	3.8	3.8	4.1	3.9
農畜産物・水産物卸売業	9.3	9.5	9.1	10.2	9.0	9.5	8.7	9.9	11.8	12.4	10.5	10.7
食料・飲料卸売業	12.7	13.1	11.9	12.1	12.0	12.4	11.8	12.5	8.2	8.1	8.3	9.7
建築材料卸売業	14.1	13.6	13.5	11.9	9.5	8.9	9.3	9.1	5.4	4.8	6.2	6.7
化学製品卸売業	3.6	3.8	3.8	4.1	3.6	3.7	3.8	3.8	3.9	4.1	4.3	4.2
鉱物・金属卸売業	5.0	5.1	4.8	4.7	6.3	6.1	5.5	5.1	15.4	13.9	10.7	9.2
再生資源卸売業	4.2	3.9	3.2	2.8	18.6	18.0	14.3	13.4	0.4	0.5	0.4	0.4
一般機械器具卸売業	9.8	9.8	11.5	9.4	9.7	9.8	12.1	8.8	5.5	5.6	8.4	6.4
自動車卸売業	3.4	3.3	3.8	4.5	5.3	4.9	4.7	5.2	4.6	4.6	5.1	6.6
電気機械器具卸売業	4.6	5.0	5.5	5.9	6.2	6.6	7.4	8.7	5.3	6.3	7.1	9.4
その他の機械器具卸売業	2.6	2.6	2.7	3.1	2.7	2.7	2.8	3.1	1.6	1.5	1.7	2.1
家具・建具・じゅう器等卸売業	5.5	5.2	4.9	5.0	4.6	4.3	4.3	4.1	1.8	1.7	2.0	1.8
医薬品・化粧品等卸売業	4.0	4.1	4.5	4.5	5.8	6.0	6.1	6.1	2.8	3.0	3.5	4.2
他に分類されない卸売業	11.1	10.8	11.3	12.4	10.5	10.3	10.4	11.3	7.3	6.6	7.5	8.3
合計	100.0	100.0	100.0	100.0	100.0	100.0	100.0	100.0	100.0	100.0	100.0	100.0

(出所) 表1-1と同じ。

表1-10 韓国の卸売業の業種別事業所数

	1982年	1986年	1991年	1996年
自動車卸売業	4	113	337	389
手数料あるいは契約ベースの卸売業	-	-	-	-
農畜産の卸売業	2,256	2,636	5,885	6,410
食料品、飲料、及びタバコの卸売業	8,143	13,910	21,441	32,086
織物、衣服、履物の卸売業	12,537	14,748	22,600	21,724
家庭器具、家具等の卸売業	2,117	4,950	8,486	8,348

第1章　日本と韓国の商業統計による卸売業の比較分析

薬、医療品、化粧品の卸売業	1,155	3,081	3,766	4,460
紙、印刷物、文具の卸売業	960	3,796	6,469	5,394
その他家庭用品の卸売業	6,227	8,804	9,289	7,439
固形、液体、ガス燃料及び関連製品の卸売業	-	-	-	1,265
金属・鉱物及び一次金属製品の卸売業	1,727	2,253	3,728	5,644
建設材料、金物、配管用品、暖房設備・用品の卸売業	1,550	2,951	5,974	14,648
その他中間製品、廃棄物、スクラップの卸売業	2,516	3,173	4,990	14,882
機械、器具、消耗品の卸売業	4,086	6,708	16,994	21,462
外国貿易	-	-	-	-
その他卸売業	1,290	1,637	3,296	860
合計	45,568	68,760	113,255	145,011

(出所)　表1-2と同じ。

表1-11　韓国の卸売業の業種別従業者数

(人)

	1982年	1986年	1991年	1996年
自動車卸売業	34	2,064	7,434	6,058
手数料あるいは契約ベースの卸売業	-	-	-	-
農畜産の卸売業	6,227	10,070	20,494	17,747
食料品、飲料、及びタバコの卸売業	46,404	86,361	119,664	148,344
織物、衣服、履物の卸売業	29,541	38,811	57,300	59,519
家庭器具、家具等の卸売業	7,206	24,000	37,765	38,436
薬、医療品、化粧品の卸売業	16,356	36,480	34,651	43,884
紙、印刷物、文具の卸売業	5,207	24,546	41,192	32,400
その他家庭用品の卸売業	17,694	30,432	30,174	24,223
固形、液体、ガス燃料及び関連製品の卸売業	-	-	-	12,059
金属・鉱物及び一次金属製品の卸売業	8,450	13,448	20,951	28,492
建設材料、金物、配管用品、暖房設備・用品の卸売業	6,458	15,824	28,417	57,000
その他中間製品、廃棄物、スクラップの卸売業	10,806	19,631	25,250	51,590
機械、器具、消耗品の卸売業	15,026	33,534	83,519	101,062
外国貿易	-	-	-	-

その他卸売業	3,747	7,321	15,190	8,799
合計	173,156	342,522	522,001	629,613

(出所) 表1-2と同じ。

表1-12 韓国の卸売業の業種別年間販売額

(百万ウォン)

	1982年	1986年	1991年	1996年
自動車卸売業	18,274	479,108	3,992,006	4,232,321
手数料あるいは契約ベースの卸売業	-	-	-	-
農畜産の卸売業	359,139	967,408	2,325,047	2,298,367
食料品、飲料、及びタバコの卸売業	2,264,251	5,320,702	13,606,748	27,634,743
織物、衣服、履物の卸売業	851,939	1,810,969	4,481,032	8,369,033
家庭器具、家具等の卸売業	208,003	1,500,610	3,085,308	6,576,611
薬、医療品、化粧品の卸売業	472,920	1,557,275	3,005,308	7,234,126
紙、印刷物、文具の卸売業	185,524	889,645	2,162,783	3,081,882
その他家庭用品の卸売業	330,808	798,023	1,703,260	2,329,471
固形、液体、ガス燃料及び関連製品の卸売業	-	-	-	13,354,285
金属・鉱物及び一次金属製品の卸売業	431,628	1,495,083	3,088,144	12,756,917
建設材料、金物、配管用品、暖房設備・用品の卸売業	281,711	1,161,349	2,673,709	8,864,363
その他中間製品、廃棄物、スクラップの卸売業	1,079,281	3,793,550	4,340,407	8,267,040
機械、器具、消耗品の卸売業	500,959	1,711,782	6,915,328	17,997,461
外国貿易	-	-	-	-
その他卸売業	101,613	358,440	1,345,823	2,122,650
合計	7,086,050	21,843,944	52,724,903	125,119,273

(出所) 表1-2と同じ。

第1章 日本と韓国の商業統計による卸売業の比較分析

表1-13 韓国の卸売業の業種別事業所数、従業者数、年間販売額の構成比の推移

産業分類	事業所数				従業者数				年間販売額			
	1982年	1986年	1991年	1996年	1982年	1986年	1991年	1996年	1982年	1986年	1991年	1996年
自動車卸売業	-	0.2	0.3	0.3	-	0.6	1.4	1.0	0.3	2.2	7.6	3.4
手数料・契約ベースの卸売業	-	-	-	-	-	-	-	-	-	-	-	-
農畜産の卸売業	5.0	3.8	5.2	4.4	3.6	2.9	3.9	2.8	5.1	4.4	4.4	1.8
食料品、飲料の卸売業	17.9	20.0	18.9	22.1	26.8	25.2	22.9	23.6	32.0	24.4	25.8	22.1
織物、衣服、履物の卸売業	29.7	21.4	20.0	15.0	17.1	11.3	11.0	9.5	12.0	8.3	8.5	6.7
家庭器具、家具等の卸売業	4.6	7.2	7.5	5.8	4.2	7.0	7.2	6.1	2.9	6.9	5.9	5.3
薬、医療品、化粧品の卸売業	2.5	4.5	3.3	3.1	9.4	10.7	6.6	7.0	6.7	7.1	5.7	5.8
紙、印刷物、文具の卸売業	2.1	5.5	5.7	3.7	3.0	7.2	7.9	5.1	2.6	4.1	4.1	2.5
その他家庭用品の卸売業	13.7	12.8	8.2	5.1	10.2	8.9	5.8	3.8	4.7	3.7	3.2	1.9
固形、関連製品の卸売業	-	-	-	0.9	-	-	-	1.9	-	-	-	10.7
金属、一次金属の卸売業	3.8	3.3	3.3	3.9	4.9	3.9	4.0	4.5	6.1	6.8	5.9	10.2
建設材料などの卸売業	3.4	4.3	5.3	10.1	3.7	4.6	5.4	9.1	4.0	5.3	5.1	7.1
その他中間製品の卸売業	5.5	4.6	4.4	10.3	6.2	5.7	4.8	8.2	15.2	17.4	8.2	6.6
機械、器具、消耗品の卸売業	9.0	9.8	15.0	14.8	8.7	9.8	16.0	16.1	7.1	7.8	13.1	14.4
外国貿易	-	-	-	-	-	-	-	-	-	-	-	-
その他卸売業	2.8	2.4	2.9	0.6	2.2	2.1	2.9	1.4	1.4	1.6	2.6	1.7
合計	100.0	100.0	100.0	100.0	100.0	100.0	100.0	100.0	100.0	100.0	100.0	100.0

(出所) 表1-2と同じ。
(注) 業種分類は調査年ごとに、異なるので1996年の分類にあわせて調整している。たとえば、1982年の「農畜産の卸売業」には「家畜卸売業」、「穀物卸売業」、「肉卸売業」、「海産物卸売業」が含まれる。1986年と1991年の「農畜産の卸売業」には「穀物卸売業」、「肉卸売業」、「海産物卸売業」などが含まれる。

3 卸売業の規模構造と本支店構造の比較

(1) 規模構造

　両国の規模構造を比較してみよう。日本の事業所数構成比で見ると、表1-14のごとくである。従業者数1～4人規模は、1982年の約49％から1997年の約45％へと減少傾向で、従業者数5～9人規模は横ばいである。そして、従業者数10人以上規模は約24％から約27％へと増加傾向である。すなわち、1982年度に比べて1～4人規模の構成比は－3.3％減で、5～9人規模の構成比は横ばいである。また、10人以上規模の構成比は3.3％増であるので、全体的に規模拡大傾向である。

　かくして、日本の卸売業の構造的特徴は、小規模の事業所が減少傾向にあるが、いまだに大きなシェアを占めていることである。

　また、韓国における従業者規模別の構成比の推移を見ると、表1-15のごとくである。従業者数1～4人規模は1982年の約81％から1996年の約78％へと減少で、従業者数5～9人規模は約13％から約15％へ増加である。従業者数10人以上規模は約6％から約7％へと増加である。しかし、1986年を境に1996年と比べると、1～4人規模の構成比は7.0％増で、5～9人規模の構成比は－3.7％減少している。また、10人以上規模の構成比は－3.2％減であるので、全体的に規模拡大傾向ではなく、逆に零細化が進展している。また、小規模の構成比が非常に高く、零細であることがわかる。その理由として、メーカーの代理店や特約店の増加によるものが考えられる。

(2) 本支店別構造

　日本における本支店別事業所数の推移を見ると、表1-16のごとくである。単独店は年々構成比が減っている。その反面、支店の構成比は増加傾向であ

表1-14　日本の従業者規模別卸売事業所数構成比の推移

(%)

従業者規模	1982年	1985年	1991年	1997年
1～4人	48.5	48.0	47.3	45.2
5～9人	27.9	27.9	27.8	27.9
10人以上	23.6	24.1	24.9	26.9
合計	100.0	100.0	100.0	100.0

（出所）　表1-1と同じ。
（注）　韓国の商業統計に合わせて従業者規模を分類した。

表1-15　韓国の従業者規模別卸売事業所数構成比の推移

(%)

従業者規模	1982年	1986年	1991年	1996年
1～4人	80.9	70.9	74.1	77.9
5～9人	13.1	18.7	17.7	15.0
10人以上	6.0	10.3	8.2	7.1
合計	100.0	100.0	100.0	100.0

（出所）　表1-2と同じ。
（注）　韓国の統計庁では、従業者規模別の区分が年度ごとに異なっている。たとえば、1982年には従業者規模1～2人、3～4人、5～9人、10～19人、20人以上に、1986年には1～2人、3～4人、5～9人、10～19人、20～29人、30～49人、50～99人、100人以上に、1991と1996年には1人、2～4人、5～9人、10～49人、50～99人、100人以上とかなり変更がある。したがって、便宜上1～4人、5～9人、10人以上に分けて分類した。

る。その支店では、「本店は商業」と「本店は他産業」を中心に構成比が増加している。

　ここから、次のことが読みとれる[6]。
①規模拡大傾向は、支店の拡充と零細な単独店の転廃業を反映している。
②1991年から1997年にかけて、単独店や本店の合計の構成比が減少している。
　事業所数そのものが減少しているのであるから、卸売企業数の減少が生じていることになる。
③大規模卸売業は規模を拡大することより、支店を拡大する方向で事業を推進している。

　すなわち、零細な単独店が減少傾向で、大規模卸売業は支店を新たに開設するという傾向である。

　韓国における本支店別事業所数の推移を見ると、表1-17のごとくである。支店の構成比がかなり小さいことが特徴である。

　ここから、次のことが読みとれる。
①単独店・本店の構成比は減少傾向で、支店の構成比は増加傾向である。したがって、卸売業の拡大は、単独店・本店よりも支店の拡大に依存している。
②大規模卸売業は、支店の増加を通じて事業の拡大を模索している。

4　卸売経路の分析―多段階性―

　韓国の人口1万人当たりの卸売事業所数は、表1-18のごとくである。他の主要先進国と比べると、英国、フランス、西独とは大きな差はないが、日本と米国とは大きな差がある。すなわち、日本と比較すると、日本がはるかに高い数値であるが、米国と比較すると韓国が非常に高い数値である。しかし、本章は日本との比較が主な目的であるため、米国との比較は別の機会に譲りたい。

　さらに、詳細に考察してみよう。一般的に流通構造の複雑性ないし流通経路の多段階性を表す指標として、W/R比率（卸売販売額/小売販売額）の数値が用いられることが多かった。このW/R比率の数が大きいほど流通経路は長

第 1 章　日本と韓国の商業統計による卸売業の比較分析

表1-16　日本の本支店別事業所数構成比の推移

(%)

本支店別区分		1982 年	1985 年	1991 年	1997 年
単独店		65.3	65.0	61.1	60.3
本店		8.7	8.9	9.3	9.1
支店		26.0	26.1	29.6	30.6
	本店は商業	16.7	16.7	18.8	19.6
	本店は製造業	6.6	6.5	7.9	7.8
	本店は他産業	2.7	2.8	2.9	3.2
合計		100.0	100.0	100.0	100.0

(出所)　表1-1と同じ。

表1-17　韓国の本支店別事業所数構成比の推移

(%)

	1982 年	1986 年	1991 年	1993 年	1996 年
単独店・本店	-	-	-	92.9	92.4
支店	-	-	-	7.1	7.6
合計				100.0	100.0

(出所)　表1-2と同じ。
(注)　1982～1991年までは調査を行なわなかった。それで、比較をするために、1993年のサンプリング調査を利用したのである。統計庁『卸小売業統計調査報告書』1994年。1996年には、単独店と本店が分離されていなかったので、単独店・本店が一緒になった数値である。

表1-18　卸売業の事業所数の国際比較

	韓国 (1991 年)	日本 (1991 年)	米国 (1992 年)	英国 (1990 年)	フランス (1990 年)	西独 (1990 年)
卸売事業所数(千店)	113	475	415	143	132	190
人口1万人当り卸売事業所数	26	38	16	25	23	30

(出所)　通商産業省編『21世紀に向けた流通ビジョン』通商産業調査会、1995年、199頁と韓国の商業統計により作成。

表1-19 日・韓のW/R比率の比較

(%)

日本	1982年	1985年	1991年	1997年
W/R比率	4.24	4.21	4.08	3.25
韓国	1982年	1986年	1991年	1996年
W/R比率	0.56	1.01	1.01	1.01

(出所) 表1-1と表1-2により作成。

表1-20 日・韓の消費財のW/R比率の比較

(%)

日本	1982年	1985年	1991年	1997年
W/R比率	1.6	1.7	1.6	1.4
韓国	1982年	1986年	1991年	1996年
W/R比率	0.4	0.6	0.7	0.5

(出所) 表1-1と表1-2により作成。

く、多段階であるという考え方である。参考のために両国におけるW/R比率を見ると、表1-19のごとくである。

まず、日本の流通特性として、「メーカーから小売業に至る卸売流通過程に多くの企業が介在し、その結果として細く長い流通経路をつくり出していること、多数の中小零細卸売企業を生み出していること、流通経路が複雑化し非効率化させていること、そして消費者は割高な商品を買わされていること」[7]が指摘されていた。

しかし、田村正紀[8]によると、「卸売販売額の中には、産業用・業務用使用者への販売額、同じ企業内の本支店間取引、そして輸出も含まれている。もともとW/R比率によって一国の流通経路の長さを集計的・平均的に捉えようとする発想は、インプリシットに消費財の国内流通を念頭においている。しかし、少なくとも一国全体について計算されるW/R比率は、その卸売販売額の内に消費財の国内流通とは関係のない産業財取引、輸出、本支店間取引なども

含まれているために、一国の流通経路の測度としては不適切なものである。」と述べ、W/R比率の問題点を指摘している。

以上の指摘を踏まえて、消費財分野に限定して両国のW/R比率の推移を見ると、表1-20のごとくである。これを見ると、日本は韓国の2倍以上であるが、1991年から消費財流通の経路が短縮傾向にある。これは、一次卸売業による小売業との直取引、またバブル経済崩壊後の不況の影響などによるものと考えられる。

一方、韓国におけるW/R比率は、非常に低い水準で止まっている。これは韓国の流通構造ないし流通段階が比較的に単純であることを意味する。韓国の流通経路は、W/R比率としては多段階の構造であるとはいえないが、農水産物のように人為的調整が不可能な分野において多く見られる。「水産物の場合は、漁協→委託販売商→卸売商→小売商までの5段階」[9]であり、「青果物などの農産物は、産地収集商→委託卸売商→中間販売商→小売商」[10]という経路を持っている。このように零細中間商の重複的流通機能の遂行により、流通の効率を低下させ、流通マージンを高くし、物価安定などに悪影響を及ぼしていると一般にいわれているが、これについては今後の研究課題にしたい。

また、韓国のW/R比率において、1986年と比較して1982年のW/R比率が何故低いのか。さらに、消費財分野のW/R比率は、1991年を境に、どうして低くなったのか。その原因として考えられるのは、①商業統計の信頼性、②卸売業か、小売業かという区別が難しい（東大門市場や南大門市場等）こと、③卸売業の未発達、などがあげられよう。

いずれにせよ、韓国の卸売業は、多段階構造ではなく、特に近年消費財流通の経路が短縮傾向であることを示唆している。

結び

　商業統計分析による両国（日本― 1982 ～ 1997 年、韓国― 1982 ～ 1996 年）における卸売業の現状や推移から、同質性と異質性に焦点を当て、いくつか発見できたことをまとめてみたい。

　①卸売業の全体的動向を見ると、日本では戦後ほぼ一貫して卸売業が拡大してきたが、1991 年がターニング・ポイントになり、近年縮小傾向である。しかし、韓国においては、事業所数や従業者数および販売額は増加傾向にある。

　②物資類型別構造において、日本では「消費財」卸売業の平均規模が大きくなってきている。反面、韓国では「その他」卸売業の 1 商店当たりの年間販売額規模が大きくなる一方で、「消費財」卸売業の 1 商店当たりの年間販売額規模は小さくなっている。

　③業種別構造を見ると、日本で一貫して増加している業種は、電気機械器具卸売業と医薬品・化粧品等卸売業（一時横ばいもある）で、1991 年を頂点に一貫して減少している業種は繊維品卸売業、鉱物・金属卸売業、再生資源卸売業、一般機械器具卸売業である。一方、韓国において一貫して増加している業種（事業所数、年間販売額、従業者数）は建設材料などの卸売業で、一貫して事業所数、従業者数がともに減少傾向にある業種は織物、衣服、履物の卸売業である。

　④両国の規模構造を比較してみよう。日本は、全体的に規模拡大傾向である。また日本の卸売業の構造的特徴は、小規模の事業所が減少傾向にあるが、いまだに大きなシェアを占めていることである。韓国は、全体的に規模拡大傾向ではなく、逆に零細化が進展している。また韓国の卸売業の構造的特徴は、小規模の構成比が非常に高く、小規模が増加している。

　⑤日本における本支店別事業所数の推移を見ると、単独店は年々構成比が減っている。その反面、支店の構成比は増加傾向である。その支店には、「本店は商業」と「本店は他産業」を中心に支店の構成比が増加している。すなわ

ち、零細な単独店が減少傾向にあり、大規模卸売業は支店を新たに開設するという傾向にある。一方、韓国における本支店別事業所数の推移を見ると、単独店・本店の構成比は非常に高く、90％以上のシェアを占めている。しかし、単独店・本店の構成比は減少傾向であり、支店の構成比は増加傾向である。したがって、卸売業の拡大は、単独店・本店よりも支店の拡大に依存していることになる。

⑥多段階性について、日本では消費者物価との関連などで卸売業の多段階性を国内外から指摘されてきたが、近年その比率は漸次的に低下傾向にある。一方、韓国ではW/R比率が非常に低い水準で卸売業の多段階性はあまり見られないが、農水産物などの一部の分野では、多段階の卸売構造を形成している。

以上のごとく、主に商業統計という定量的なデータを用いて、両国の異質性と同質性に焦点を当て、分析をしてきた。しかし、両国の経済構造や経済発展段階の違いなどを殆ど考慮しないで分析を進めてきたこともあって、商業統計上では同質性があまり見られなかった。また、何故韓国では日本と異なり、歴史的に卸売業が発展してこなかったのかなどの重要かつ興味深い大きな課題も残されている。以下の第2章と第3章では、この点を検討してみたい。

注

1) 日本の商業統計調査は、商業の実態を把握するため1952年に第1回の商業統計調査が実施されて以来、1976年までは2年ごとに、1997年までは3年ごとに、その後は5年ごとに実施されることになった。一方、韓国の商業統計調査の最初は韓国の経済企画院による「卸・小売業センサス報告書」である。同報告書は、1968年をはじめ、1971年、1976年、1979年、1982年、1986年と公表されている。その後、経済企画院は韓国の統計庁と名前を変え、「卸・小売業総調査報告書」に引き継がれ1991年、1996年と5年ごとに発行されている。同統計庁は、それと別にサンプル調査として、「卸・小売業調査報告書」を1988年から毎年定期的に発行している。日本の商業統計は、韓国の「卸・小売業総調査報告書」（以下、韓国商業統計）に相当するものである。
2) 住谷宏稿「卸売機構」久保村隆祐編著『商学通論』同文舘、2002年、92頁。
3) 韓国の商業統計によると、小売業の店舗数は1982年の542,458店から1996年の765,225

店に、従業者数は1982年の945,778人から1996年の1,680,591人に、年間販売額は1982年の126,555億ウォンから1996年の422,198億ウォンにそれぞれ伸びを示している。
4) LG経済研究所のインタビューによる（2001年5月25日）。LG経済研究所で指摘されたように、コンビニエンス・ストアの店舗数の推移を見ると、以下のごとく、年々増加傾向である。

コンビニエンス・ストア店舗数の推移

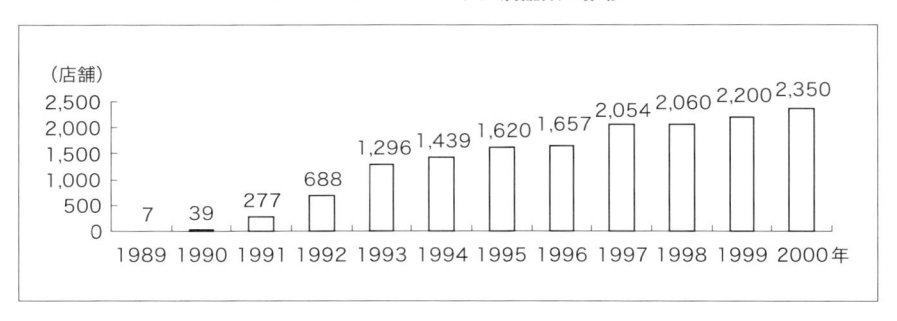

年	1989	1990	1991	1992	1993	1994	1995	1996	1997	1998	1999	2000
店舗	7	39	277	688	1,296	1,439	1,620	1,657	2,054	2,060	2,200	2,350

（出所）http://www2.kisline.co.kr より作成。

5) 朴奉斗外4人編著『流通学概論』学現社、2000年、251頁。
6) 住谷宏、前掲書、94頁と渡辺達郎著『現代流通政策』中央経済社、1999年、40-41頁を参考にした。
7) 生井澤進稿「我が国の商業」宮澤永光・十合暁編著『現代商業学入門』八千代出版、1999年、284頁。
8) 田村正紀著『日本型流通システム』千倉書房、1996年、113頁。また、W/R比率を国際比較に利用するときの留意点については、以下の文献を参照されたい。鈴木安昭・田村正紀編著『商業論』有斐閣、1980年、198-199頁。関根孝稿「卸売多段階性の研究」『マーケティングジャーナル』1982年、Vol. 2、77頁。佐々木實雄稿「W/R比率と集中度からみる主要国の流通構造」田島義博・宮下正房編著『流通の国際比較』有斐閣、1985年、116-119頁。丸山雅祥著『日本市場の競争構造─市場と取引─』創文社、1992年、53-55頁。田口冬樹著『現代流通論』白桃書房、1996年、247頁。
9) 大韓商工会議所編『韓国の商工業百年史』大韓商工会議所、1982年、562頁。
10) 鄭福祚著『食料流通経済論』高麗大学出版部、1985年、64頁。

第2章　日本の卸売構造の変化

1　業種から見た構造の特徴

(1) 全体的な業種動向

　日本における卸売業の業種に関する特徴を導くために、商業統計を用いて1982年から1997年までの16年間における年間販売額と事業所数伸び率の二つの尺度でそれぞれ卸売業の業種を時系列的に分析してみる。
　以下のモデル[1])は、平均値を基準にして年間販売額伸び率と事業所数伸び率の二つの尺度でそれぞれ表したものである。
　その方法としては、①1982～1991年と1991～1997年という2期間における成長ポジションを分けて検討する[2))。②分析対象となる業種は、細分類（3桁）の業種にした。③卸売業全体の平均値を基準としているが、年間販売額伸び率と事業所数伸び率の高・低で区分される四つのフレームは、次の特徴を有している。まず第Ⅰフレームにある業種は、販売額と事業所数がともに平均以上の伸びを示していることから成長業種と呼ぶことにする。第Ⅱフレームは、事業所数は平均以上であるが、年間販売額は平均以下のフレームということで、競争業種である。第Ⅲ業種は、事業所数とともに年間販売額も平均より下回っているので、衰退業種としての特徴づけができる。最後の第Ⅳフレームは、事業所数の伸びは減っているが、年間販売額が相対的に伸びている業種で安定業種と呼ぶことにする。
　前期（1982～1991年）と後期（1991～1997年）における成長ポジションを対比してみると、図2-1、2-2のごとくであるが、既に10業種が入れ替わっていることがわかる。

	（低）──── 事業所数伸び率 平均：11.3 ────（高）	
（高） 販売額伸び率 平均＝43.8 （低）	衣服・身の回り品（3.6、54.4） 食料・飲料（4.5、46.6） 建築材料（6.4、65.4） 家具・建具・じゅう器（－0.7、54.3） （安定業種）Ⅳ	電気機械器具（33.8、93.6） 一般機械器具（30.9、119.7） 医薬品・化粧品（25.7、74.9） 自動車（24.4、60.9） 化学製品（18.3、56.4） その他の機械器具（16.9、53.5） 他に分類されない（12.9、45.8） Ⅰ（成長業種）
	（衰退業種）Ⅲ	Ⅱ（競争業種）
	繊維品（3.8、20.4） 農畜産物・水産物（8.8、28.6） 鉱物・金属（6.7、－0.1） 再生資源（－15.9、34.0）	各種商品（1312.0、30.1）

（％）

事業所数伸び率

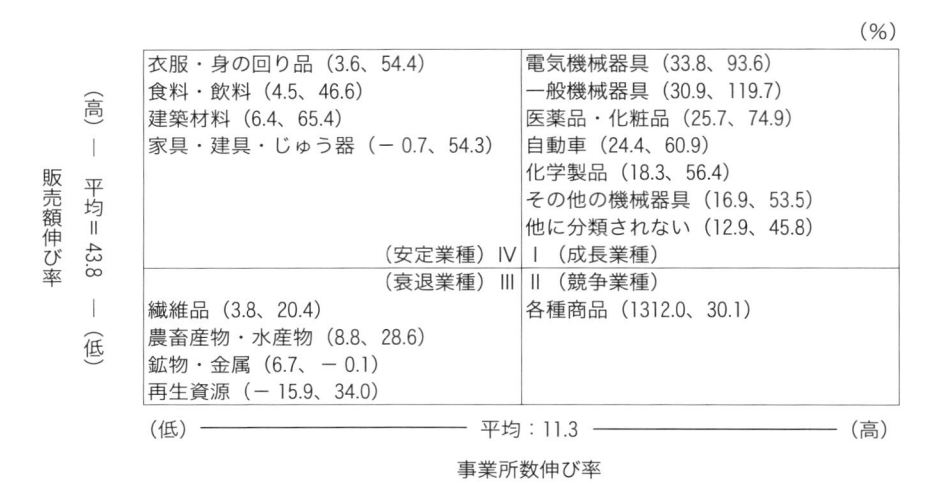

図2-1　日本における16業種の成長ポジション（1982～91年）

（出所）　通産省（現、経済産業省）『商業統計表』により作成。

	（低）──── 事業所数伸び率 平均：－17.7 ────（高）	
（高） 販売額伸び率 平均＝－16.3 （低）	医薬品・化粧品（－17.9、1.3） 建築材料（－27.2、－10.4） （安定業種）Ⅳ	自動車（－1.6、8.4） その他の機械器具（－7.1、2.3） 農畜産物・水産物（－7.4、14.7） 他に分類されない（－9.8、－7.0） 電気機械器具（－11.4、10.4） 食料・飲料（－16.2、－3.0） Ⅰ（成長業種）
	（衰退業種）Ⅲ	Ⅱ（競争業種）
	鉱物・金属（－19.7、－27.6） 再生資源（－27.2、－23.4） 一般機械器具（－32.8、－35.7） 繊維品（－34.9、－50.7）	各種商品（85.4、－27.3） 化学製品（－11.8、－18.4） 衣服・身の回り品（－15.3、－20.9） 家具・建具・じゅう器（－17.1、－20.8）

（％）

事業所数伸び率

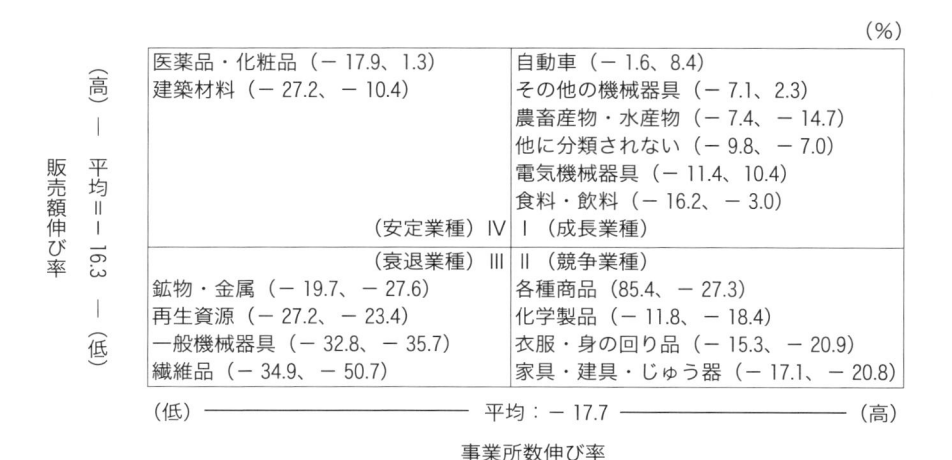

図2-2　日本における16業種の成長ポジション（1991～97年）

（出所）　図2-1と同じ。

まず、事業所数の中で最も大きいシェアを占めている成長業種のフレームを見ると、前期のフレームにある7業種の中で後期へ3業種が移動しているが、それは競争業種へのフレームには「化学製品」が、衰退業種へのフレームには「一般機械器具」が、安定業種へのフレームには「医薬品・化粧品」がそれぞれ移動している。特に、成長業種のフレームから安定業種のフレームに移動した「医薬品・化粧品」は、ドラッグストアの成長によるものであると考えられる。また、前期の競争業種には、「各種商品」が位置付けられていたが、後期においても競争業種へのフレームに入っている。さらに、前期の衰退業種のフレームにある4業種の中で、後期に一つの業種が成長業種へ移動したが、それは「農畜産物・水産物」である。特に、前期における安定業種のフレームにある4業種の中で後期へ3業種が移動しているが、成長業種へのフレームには「食料・飲料」が、競争業種へのフレームには「衣服・身の回り品」と「家具・建具・じゅう器」がそれぞれ移動している。かくして、バブル経済の崩壊とともに、業種の成長にも大きな影響を及ぼしている。

平均値を基準にする年間販売額伸び率と事業所数伸び率ではなく、0％を基準にしてみると、まず前期（1982～1991年）においては、「家具・建具・じゅう器」（－0.7％、54.3％）、「再生資源」（－15.9％、34.0％）が安定業種で、「鉱物・金属」（6.7％、－0.1％）のみが競争業種である。また、それ以外の業種は、すべて成長業種に位置付けられている。

後期（1991～1997年）においては、最も有力な成長業種とされていた卸売業はすべて存在せず、他のフレームに移行している。安定業種には、「自動車」（－1.6％、8.4％）、「その他の機械器具」（－7.1％、2.3％）、「電気機械器具」（－11.4％、10.4％）、「医薬品・化粧品」（－17.9％、1.3％）などがそのフレームに位置付けられている。競争業種として、「各種商品」（85.4％、－27.3％）、が事業所数を伸ばしている。その他の業種は、すべてが衰退業種として、年間販売額と事業所数がともに減少している。かくして、多数の業種が衰退業種へと移行しているように、バブル崩壊後の厳しい状況を説明している。

後期に一番安定している業種は、「自動車」、「その他の機械器具」、「電気機

表2-1 三つの指標の業種構成比の上位5位 (1982〜97年)

（カッコ内は％）

	1982年	1985年	1991年	1997年
事業所数	1. 建築材料 (14.1)	1. 建築材料 (13.6)	1. 建築材料 (13.5)	1. 他に分類されない (12.4)
	2. 食料・飲料 (12.7)	2. 食料・飲料 (13.1)	2. 食料・飲料 (11.9)	2. 食料・飲料 (12.1)
	3. 他に分類されない (11.1)	3. 他に分類されない (10.8)	3. 一般機械器具 (11.5)	3. 建築材料 (11.9)
	4. 一般機械器具 (9.8)	4. 一般機械器具 (9.8)	4. 他に分類されない (11.3)	4. 農畜産物・水産物 (10.2)
	5. 農畜産物・水産物 (9.3)	5. 農畜産物・水産物 (9.5)	5. 農畜産物・水産物 (9.1)	5. 一般機械器具 (9.4)
従業者数	1. 再生資源 (18.6)	1. 再生資源 (18.0)	1. 再生資源 (14.3)	1. 再生資源 (13.4)
	2. 食料・飲料 (12.0)	2. 食料・飲料 (12.4)	2. 一般機械器具 (12.1)	2. 食料・飲料 (12.5)
	3. 他に分類されない (10.5)	3. 他に分類されない (10.3)	3. 食料・飲料 (11.8)	3. 他に分類されない (11.3)
	4. 一般機械器具 (9.7)	4. 一般機械器具 (9.8)	4. 他に分類されない (10.4)	4. 農畜産物・水産物 (9.9)
	5. 農畜産物・水産物 (9.0)	5. 農畜産物・水産物 (9.5)	5. 建築材料 (9.3)	5. 建築材料 (9.1)
年間販売額	1. 各種商品 (19.0)	1. 各種商品 (19.7)	1. 各種商品 (17.2)	1. 各種商品 (15.0)
	2. 鉱物・金属 (15.4)	2. 鉱物・金属 (13.9)	2. 鉱物・金属 (10.7)	2. 農畜産物・水産物 (10.7)
	3. 農畜産物・水産物 (11.8)	3. 農畜産物・水産物 (12.4)	3. 農畜産物・水産物 (10.5)	3. 食料・飲料 (9.7)
	4. 食料・飲料 (8.2)	4. 食料・飲料 (8.1)	4. 食料・飲料 (8.3)	4. 電気機械器具 (9.4)
	5. 他に分類されない (7.3)	5. 他に分類されない (6.6)	5. 他に分類されない (7.5)	5. 鉱物・金属 (9.2)

（出所） 図2-1と同じ。

械器具」、「医薬品・化粧品」などであるといえよう。以上のモデルは、長期間にわたる全体的な動向としての指標である。

　卸売業の業種から事業所数、従業者数、年間販売額の三つの指標を用いて、構成比の順位を時系列的に検討してみると、表2-1のごとくである。

　業種の事業所数構成比で上位5位までを占めるのは、16年間で「建築材料」、「食料・飲料」、「他に分類されない」、「一般機械器具」、「農畜産物・水産物」などである。これらの中に、従業者数と年間販売額でもほぼ類似した高いシェアを占めているのは、「食料・飲料」、「農畜産物・水産物」である。しかし、

従業者数で見ると、「再生資源」が最も高いシェアを占めている。また、年間販売額を見ると、「各種商品」が最も高いシェアを占めていることがわかる。この両業種は、いずれも他の指標には入っていない業種である。特に、年間販売額の「各種商品」に注目する必要がある。この業種は、日本独特のものだと思われる。すなわち、総合商社が入る関係で「各種商品」が最大の構成比を示している。

　日本の卸売業における業種は、主に「食料・飲料」、「農畜産物・水産物」、「各種商品」などが高い地位を占めている。それは、戦前からの発展として、中小規模の生鮮食料品店を中心とした多数の伝統的食料品の存在が影響しているし、また日本の貿易が総合商社を中心に行われたからでもある。

(2) 産業財卸と消費財卸

　以上の日本卸売業の基盤を形成している業種は、「食料・飲料」、「農畜産物・水産物」が消費財卸に、「各種商品」が産業財卸に属するだろう。日本卸売業の全体構造を把握するために、消費財卸と産業財卸に分けて検討してみる。もちろん、厳密に消費財卸と産業財卸に分類できるわけではない。しかし、各卸売事業所の取り扱い主力商品の主たる用途から分けてみることができるだろう。図2-3を見ると、一つ特徴としていえることは、他国と比べ産業財卸が多いことであろう。そこには、日本特有の総合商社が含まれるが、それが発展するようになったのにはいくつかの要因がある。

　田口冬樹[3]によると、「とくに、明治以降、わが国が列強の中で遅れて工業化をスタートさせたが、殖産興業の急速な実現のためには、資源小国という制約を踏まえ、海外から原料を輸入し、国内で製造加工し、海外に製品を輸出するという加工貿易形態を取りながら、煩雑な貿易取引の部分を商社に任せることが合理的であり、そこに総合商社が存立する基盤があったとみることができる」と指摘している。それによって、主に産業財卸のパイが大きくなったと思われる。

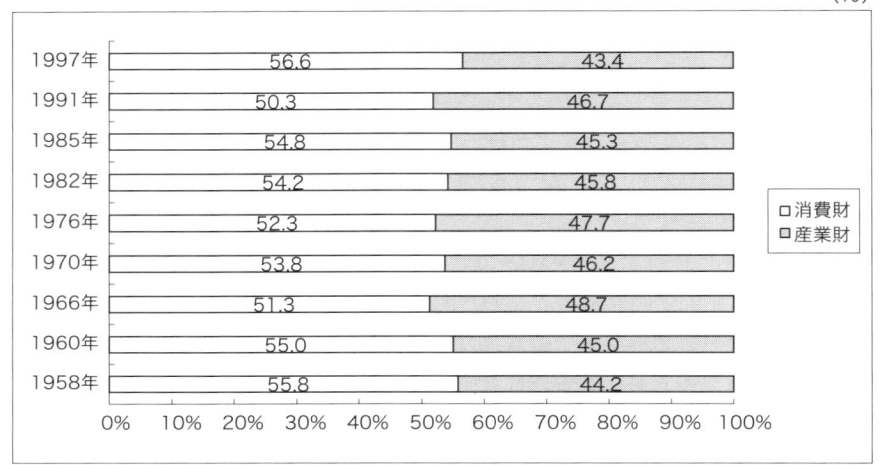

年	消費財 (%)	産業財 (%)
1997年	56.6	43.4
1991年	50.3	46.7
1985年	54.8	45.3
1982年	54.2	45.8
1976年	52.3	47.7
1970年	53.8	46.2
1966年	51.3	48.7
1960年	55.0	45.0
1958年	55.8	44.2

図2-3　産業財卸と消費財卸の事業所の構成比

(出所)　図2-1と同じ。
(注)　消費財は衣服・身の回り品卸売業、農畜産物・水産物卸売業、食品・飲料卸売業、医薬品・化粧品卸売業、自動車卸売業、家具・建具・じゅう器等卸売業、その他の卸売業であり、産業財は消費財に含まないもの。また、1984年の分類変更で上記区分に入らない「各種商品卸売業」に分類される商店が増大している。

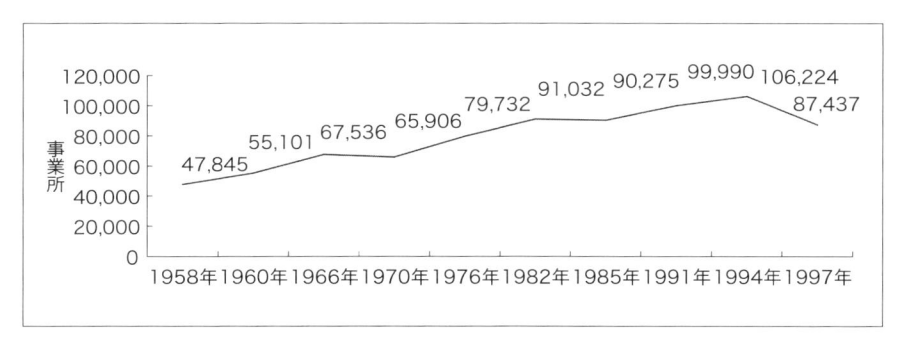

年	事業所数
1958年	47,845
1960年	55,101
1966年	67,536
1970年	65,906
1976年	79,732
1982年	91,032
1985年	90,275
1991年	99,990
1994年	106,224
1997年	87,437

図2-4　飲食料品卸売事業所数の推移

(出所)　図2-1と同じ。
(注)　飲食料品卸売業は、農畜産物・水産物卸売業、食品・飲料卸売業である。1967年と1993年の産業分類変更により、その前後を直接比較できない。

消費財卸については、品目別で一番高いシェアを占めている飲食料品卸売事業所数（農畜産物・水産物卸売業と食品・飲料卸売業）の推移を見てみると、図2-4のごとくである。その飲食料品卸売事業所数は、2回も産業分類変更があり、その前後を厳密に比較できないものの、増えつつあった。

　1950年代後半にスーパーが登場し、1960年代以降のスーパーは急速に発展したが、その原動力はレギュラー・チェーンとセルフ・サービスであった。スーパーは、レギュラー・チェーンとセルフ・サービスという新しい技術を背景に著しい発展を遂げたが、飲食料品卸売事業所数を減らすことには至らなかったことが図2-4から読み取れる。

　飲食料品卸売事業所数が減少しなかった主な要因について、原田英生[4]は「アメリカのチェーンストアが実践したようなチェーン・オペレーション、すなわち多数店舗の仕入れを本部に集中し、本部は効率的なシステムを構築して既存の卸売業者の種々の活動を代替するということを十分に実行したわけではない。むしろ、既存の卸売業者が過剰なほどに存在しているという状況を利用して、自らのコスト削減努力よりも、卸売業者相互を競いあわせ、買い叩くことによって安売りを実現してきた面が強い」と述べている。すなわち、レギュラー・チェーンの成長・発展は、その背景に多数の食料品卸売業の存在があったからこそ成し遂げられたのである。言い換えれば、レギュラー・チェーンの成長・発展には、多数の食料品卸売業の存在が必要不可欠な条件であったといえよう。

2　日本の卸売業の発展段階

　日本における卸売業が果たしてきた役割を歴史的な観点で捉え、卸売業がいかなる発展過程を示してきたかを1945年以前と1945年以後に大きく分けて検討する。

(1) 1945年以前の卸売業

　日本における卸売業の歴史は、中世の問・問丸にその起源を持つといわれている。問丸はもと領主よりその食俸として一定の田地を給せられるか、もしくは運送貨物の一定割合を役料として給せられていた一種の荘官であって、その職は領主によって補任せられていた。この問丸の始源は平安末期にあって、桂、淀、木律の三律に初見がある。その後、鎌倉時代より吉野朝時代になると、問丸は荘官又は準荘官として、問給、問田を与えられ、水上交通の労力奉仕をしたほか、年貢米の輸送、それに伴う陸揚げ作業の監督、倉庫管理の役割を果たすようになった[5]。問丸は、専ら領主のための収穫物の運送・倉庫保管・委託販売などに従っていた。港湾が極めて排他的に一方の領主によって独占されていたのである。しかし、港湾がますます開放的になるにつれ、問丸はその港湾を利用する他の領主の要求に応じて、収穫米の輸送管理を引き受けることになった。それにより、専門の貨物仲介業者は貨物仲介業者として独立することになったのである[6]。

　また、問丸は港湾問屋、要地問屋、宿駅問屋の三つに大別され、宿泊業務、運送業務、倉庫業務を兼ね営むと共に、商品の仲介業者や売買までその活動領域を拡大していった[7]。

　明治維新による資本主義への移行は、近代的統一国家の出現によって名実ともに国民経済が成立し、営業自由の確立によって封建的体制の骨組を持つ諸制度は相次いで撤退した。すなわち、商品は農産物か、家内工業的生産品であって、問屋の手を経て配給されていたが、これとともに多くの商品が資本家的工場生産による生産過程によって流通部面へ流れ出ることとなった[8]。その生産力を背景に、富国強兵策が推進され、日本資本主義の発展が芽生え始めたのである。

　1885年頃に、一斉に開始された官営の工場や鉱山の払い下げもあって、ここに最初の資本主義的企業の勃興期を迎えた。最初に華やかに登場するのが、綿糸紡績業と鉄道事業である。その他にこの時期の主要産業は、石炭・銅を

中心とする鉱業と生糸・織物等のいわゆる在来産業である。そして鉄鋼業や機械工業は、軍工廠の他に官営工場払い下げによる三菱・川崎の両造船所があった[9]。

　日本は日清戦争（1894〜1895年）の勝利で、急激な資本主義的発展が見られた。この期に、政府から工場や鉱山等の安価な払い下げを受けていた政商（財閥資本）は、発展の基礎を固めた。

　日露戦争（1904〜1905年）以降、日本はさらに資本主義の発展を遂げた。この時期には、多彩な部門の発展が見られた。特に、電気・ガスの両エネルギーをはじめ、造船業、金属精錬、石炭、セメント、肥料などが著しかった。これらは、三井、三菱、住友などの財閥との直接間接にかかわる巨大な独占企業が支配的地位を占めていたのである[10]。

　昭和の時代に入り、問屋＊は国民経済の発展と歩調を合わせて、ほぼ順調な歩みを続けた。しかし日本がいわゆる軍国主義時代に徐々に突入し、ここに経済の様相も、したがって卸売業の在り方も、大きな転換期に直面するに至ったのである。本格的な経済統制は、日本が戦時態勢に入ったと見られる1937年から開始された。軍需優先、商業よりも生産が優先される時代であった[11]。

　1945年以前の卸売業者は、多数の供給者のための共同販売機関、多数の需要者のための共同購買機関としての役割を果たすことによって、売買を円滑にし、売買に必要な費用を節約させるという社会的任務を担っていた[12]。したがって、1945年以前は、卸売業主導の時代であったといえよう。

＊商法551条では「問屋とは、自己の名を似て他人の為に物品の販売または買入を為すを業とする物」と規定しているように、所有権を持たずに取引が行われたのである。しかし、今日では問屋と卸売業とを区分することなく、同意語として使用されているが、今日の卸売業は所有権を持つ、持たずを問わずに、最終消費者以外のものを対象として販売するものである。したがって、本章では、卸売業の中に問屋を含むことにする。

(2) 1945年以後の卸売業

① 1945～60年代までの卸売業

　第2次世界大戦後は、国際政治の状況が一変し、アメリカ占領軍の政策は日本に対し産業の復興を急がせた。日本はアメリカの政策に支持され、全体としての経済復興の鍵となる少数の基幹産業に強力な援助を与え、これが刺激となった。その結果、経済復興が軌道に乗り、さらに朝鮮戦争（1950～1953年）が日本経済の成長と発展に拍車をかけるようになったのである[13]。

　1950年代後半に、一部の有力な卸売業が、卸売業主宰のボランタリー・チェーンを結成した。すなわち、酒類食品卸売業の広屋（本社・東京）が主宰した「ヒロマル・グローサリー・チェーン」、菓子卸売業のサンエス（本社・東京）が主宰した「ルーキ・チェーン」などである。

　社会的、経済的背景として、主婦の店ダイエー（1957年）、イトーヨーカ堂（1959年）、西武ストアー（現、西友，1962年）、岡田屋（現、イオン，1962年）などのスーパーという大規模小売業がこの時期に生まれた。こういう流れを背景に「流通革命」としてとらえて、「問屋無用論」が提唱された時期でもあった。その一つの論拠は、スーパーの成長に伴って、スーパー本部がメーカーと直取引することによって卸売業を排除させることであった。しかし、卸売業の事業所数は減少ではなく、逆に増加したのである。すなわち、スーパーとの取引は、結果として卸売業にマイナス効果ではなく、プラス効果をもたらしたのである。それは、スーパーの新しい経営体質に対応するために、卸売業自身の経営体質を強化したのである[14]。

　1963年に、中小企業卸売業店舗集団化助成制度によって、卸団地助成に対する政府の高度化資金融資が開始され、各地に卸商業団地の助成が促進された。この制度の目的は、市街地に散在する中小卸売業が店舗、倉庫の狭隘化、駐車場などを解消し、かつ中小卸売業が共同化、協業化により機能を強化することであった[15]。

1960年代の半ばから、大量生産体制の確立を背景として、従来の卸売業優位の流通からメーカー優位の流通へと重心が移動し、各地域の卸売業は有力ナショナル・ブランド・メーカーのチャネル組織に組み込まれていった。松下電器（1964年）と花王（1966年）の販社制度がその主導権の移動を裏付けている[16]。たとえば、花王は1966年に二つ（多喜屋花王、松花商事）の販売会社を設置した。いずれもかつて花王の代理店だった卸売業が、メーカー花王の指導のもとに花王部門を独立させ、花王商品専門の販売会社を設立したものである。また、その花王は全国の卸売業に呼びかけ、1970年には全国に120社の販売会社網を確立したのである[17]。

　1945年から1960年代までに、かつての卸売業主導はメーカーの系列化のもとに卸売業が弱体化を余儀なくされた。その反面卸売業界は、卸売業主宰のボランタリー・チェーン助成、卸団地助成など、卸売業の機能強化を図った時期でもあったといえよう。

② 「流通ビジョン」＊ による政策の方向・展開と卸売業

　日本の流通政策に関して理解を深めるためには、過去において政府の流通政策がどのような指針のもとで展開してきたかを分析することが、きわめて重要である。卸売業についての代表的なものの一つとして、1960年代に流通行政が卸売業を機能的に分類し、それぞれの形態の展望を行った。その後、約30年の間に主に四つの「流通ビジョン」が刊行されたが、その中でも卸売業に関する記述では、当時の卸売業がどのように捉えられていたか、またどのような方向性で政策が行われたかが論じられている。

　ここでは、当時の卸売業の形態分類と展望がどのように捉えられたかを検討

＊「流通ビジョン」とは、通商産業省（現、経済産業省）の流通行政が、産業構造審議会に対し、その時々の流通政策の基本的な方向について諮問し、そこでの審議結果を答申という形でまとめた「流通ビジョン」の提言を受け、それに基づいて流通政策を具体的に展開するという役割を持っている。

した上で、卸売業の機能変化の変遷過程を『70年代の流通』、『80年代における流通産業ビジョン』、『90年代における流通ビジョン』、『21世紀に向けた流通ビジョン』に沿って時系列的に考察する。

卸売業の機能的分類

1968年に産業構造審議会[18]から、第6回中間答申『流通近代化の展望と課題』が提出された。いわばそれまでの中間答申をまとめた内容のものである。この『流通近代化の展望と課題』では、卸売業の機能的分類と展望を行った。その卸売業の機能的分類は、以下の図2-5のごとくである。

一次卸

まず元卸の基本的な形態として、「元卸とは、1社または比較的少数の生産者から商品を仕入れて多数の需要先や二次卸へ売り渡す形態の分散機能を中心とする卸売商を指す。元卸には、大別してメーカーの販売部門と実質的に同一のものと独立した元卸がある。前者は、メーカーの経営の合理化策の一環として、あるいは流通段階へ積極的に進出するための拠点として存在するもので、主に消費財のうちのナショナル・ブランド製品の分野に多い。後者は、業種によって性格が異なるが、いずれも卸売業の中核的存在である」[19]と述べている。

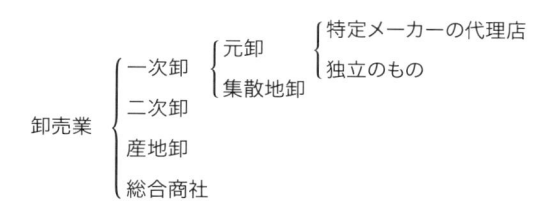

```
                    ┌ 一次卸 ┌ 元卸   ┌ 特定メーカーの代理店
                    │        │        └ 独立のもの
            卸売業 ┤        └ 集散地卸
                    ├ 二次卸
                    ├ 産地卸
                    └ 総合商社
```

図2-5　卸売業の機能的分類

（出所）　通商産業省企業局編『流通近代化の展望と課題』大蔵省、1968年、43頁。

また、元卸は生産財、資本財を扱うものと消費財を扱うものに分けて、そのあり方を展望している。

　前者の元卸の生産財、資本財の展望では、「多くの業種では、卸売商自身が物的流通機能をあわせ持っているので、そのための大規模施設を建設し、運営する必要があり、この面でも巨大な資金力を要する。このことが最大の原因となって、生産財、資本財の元卸の分野では、総合商社とならんで、大型の専門卸売商の優位性が急速に強まるであろう。それとともに、中小規模の卸売商は、企業の合同を行うか、大規模な卸売商と提携することを迫られよう」[20]と指摘している。

　また後者である元卸の消費財の展望では、「生産者による卸売商の選別が厳しくなり、販売力と情報収集力の強い大型卸売商の優位性が高まり、また生産者もそのような卸売商の育成に積極的に努力するであろう。また、これと全く同じ動機から、生産者自身がかなり末端に近い販売段階まで自ら手掛けるため、販売業務担当部門を分離して販売会社を設けたり、既存卸売商に資本参加をするケースが従来から目立っているが、今後もこの傾向は続くであろう」[21]と論じている。

　次に、一次卸に属する集散地卸の基本的な形態として、「集散地卸とは、比較的多数の生産者から仕入れ、多数の二次卸や小売店へ売り渡す形態の集荷、分散機能を中心とする卸売商を指している。生産が多数の企業により行われ、しかもそれが地域的にも広く分散している場合には、卸売商の集荷機能が重要なものになる。これは、主に、中小企業が生産の主体であるような業種であり、雑貨、繊維製品が典型的である。この種の卸売商の中では、いわゆる製造問屋として、商品の企画、生産者への金融等を行うものがかなり有力である」[22]と述べている。

二次卸

　二次卸には、存立の基盤と展望として「これからは地域的なボランタリー・チェーンを結成するとか、小売商に転換するとか、セルフサービス・現金販

売方式を採用するとか、あるいは一次卸の手が届かない非都市部への浸透をはかる等の方策が生まれてくるであろう。しかし、二次卸（三次卸はなお一層）は、いずれの業種においても二次卸に止まる限り、今後大きな発展は望めないであろう」[23)]と今後の二次卸や三次卸のあり方について、予測している。

産地卸

産地卸として、「伝統的産業（主に軽工業）のなかには、産地が特定地域に集中しているものが多いが、これらの産地には必ず産地卸が存在する。これは、原料の供給、金融、製品の集荷などを行うものであるが、生産者が小規模で、かつ、多数の場合には不可欠な存在であり、生産の体制に変化がない限り、その存立基盤は失われないであろう。ただ、繊維工業にみられるように、生産体制の構造改善が行われる場合や、一次卸（集散地卸）が生産者の直接的掌握に積極的になった場合には、産地卸のうち小規模な買継商に近い性格のものは、次第に存立が危うくなることは必至である」[24)]と業種によっては、産地卸の存在意義が問われると述べている。

総合商社

総合商社は「輸出入業務の分野で特異な地位を占めているが、国内取引においても圧倒的な規模を占めており、（中略）とくに、生産財に関してはその比率が高い」[25)]と日本独特の卸売構造を説明している。

また、総合商社の将来展望として「高度の情報収集力と豊富な人的能力さらには資金力を駆使して、生産者、他の流通担当企業あるいは輸送機関などとの協力のもとに、各方面にわたって流通機能の円滑化に寄与するような各種プロジェクトのオルガナイザーというべき役割を担うこととなろう。しかし、流通量や取引単位の小さいもの、高度の専門的技術を要するもの、商取引の煩雑なものなどの分野では、総合商社の役割は次第に小さくなるであろう」[26)]と予測した。

③『70年代の流通』

『70年代の流通』では、卸売業の消費財について展望を行っているが、まず商品の特性によって商品を分類し、その商品グループを扱う上で果たす機能によって卸売業を類型化した。類型は生産集中度と小売形態によって分類し、両者の組合せによってできる九つの商品群を四つの類似群にまとめて展望を行った。

第一には、特徴として、生産段階が寡占である商品を、多種商品を販売する小売業者へ販売する卸売業者である。表2-2のA-(1)型の商品で、ナショナル・ブランドの食料品、雑貨が中心である。展望では、このカテゴリーの卸売業の発展の方向として、「①卸売業は、多数のメーカーの相互牽制を利用して、ある程度の自主性をもち得よう。このための条件としては、有力小売店と金融力等が必要となろう。このためには合併などによる企業規模の拡大も必要となろう。②小売業者の組織化を進めて、ボランタリー・チェーン本部化する行き方である。この場合にはプライベート・ブランド商品を開発し、寡占メーカーに対抗することも可能となろう」[26]と二つの方向が考えられると指摘した。

第二には、特徴として、生産段階が競争型ないし小規模多数型であるメーカーの商品を、多種商品を販売する小売業者へ販売する卸売業である。表2-2のA-(2)、A-(3)型商品がこれに当たる。展望として、「近年、商品のファッション化、個性化などによって、このカテゴリーに入ってくる商品が増えてきている。卸売業者がその主導性を維持・発揮するためには、情報機能、金融・危険負担機能等を果たすことが必要であろう」[27]と述べている。

第三には、特徴として、生産段階が寡占である商品をメーカー系列の小売店へ販売する卸売業である。表2-2のB-(1)、C-(1)型商品がこれに当たる。展望として、「生産構造が変わらぬ限り変化の余地はない。ただ、消費者の購買行動の変化によって、卸売機能にも変化を要求される可能性も存在する。たとえば、消費者の要求により、小売店頭で車の各メーカーの比較購買はもとよ

表 2-2　卸売業における消費財の類型

メーカーの側 小売業の側	寡占型（1）	競争型（2）	小規模多数型（3）
多種商品小売型（A）	合成洗剤、ビール、インスタント・コーヒー	加工食品、缶詰、砂糖、万年筆、インク	日用雑貨、メリヤス、カーペット、建材
同種商品小売型（B）	写真フィルム、化粧品、時計、ピアノ	カメラ、医薬品、家電製品	出版物、靴、陶磁器
特定メーカー品小売型（C）	自動車（化粧品、ピアノ）	ガソリン	製造小売

（出所）　通商産業省産業政策局商政課編『70年代の流通』通商産業調査会、1971年、29頁。

り、異種商品（レジャー）との組合せによる品揃えがなされるようになることも考えられる」[28]と論じている。

　第四には、特徴として、生産段階が競争型で、小売形態は同種商品品揃え型に属する商品の卸売業である。表2-2のB-(2)型に属するものである。「メーカーは、小売店段階までを系列化したい意欲は持つが、得策ではない場合が多い。小売段階では品揃えに対して卸段階で行う場合（たとえば、医薬品）と小売店頭で行う場合（たとえば、家電）に分けられる。メーカーの方針によって決められるが、その際には商品自体の性格、ライフサイクル、企業の競争力、消費者行動等の要求が強く働くと考えられる」[29]と指摘している。

　1973年にオイルショックが発生し、これを契機に日本経済は高度経済成長期から長期不況期としての低成長期へと移行した。低経済成長期の下で、卸売業の傾向は、提携や合併の強化である。提携や合併による組織化が低成長下の卸売業の生き残り方法として考えられていた。

　甲府で1977年内に地元卸売業同士の合併が3件もあり、この他にも合併の動きが潜行して進んだ。また、卸売業が小売店を「逆選別」する動きが強まった。その背景は、経済の低成長が定着したという厳しい経済環境の変化である。すなわち、高度経済成長時代のように、商品を並べておいただけでは売れない。販売力のある卸売業は、ますます選別買いをするようになった消費者にどうやって売り込むか工夫し始めたのである[30]。

第2章　日本の卸売構造の変化

　1979年、三菱商事系の北洋商事、野田喜商事、東京新菱商事、大阪新菱商事の4社が合併、商事の子会社菱食が誕生し、食料品卸売業で売上高第3位を占め、総合商社系卸売業の最初のまとまりを見せた[31]。

　中小企業振興事業団などが「店舗等集団化事業」と呼んでいる卸売団地の建設は、1981年約141の団地が開設された。1970年後半に入ってからは高速道路のインターチェンジ周辺の物流基地づくりが焦点となった。「中央」、「東北」、「北陸」、全面開通でないにせよ「中国」など自動車道路網が整い、大型トラックによる輸送が中心となった。すなわち、物流コストの低減が注目されてきたのである。高速道路が卸売業にとって販売拡大に大きく貢献していることを裏付けている。卸売業は卸売団地と並んで、共同化による卸売機能の強化には中央卸売市場の開設がある。卸売団地と違い既存の私設市場では、人口の増加に対する需要が満たせない。また、大型トラックが引き起こす都心部での交通問題などの解決も兼ねて開設、増設が増えていた[32]。

　長引く個人消費の低迷が、卸売業の経営基盤をさらに揺さぶり始めた。その結果、表面化してきたのが、提携、合併といった業界再編成であった。たとえば、三菱商事系の菱食は、1982年間に地方卸売業5社との提携を実現させ、さらに東北地方では系列卸売業同士を合併させるなど、再編成を通じて全国に販売網を築きつつある。最大手の国分も、従来再編成の対象となりにくかった酒類卸売業に対し、資本参加、人材派遣などの手を打ち始めた。再編成に慎重な姿勢だった大手卸売業も活発に動き出したのである[33]。

　一方、スーパーの業界が、仕入れ体制の見直しに動き出した。新たな大型店の出店規制時代を迎え、仕入れ面の合理化、効率化が経営戦略のうえで重要になってきた。ダイエーが進めている食品卸売業の集約化、帳合＊変更もその現

＊帳合（ちょうあい）とは、元々、現金や商品を帳簿と照合するという意味で使われてきたが、現在は取引関係を意味するものに転じている。たとえば、一店一帳合制というものがあるが、これは小売業者と卸売業者が取引契約の際に、一方が他方に対して設定する取引上の拘束条件の一つである。すなわち、卸売業者が小売業者との間で継続的な契約を結ぶ際に、前者は後者に対して取引（仕入）を自社との間だけとする条件を設定する場合がある。宇野政雄・金子泰雄・西村林編著『現代商業・流通辞典』中央経済社、1995年、9頁。

われの一つである。スーパーの戦略は、卸売業にとって厳しい選別の時代がきたことを意味するものでもあった。ダイエーが 1982 年加工食品で取引のあった主力卸売業 14 社のうち 7 社の帳合を解消、新たに国分、西野商事を加えて、9 社に絞り込んだのである。スーパーが個々の品目について卸売業の帳合を変えるのは珍しいことではないが、卸売業そのものをふるいにかけた点が特徴的で、これほど大がかりな帳合変更は前例がないことである[34]。

1970 年代において、卸売業は提携や合併がさらに進み、また卸売団地の助成への拡大、中央卸売市場の開設、増設が増えるなど、卸売業の強化を図ったのである。

④『80 年代における流通産業ビジョン』

『80 年代における流通産業ビジョン』では、卸売業の共同化の必要性、卸売業の業種別構造の展望、卸売業の機能の強化など、卸売業の方向性が指摘されている。

卸売業の共同化においては、「卸売業同士が、共同仕入れ及び共同輸入、共同情報ネットワーク、共同物流の三つの共同化を通じて、より簡素で効率的な流通システムを構築することが重要であるとし、これはまた、卸売業の役割を高めることにもなる」[35]と指摘している。

卸売業の業種別構造の展望では、消費の多様化に対応して、商品アイテム数の増加、小売業態の多様な展開が進むところから、卸売業の機能に対するニーズは一層高まり、卸売活動の拡大傾向は継続するものと考えられていた。特に、飲食料品卸売業を見ると、「飲食料品小売業の多様化・大型化が進む中で、卸売業サイドでは機能、品揃えの専門化が進展するものと見込まれ、有力卸売業を中心に系列化、組織化、機能分担、地域分担の見直しが行われることとなる」[36]と述べている。また、生活関連雑貨卸売業は、「メーカー主導型の卸売業と新しい業態に特化した卸売業に二分化し、前者では小売直販化、後者ではそれぞれの業種への専門化が進む」[37]と予想した。

卸売機能の強化においては、「①マーチャンダイジング機能の強化、②販売

促進機能の強化、③情報収集・提供機能の強化、④物流機能の強化、⑤指導機能の強化と組織化の推進などが重要になる」[38]と論じている。

スーパーをはじめ小売業界は卸売業に対して多頻度少量配送の姿勢を強めていた。消費者志向の変化に対応して、小売店は自ら、必要な商品を必要な時に必要な量だけ仕入れ始めたのである。少品種大量販売の方式が通用しにくくなり、卸売業の経営効率は悪化、倒産や廃業も目立つようになった。このような環境の中で合併、提携による生き残り策を求める動きも引き続き活発である。一方先行している菱食も地方卸売業との結びつきを深めるため、すでに発足しているRKG（リョーショク基幹店グループ）に加え、1982年4月にRFG（リョーショク友邦店グループ）を発足させた。国分など独立系大手卸売業も精力的に地方卸売業との提携を進めており、業界の勢力図が大きく塗り替わろうとしていった[39]。

さらに、異業種間の提携も登場している。菓子卸売業大手の山星屋と中堅酒類卸売業の吉川は1985年3月に、商品の融通、資本・人材交流などで全面的に提携をした[40]。

従来の大量販売を目指した金融機能は通用しなくなり、卸売業には新たな機能確立が求められている。国分の場合は、酒販店を組織化した卸売業主宰のボランタリー・チェーンKGC（国分グローサリーチェーン）を組織化[41]するなど新たな動きが活発に行われた。

1970年代後半以降、特に1980年代になると、大店法による競争激化、2度の石油危機や市場成熟化による消費の伸び悩みなどによって、多くの大規模小売チェーンの経営が悪化し始めた。それに対し、小売チェーンは、本部一括集中仕入れなどのチェーン・オペレーションの強化により、業務の効率化と他チェーンとの差別化の両方を目指した。その一つが、形式的には代理店・特約店との取引ということにしながら、実質的にはメーカーと直接取引を交渉し、工場から自社の配送センターへ直送させ、そこで各店舗別に仕分けして配送する直営物流方式である。もう一つの方向は、取扱商品・業種の異なる複数の卸売業に共同に仕分け・配送施設を設置させ、そこから多様な商品を一括して各

店舗に配送させるベンダー・システムもしくは窓口問屋制である。前者は、配送センター建設のための新規投資や配送センター運営のノウハウが十分でないこともあって、効率的に作用しなかった。後者は、そのためもあって、1980年代後半からの主流はベンダー・システムであった[42]。

1980年代には、卸売業は一層提携や合併が高まり、異業種間の提携も登場している。また、卸売業主宰のボランタリー・チェーンの組織化が活発になり、卸売機能の強化へと進んでいる。さらに、大規模小売チェーンとの取引に関して、窓口問屋制が主流になることによって、卸売業はかつてのメーカー側の立場から大規模小売チェーンの仕入れ側の立場へと対応姿勢の転換をはかってきた。

⑤『90年代における流通ビジョン』

『90年代における流通ビジョン』では、卸売業の動向、卸売業の将来展望、卸売業の体質強化などが提言された。

卸売業の動向では、「①特に、従業者数1～2人規模の零細店のシェアが低下している。②消費財分野を中心に製造業が卸機能を代替したり、小売業が製造段階と直取引したり、物流業の中にも卸売業の分野に参入したり、卸売業界は新しい事態への対応に迫られた。③このような状況下、卸売業は積極的に情報化機器の導入、小売店への支援・指導、商品の企画・開発などの機能の充実を図っている。また、共同輸入組織を作ったり、オンライン受発注のVAN会社を運営するなど、その存立基盤を確保するための積極的な動きもある」[43]と述べている。

卸売業の将来展望として、「小売業界の動きに対応する支援、情報提供、企画・開発などの付加機能を合理的かつ効率的に遂行していく企業への期待が一層高まってくると期待している。特に、①情報化を志向する卸売業、②輸入を志向する卸売業、③総合的に商品調達を行う卸売業、④小売支援サービスを行う卸売業などが発展する」[44]であろうと予想された。

卸売業の体質強化では、「取引先小売業の経営実態に対応した機能強化、差

別化を図っていくことが重要であり、また小売業のニーズへの対応、物流コストの低減といった観点から、業種横断的な総合卸売業を育成することも必要である。卸商業団地については、必要に応じてその再整備・活性化を支援するとともに、所要の指導などを図る必要がある。そのほか、卸売業の地位向上、発言力の強化などのため、全国的な卸売業指導団体の指導・育成を行うこと」[45]を要望している。

　卸売業は好景気を反映して各業種とも売上を順調に伸ばしていった。しかし、特に物流の合理化と情報システムの整備を迫られていた食品・日用雑貨の卸売業では、大手と中堅の資本・業務提携が活発になり、業界再編成が進んだ。たとえば、食品卸最大手の国分は、1989年1月に有力食品卸のマルイチ産商と資本・業務提携、仕入れ・販売面で協力していくことにした。これに対し、食品卸3位の菱食は系列二次卸の再編・大規模化を強力に推進、1989年1月には「東京リョーショク」、4月には「阪奈リョーショク」、7月には「北陸リョーショク」を相次いで発足させた。日用雑貨卸では1989年7月にトゥディック北陸が同じグループの野村兄弟堂と中堅の三興商会を事実上合併し、年商百億円の北陸最大の日用雑貨卸となる、などの再編成が進んだ[46]。

　公正取引委員会が、1991年7月に独占禁止法ガイドラインを発表したのをきっかけに返品、リベートなどの商慣行の改善が叫ばれる中で、小売側の卸売業の選別はますます強まり、卸売業は本来持つべき機能の有無を大きく問われた。大手食品卸売の菱食は、主に北海道、東北、関東の営業網整備を本格化させ、「函館リョーショク」、「青森リョーショク」、「秋田リョーショク」などのグループ卸売業を次々と設立した。一方、食品卸最大手の国分は菱食に対抗して地方提携卸集団「SHIFT21の会」を発足させるなど、大手による地方卸売業の系列強化も目立った。大手の地方卸系列化に対抗して、中小卸売業の間で物流を協業化する動きも広がっている。これら大手2社の動きの背後には、大店法の緩和、人手不足、後継者難などの課題を抱え、あえぐ地方の地域卸がある。中でも大店法の緩和は、これまでの主要取引先の中小小売店の衰退を招くことになった。国分、菱食ばかりではなく、明治屋、松下鈴木などの多くの大

手卸売業は再編という手段で営業網の整備に取り組んだ。

卸売業の再編の波は、ライオンをはじめとする日用雑貨メーカーが守ってきたテリトリー制の流通を突き崩し始めた。すなわち、流通に対する影響力を維持しようとする販売政策が機能しなくなってきたのである[47]。

1993年10月1日に雪印乳業系の食品卸売業5社が合併、業界2位の食品卸売業「雪印アクセス」が誕生した。全国的な物流・情報ネットワークを築き、総合食品卸売業として量販店などにも多様な商品を一括納入できる体制作りを目指した。また、食品卸最大手の国分が異業種との提携・交流に動き出した。札幌の中小スーパー4企業7店舗に対して、92年から加工食品、菓子、日用雑貨のフルラインの商品供給と売り場作りの実験をはじめたのである[48]。

1990年代には、景気後退と規制緩和による価格破壊の嵐は、卸売流通の構造を一層揺らした。建値制の動揺、リベートなどの取引慣行是正の動き、大型小売業の比重の上昇、製販同盟といったメーカーと小売業の直接的な取組みの動きは、これまでメーカー主導の流通秩序のもとでその存在をある程度保証されていた卸売業の基盤を大きく揺るがしたのである。それに対し、卸売業は提携や合併そして、フルラインの商品供給へと再編成された。

⑥『21世紀に向けた流通ビジョン』

『21世紀に向けた流通ビジョン』では、中小卸売業の現状と課題、今後の中小卸売業政策の展開などが提言された。

中小卸売業の現状は、「事業所数の減少、売上高の減少、利益率の低下などの経営状況は概して厳しい状況にある」[49]と指摘されていた。

中小卸売業の課題と対策として、「①水平的・垂直的連携の強化である。水平的連携では、中小卸売業が異業種卸売業同士の連携により、品揃え機能を強化し、フルライン一括供給ができる供給力を備えていくことである。垂直的連携の強化では、取引先製造業や中小小売業等との垂直的な連携をも強化しつつ、小売業などへの進出も視野に含めた業務の新展開を図ることが必要である。②卸売機能の革新である。中小卸売業が、消費者の選好を反映した中小小

売業のニーズに応じた商品情報、取引情報、物流情報などの蓄積を高めることにより、地域商圏における中小小売業支援機能、製造業に対する商品企画機能など、卸売機能の革新を図る必要がある。それに加えて、情報化の推進（EDI）はきわめて重要である。③地域におけるきめ細かい流通の構築である。中小卸売業は、地域の中小レギュラー・チェーンを重要な取引先としているが、これらのチェーン本部は大手レギュラー・チェーンの本部と比較して情報集約機能、地域間差異の集約機能などに遅れが見受けられる。取引先チェーンのそれぞれの個店に対応できる情報提供の体制整備が必要となっている。④人材育成・確保である。上の①、②、③の取組みを担う、人材育成・確保に根本的に取り組むことが求められる、などが必要である」[50)]と提言していた。

　大店法廃止による大型小売店の出店拡大をにらみ、総合商社や輸送会社も、豊富な資金力、設備、人的ネットワークを武器に卸業務への参入を図っている[51)]。

　1990年代の流通システムを象徴するものとして、注目されたのは「製販統合」である。製販統合が新しい流通システム構築の論理として注目されたのは、1990年代の半ばである。しかし、製販統合をめぐる熱気は、1997年頃をピークとして急速に冷え込んでしまったのである。その最大の理由は、メーカーと大型小売業の直接取引を前提とするアメリカ型「製販統合モデル」を日本にそのまま持ち込もうとしたときに生じた制約の違いである。一般によく指摘されるのは、返品やリベートなどの流通取引慣行や卸介在という日本独特の流通制約であるといわれている[52)]。

　デフレ進行や消費不振、およびメーカーと小売業が直取引する卸の中抜き懸念は、卸売存在意義を厳しく問いかけている。さらに、ITにより、メーカーと小売店の直接取引が拡大して、卸売業は存在意義を失うとの中抜き論が一層高まっている。

　しかし、一部の大手卸売業は好景気である。すなわち、IT活用を軸に物流改革、情報化を進展させ卸売機能の高度化を図っているのが、好調な大手各社の共通点である。図2-6は、大手食品卸売上高ランキングであるが、1999年

(億円)

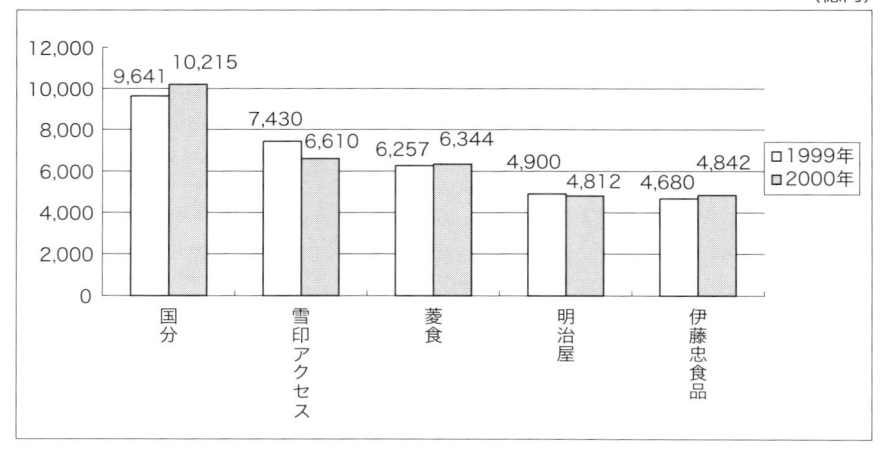

図2-6 大手食品卸売上高ランキング

国分: 9,641 (1999年) / 10,215 (2000年)
雪印アクセス: 7,430 / 6,610
菱食: 6,257 / 6,344
明治屋: 4,900 / 4,812
伊藤忠食品: 4,680 / 4,842

（出所）　日本経済新聞社編『流通経済の手引2001年』日本経済新聞社、2000年、262頁、日本経済新聞社編『流通経済の手引2002年』日本経済新聞社、2001年、258頁より作成。

と2000年を比較してみると、国分が6.0％、伊藤忠食品が3.5％、菱食が1.4％という伸び率を示している。この中で、食品卸初の売上高1兆円台を達成した最大手の国分の経営戦略は著しい。国分のIT戦略は、「KOMPASS」と呼ばれる情報システムにある。その特徴を見ると、①食品別に蓄積している売れ筋商品のデータをもとに品揃えのアドバイスができる。②商品の使い方や特徴などの画像情報とともに表示ができるので、パートの交替勤務の多いスーパーでは特に、情報伝達に間違いがない。③売上増につながる品揃えやフロアレイアウト、そして新商品情報を含めた提案、1年52週分の販促計画の提案などができる。すなわち、「KOMPASS」が小売店の売上増の立役者となり、それが国分の収益にも好影響をもたらすという好循環である[53]。

1990年後半には、製販同盟、デフレ進行、消費不振、メーカーと小売業の直取引などが、卸売機能を弱体化させている。しかし、有力な大手卸売業の中で、IT活用を軸に物流改革、情報化を進展させ卸売機能を一層高度化してい

第 2 章　日本の卸売構造の変化

る。すなわち、不景気にも負けず、売上高を伸ばしている卸売業があることは、卸売を必要とするメーカーや小売業が常に存在していることを意味する。

⑦ 1970、1980、1990 年代の流通ビジョンと 21 世紀に向けた流通ビジョンの評価

　まず、『70 年代の流通』からの展望を見ると、卸売業の機能強化のためには合併や卸売業者主催のボランタリー・チェーンの組織化が必要であると、提言が行われた。これは、1960 年代から 1970 年代に生成・発展したスーパーなどによる問屋無用論の影響への懸念によるものである考えられる。

　1970 年代において、提携・合併による卸売業の機能強化が行われたが、問屋無用論の影響による提携・合併よりむしろ、オイルショックからの影響の低成長による提携・合併が強かったのではないかと思われる。また、『70 年代の流通』では、提携・合併への具体策に関しては述べられてなかったので、適切な提言だとはいい難い。しかし、卸売業の生き残るための合併への提言は興味深いものであろう。

　『80 年代における流通産業ビジョン』からの展望を見ると、主に消費の多様化に対応して、商品アイテム数の増加、小売業態の多様な展開が進むところから、卸売業サイドでは機能、品揃えの専門化が進むであろうといった点である。しかし、実際の 1980 年代には、卸売業の異業種間の提携も登場したし、また卸売業主宰のボランタリー・チェーンの組織化が活発になり、卸売機能の強化へと進んだのである。すなわち、展望とは反対の動きを見せている。

　一方では、卸売業の共同化による効率的な流通システムを構築することが必要であるとの指摘は、興味深い。それは 1980 年代には、大規模小売チェーンとの取引に関して、直営物流方式と窓口問屋制が主流であったからである。もちろん、1980 年代後半以降は、窓口問屋制が主に利用された。

　『90 年代における流通ビジョン』からの展望を見ると、卸売業は小売業界の動きに対応する支援、情報提供、企画・開発などの付加機能を合理的かつ効率的に遂行、すなわち小売業への支援を推進させるための提言がなされた。その時には、バブル期であったが、それがはじけるとは予想しなかった。1990 年

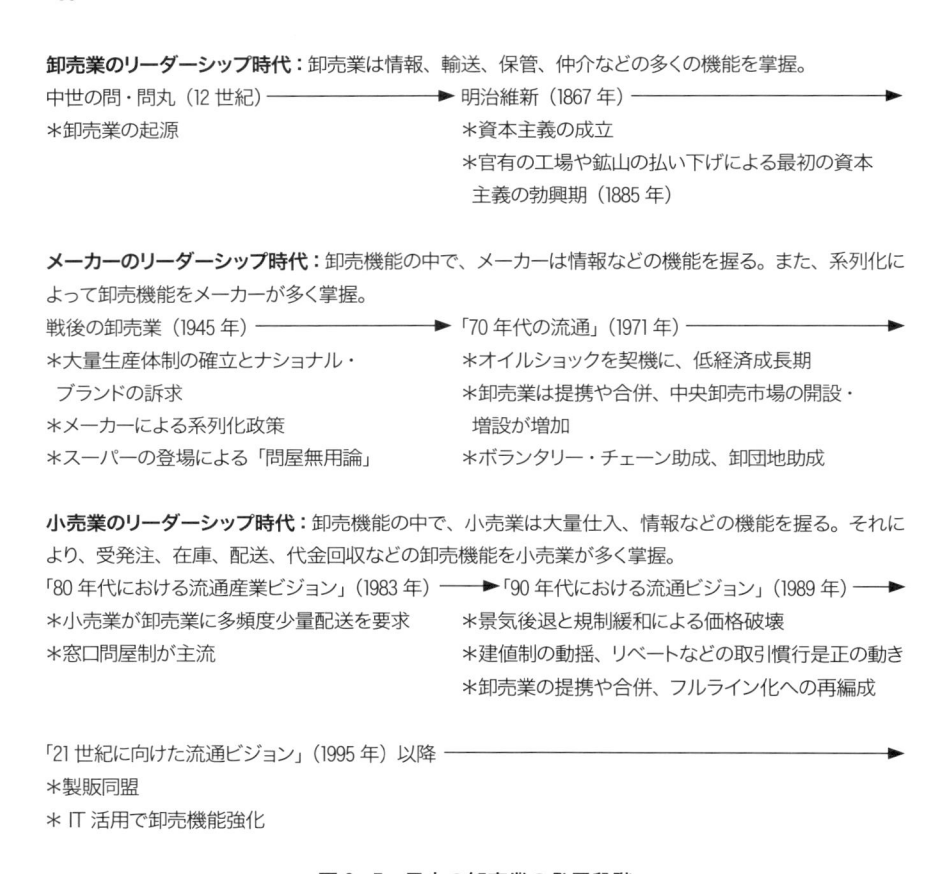

卸売業のリーダーシップ時代：卸売業は情報、輸送、保管、仲介などの多くの機能を掌握。

中世の問・問丸（12世紀）――――――――→ 明治維新（1867年）――――――――――→
＊卸売業の起源　　　　　　　　　　　　　　＊資本主義の成立
　　　　　　　　　　　　　　　　　　　　　＊官有の工場や鉱山の払い下げによる最初の資本
　　　　　　　　　　　　　　　　　　　　　　主義の勃興期（1885年）

メーカーのリーダーシップ時代：卸売機能の中で、メーカーは情報などの機能を握る。また、系列化によって卸売機能をメーカーが多く掌握。

戦後の卸売業（1945年）―――――――――→「70年代の流通」（1971年）―――――――→
＊大量生産体制の確立とナショナル・　　　　＊オイルショックを契機に、低経済成長期
　ブランドの訴求　　　　　　　　　　　　　＊卸売業は提携や合併、中央卸売市場の開設・
＊メーカーによる系列化政策　　　　　　　　　増設が増加
＊スーパーの登場による「問屋無用論」　　　＊ボランタリー・チェーン助成、卸団地助成

小売業のリーダーシップ時代：卸売機能の中で、小売業は大量仕入、情報などの機能を握る。それにより、受発注、在庫、配送、代金回収などの卸売機能を小売業が多く掌握。

「80年代における流通産業ビジョン」（1983年）→「90年代における流通ビジョン」（1989年）→
＊小売業が卸売業に多頻度少量配送を要求　　＊景気後退と規制緩和による価格破壊
＊窓口問屋制が主流　　　　　　　　　　　　＊建値制の動揺、リベートなどの取引慣行是正の動き
　　　　　　　　　　　　　　　　　　　　　＊卸売業の提携や合併、フルライン化への再編成

「21世紀に向けた流通ビジョン」（1995年）以降―――――――――――――――――――→
＊製販同盟
＊IT活用で卸売機能強化

図2-7　日本の卸売業の発展段階

代のバブルがはじけた後を見ると、景気後退と規制緩和による価格破壊は、従来の取引慣行である建値制、リベートなどの取引慣行是正の動きを招き、卸売業の基盤を大きく揺るがしたのである。

　しかし興味深いことは、バブルがはじけたことにより、小売業側の卸売業の選別がさらに高まったのである。その要因もあって、全国的な物流・情報ネットワークを築くために、食品卸売業5社の合併による業界2位の食品卸売業「雪印アクセス」が誕生したことは、展望との趣旨が異なるにせよ、結果的には相関があるように思われる。

　『21世紀に向けた流通ビジョン』からの展望を見ると、長引く不況のこともあって、景気の低迷に大きく影響をこうむる中小卸売業について提言がなされた。中小卸売業の課題と対策としては、水平的・垂直的連携の強化、中小小売業のニーズに応じた卸売機能の革新を図ることが必要、個々の店に対応できる情報提供の体制整備が必要、人材育成・確保が必要であると指摘した。しかし、これに対する具体策がないことと大規模卸売業に対する課題と対策が欠けている。すなわち、大規模卸売業であっても、製販同盟、デフレ進行、消費不振、メーカーと小売業の直取引などの波のなかで、卸売業が果たす役割は弱体化している。

　中小卸売業や大規模卸売業を問わず、提携や合併がさらに進むだろうと予想されるし、厳しい環境のなかで、新たにIT活用を軸に物流改革、情報化に積極的に取り組み、卸売機能を強化する企業は成長し続けるだろう

　以上の日本における卸売業の発展段階を図にすれば、図2-7のごとくである。

結び

　1990年代に入り、日本の卸売業は急速に変化している。日本の卸売業の事業所は減少しつつあるが、それは建値制の動揺、リベートなどの取引慣行是正の動き、景気後退と規制緩和による価格破壊、小売店舗数の減少などの要因に

より、卸売業の基盤を大きく揺るがしている。

以上の日本の現状を踏まえて、日本卸売業の基本的な特徴は何か。その特徴を明らかにするために、産業分類細分類（3桁）の業種を用いて分析を行った。その特徴は、どういう発展過程で生じたのであろうか、さらにその変遷過程で卸売機能の変化を考察してきた。

その結果から、全体的な動向として業種での特徴は主に「食料・飲料」、「農畜産物・水産物」、「各種商品」などが高い地位を占めていることであった。その理由として、日本の小売業は食料品中心の中小零細小売店の数が多く、やがてスーパーマーケット、コンビニエンス・ストアへと引き継がれていき、また日本の貿易が総合商社を中心に行われたからであった。

次に、産業財卸と消費財卸に分けると、産業財が多いことは明治以降、工業化をスローガンとして、加工貿易形態を取ったためであった。また、消費財卸において、品目別で一番高いシェアを占めている飲食料品卸売業の事業所数を増やしつつあった。その理由として、1950年代後半にスーパーが登場し、1960年代以降のスーパーは急速に発展したが、その原動力はレギュラー・チェーンとセルフ・サービスであった。すなわち、レギュラー・チェーンの成長・発展には、多数の食料品卸売業の利用が大いに役に立った。言い換えれば、当時はレギュラー・チェーンの成長・発展には、多数の食料品卸売業の介入が必要不可欠な条件であったといえよう。

卸売業の変遷過程で卸売機能の変化を見ると、1945年以前では卸売業は情報、輸送、保管、仲介などの多くの機能を掌握することによって、卸売業がリーダーシップを握っていた時代であった。

しかし、1945年以後においては卸売機能との関係で捉えると、メーカーは自ら行うことになるマーケティングリサーチや自社製品のブランド付与、その大量生産を通して情報、価格やチャネルコントロールなどの機能を握ることになる。また、系列化によって卸売機能をメーカーが多く掌握することによって、メーカーがリーダーシップを握っていた時代であった。

そして、1980年半ば以降、卸売機能との関係において、小売業がチェーン

第 2 章　日本の卸売構造の変化

展開と POS システムの展開を通して、情報、商品企画、価格などの機能を握ることになる。それにより、受発注、在庫、配送、代金回収などの卸売機能を小売業が多く掌握することによって、小売業がリーダーシップを握る時代を迎えつつある。

　しかし、これまで卸売機能については、主に大づかみにしか論じることができなかった。卸売機能には、いかなるタイプの機能が存在し、その機能はどのような役割を果たしているのか。また、環境の変化によって卸売機能がどう変化するのか、という重要かつ興味深い大きな課題も残されている。以下の第 4 章では、この点を検討してみたい。

注
1) Philip Kotler, *Marketing Management: Analysis, Planning, Implementation and Control*, Tenth ed., Prentice-Hall, 2000, pp. 68-70. 三村優美子稿「わが国中小小売業の構造変化とマーケティング・チャネル政策」『東京国際大学論叢』第 35 号、1987 年、31-44 頁。以上の両文献（モデル）からヒントを得ている。三村の研究は次から影響を受けている。Ford, P., "Excessive Competition in the Retail Trades Changes in the Number of Shop, 1901-1931", *The Economic Journal*, September, 1935.
2) 1982 〜 1991 年と 1991 〜 1997 年という 2 期間に分けた理由は、①前期はバブル景気の時期で、後期はバブルがはじけた時期だからである。②前期は大店法の規制強化で、後期は大店法の規制緩和であったからである。そういう理由から 2 期間に分けたのである。
3) 田口冬樹著『体系流通論』白桃書房、2001 年、259-260 頁。
4) 原田英生稿「卸売業の機能と構造」原田英生・田島義博編著『ゼミナール流通入門』日本経済新聞社、1997 年、183 頁。
5) 三上富三郎著『卸売業経営』同文舘、1963 年、19 頁。また、問屋の語源については、①宋の問官と同じで、「問律」「問泊」という言葉やこの言葉の機能からきたとなす説。②ツヤとトヒヤとを結びつける説。③問を「刀禰」に関係せしめる説、などがある。詳しくは、以下の文献を参照されたい。十合　晄稿「総説」宮澤永光・十合　晄編著『現代商業学入門』八千代出版、1999 年、39-40 頁。
6) 豊田武著『増訂　中世日本商業史の研究』岩波書店、1970 年、206-207 頁を要約した。
7) 三上富三郎、前掲書、20 頁。
8) 三上富三郎、同掲書、29-30 頁。

9) 山崎隆三稿「戦間期日本資本主義分析と視角と基準」山崎隆三編著『両大戦間期の日本資本主義（上券）』大月書店、1978年、21-22頁。
10) 加藤義忠著『わが国流通機構の展開』中央経済社、2000年、4-5頁。
11) 三上富三郎、前掲書、35-36頁。
12) 森下二次也著『流通組織の動態』千倉書房、1995年、142頁。
13) 佐藤肇著『日本の流通機構』有斐閣、1976年、73-74頁。
14) 宮下正房著『現代の流通戦略』中央経済社、1996年、86-89頁。
15) 宮下正房、同掲書、127頁。
16) 三村優美子稿「卸売構造変化と流通再編成の進展」青山学院大学経営学会『青山経営論集』第31巻第4号、1997年3月、27頁。
17) 宮下正房稿「卸売経営の革新」日本経済新聞社編『流通現代史』日本経済新聞社、1993年、177頁。
18) 産業構造審議会流通部会は、1958年に発足し、1962年から日本の流通機構および流通政策のあり方について審議を開始した。1964年12月には、第1回中間答申『流通機構の現状と問題点』が、1965年4月には、第2回中間答申『流通政策の基本方向』がそれぞれ発表された。また、流通近代化政策は1965年9月には、第3回中間答申『小売商のチェーン化』、1965年12月には、第4回中間答申『卸総合センターについて』、1966年10月には、第5回中間答申『物的流通の改善について』によって拡充され、1968年8月の第6回中間答申『流通近代化の展望と課題』によって体系化された。
19) 通商産業省企業局編『流通近代化の展望と課題』大蔵省、1968年、43頁。
20) 通商産業省企業局編、同掲書、44頁。
21) 通商産業省企業局編、同掲書、44-45頁。
22) 通商産業省企業局編、同掲書、45-46頁。
23) 通商産業省企業局編、同掲書、46頁。
24) 通商産業省企業局編、同掲書、48-49頁。
25) 通商産業省企業局編、同掲書、49頁。
26) 通商産業省産業政策局商政課編『70年代の流通』通商産業調査会、1971年、22-31頁。
27) 通商産業省産業政策局商政課編、同掲書、31-32頁。
28) 通商産業省産業政策局商政課編、同掲書、32頁。
29) 通商産業省産業政策局商政課編、同掲書、32-33頁。
30) 問屋同士が合併した3件であるが、一つは繊維卸売業4社が集まって作った「ダイワ」で、もう一つは同じく繊維卸売業4社が集まって作った「新峰」である。最後のもう一つは、洗剤、雑貨卸売業2社が合併した「新和」である。また、卸売業が取引先の小売店を「逆選別」する動きが強まっていたが、その中で中堅呉服卸売業の荒庄鳴河が取引先小売店を大幅に選別し始めたのである。日本経済新聞社編『流通経済の手引78年』日本経済新聞社、1977年、8頁ならびに94-96頁。

31) 糸園辰雄稿「現代日本における卸売業の構造」糸園辰雄・中野安・前田重郎・山中豊国編著『転換期の流通経済2　卸売業』大月書店、1989年、19頁。
32) 日本経済新聞社編『流通経済の手引1982年』日本経済新聞社、1981年、102-103頁。
33) 日本経済新聞社編『流通経済の手引1983年』日本経済新聞社、1982年、12-13頁。
34) 日本経済新聞社編、同掲書、143頁。
35) 通商産業省産業政策局商政課編『80年代における流通産業ビジョン』通商産業調査会、1984年、22頁。
36) 通商産業省産業政策局商政課編、同掲書、105-106頁。
37) 通商産業省産業政策局商政課編、同掲書、121頁。
38) 通商産業省産業政策局商政課編、同掲書、170-171頁。
39) 日本経済新聞社編『流通経済の手引1986年』日本経済新聞社、1985年、26頁。
40) 日本経済新聞社編『流通経済の手引1987年』日本経済新聞社、1986年、124頁。
41) 日本経済新聞社編『流通経済の手引1989年』日本経済新聞社、1988年、144頁。
42) 原田英生稿「卸売業の機能と構造」原田英生・田島義博編著『ゼミナール流通入門』日本経済新聞社、1997年、213-214頁。
43) 通商産業省産業政策局産政課編『90年代における流通ビジョン』通商産業調査会、1989年、8頁。
44) 通商産業省産業政策局産政課編、同掲書、108-109頁。
45) 通商産業省産業政策局産政課編、同掲書、150-151頁。
46) 日本経済新聞社編『流通経済の手引1990年』日本経済新聞社、1989年、18頁。
47) 日本経済新聞社編『流通経済の手引1993年』日本経済新聞社、1992年、20-21頁ならびに155-157頁。
48) 日本経済新聞社編『流通経済の手引1994年』日本経済新聞社、1993年、120頁ならびに123-124頁。
49) 通商産業省編『21世紀に向けた流通ビジョン』通商産業調査会、1995年、90-100頁。
50) 通商産業省編、同掲書、148-153頁。
51) 日本経済新聞社編『流通経済の手引1999年』日本経済新聞社、1998年、17頁。
52) 詳しくは、以下の論文を参照されたい。三村優美子稿「関係性概念と価値連環流通システムの可能性」青山学院大学経営学会『青山経営論集』第35巻第4号、2001年3月、71-88頁。
53) 麻生寿稿「全国一括物流とIT活用の情報提供で活路」『FORBES』GYOSEI、2001年8月、78-79頁。

第3章　韓国の卸売構造の変化

1　業種から見た構造の特徴

(1) 全体的な業種動向

　韓国における卸売業の業種に関する特徴を導くために、商業統計を用いて1982年から1996年までの15年間における年間販売額と事業所数の二つの尺度でそれぞれ卸売業の業種を時系列で分析してみよう。

　以下のモデルは、平均値を基準にして年間販売額伸び率と事業所数伸び率の二つの尺度でそれぞれ表したものである。

　その方法としては、①1982～1996年における成長ポジションを検討する。②分析対象となる業種は、細分類（3桁）業種にした。③卸売業全体の平均値を基準としている。

　15年間の全体的な動向を見ると、図3-1のごとくである。

　まず、成長業種は、「自動車」、「建設材料」、「機械器具」などの順になっている。競争業種としては、「その他中間製品」、「紙・印刷物」、「食料品・飲料」などの順に位置付けられている。また、衰退業種は「農畜産」、「織物・衣服」、「その他家庭用品」などの順に位置している。安定業種としては、唯一「その他卸売」がフレームワークに入っている。

　韓国での分析も日本の分析の方法と同じく、平均値を基準にすることではなく、0%を基準にする年間販売額伸び率と事業所数伸び率の二つの尺度でそれぞれ表してみよう。安定業種では、「その他卸売」（－33.3%、1989.0%）のみが存在し、それ以外の業種はすべて成長業種に位置付けられている。以上から、韓国の卸売業の業種はほとんど成長段階であり、主に重工業といった業種

		(%)
その他卸売（－33.3、1989.0）	自動車（9625.0、23060.3） 建設材料（845.0、3047.6） 機械器具（425.3、3493.6） 家庭器具（294.3、3062.8） 金属・鉱物（227.8、2856.5）	
（安定業種）Ⅳ	Ⅰ（成長業種）	
（衰退業種）Ⅲ	Ⅱ（競争業種）	
農畜産（184.1、540.0） 織物・衣服（73.3、882.4） その他家庭用品（19.5、604.2）	その他中間製品（491.5、666.0） 紙・印刷物（462.9、1561.2） 食料品・飲料（294.0、1120.5） 薬・医薬品（286.1、1429.7）	

（高）｜平均＝1665.7｜（低）　販売額伸び率

（低）──────平均：218.2──────（高）
事業所数伸び率

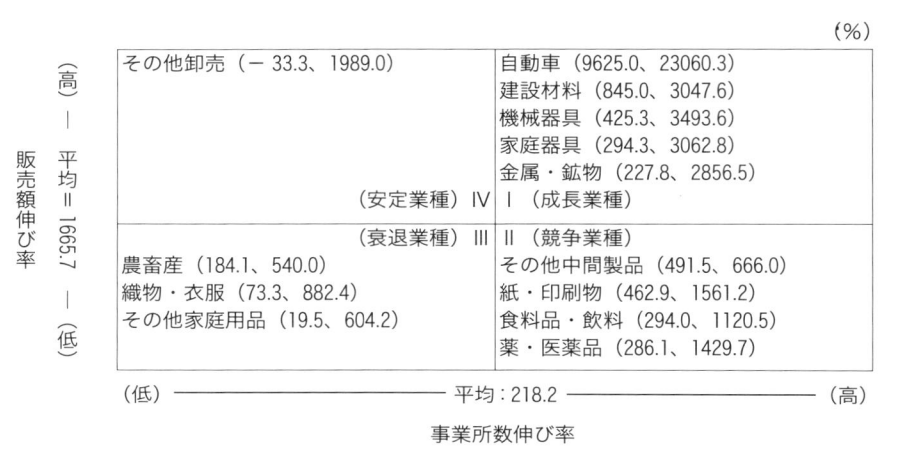

図3-1　韓国における13業種の成長ポジション（1982〜96年）

（出所）　1982年は韓国経済企画院『卸・小売業センサス報告書』で、1996年は統計庁『卸・小売業統計調査報告書』の資料により作成。

が著しく成長していることがわかる。また、韓国における一番安定している業種は、「その他卸売」であるといえよう。「その他卸売」は、「貿易業」や「他に分類できない卸売業」に分けられる。

　また、以下では卸売業の業種から事業所数、従業者数、年間販売額の三つの指標を用いて、構成比の順位を時系列的に検討してみると、表3-1のごとくである。

　業種の事業所構成比で上位5位までを占めるのは、15年間で「織物・衣服・履物」、「食料品・飲料」、「その他中間製品」、「機械器具・消耗品」、「その他家庭用品」、「家庭器具・家具」、「建設材料・金物」などである。特に、「織物・衣服・履物」が1位になっているということは、韓国独特の東大門や南大門市場の衣料品の影響によるものと考えられる。

　これらの中に、従業者数と年間販売額でもほぼ類似した高いシェアを占めているのは、「織物・衣服・履物」、「食料品・飲料」、「その他中間製品」、「機械器具・消耗品」などである。また従業者数と年間販売額で、最も高いシェアを

第3章　韓国の卸売構造の変化

表 3-1　三つの指標の業種構成比の上位5位（1982～96年）

(%)

	1982年	1986年	1991年	1996年
事業所数	1. 織物・衣服・履物（29.7） 2. その他中間製品（19.5） 3. 食料品・飲料（17.9） 4. 機械器具・消耗品（9.0） 5. その他家庭用品（6.0）	1. 織物・衣服・履物（21.4） 2. 食料品・飲料（20.0） 3. その他中間製品（14.3） 4. 機械器具・消耗品（9.8） 5. 家庭器具・家具（7.2）	1. 織物・衣服・履物（20.0） 2. 食料品・飲料（18.9） 3. 機械器具・消耗品（15.0） 4. その他中間製品（8.6） 5. 家庭器具・家具（7.5）	1. 食料品・飲料（22.1） 2. 織物・衣服・履物（15.0） 3. 機械器具・消耗品（14.8） 4. その他中間製品（10.3） 5. 建設材料・金物（10.1）
従業者数	1. 食料品・飲料（26.8） 2. 織物・衣服・履物（17.1） 3. その他中間製品（12.0） 4. 薬・医療品・化粧品（9.4） 5. 機械器具・消耗品（9.8）	1. 食料品・飲料（25.2） 2. その他中間製品（11.9） 3. 織物・衣服・履物（11.3） 4. 薬・医療品・化粧品（10.7） 5. 機械器具・消耗品（9.8）	1. 食料品・飲料（22.9） 2. 機械器具・消耗品（16.0） 3. 織物・衣服・履物（11.0） 4. その他中間製品（7.5） 5. 家庭器具、家具（7.2）	1. 食料品・飲料（23.6） 2. 機械器具・消耗品（16.1） 3. 織物・衣服・履物（9.5） 4. 金属・鉱物（9.1） 5. 建設材料・金物（8.2）
年間販売額	1. 食料品・飲料（32.0） 2. その他中間製品（22.5） 3. 織物・衣服・履物（12.0） 4. 機械器具・消耗品（7.1） 5. 薬・医療品・化粧品（6.7）	1. 食料品・飲料（24.4） 2. その他中間製品（18.8） 3. 織物衣服・履物（8.3） 4. 機械器具・消耗品（10.7） 5. 薬・医療品・化粧品（9.8）	1. 食料品・飲料（22.9） 2. 機械器具・消耗品（16.0） 3. その他中間製品（11.0） 4. 織物・衣服・履物（7.5） 5. 自動車（7.2）	1. 食料品・飲料（22.1） 2. 機械器具・消耗品（14.4） 3. 固形・液体・ガス燃料（10.7） 4. 金属・鉱物（10.2） 5. 建設材料・金物（7.1）

（出所）　1982年は韓国経済企画院『卸・小売業センサス報告書』で、1986年から1996年までは統計庁『卸・小売業統計調査報告書』の資料により作成。

占めている業種は、「食料品・飲料」である。

　韓国の卸売業における業種は、おもに「織物・衣服・履物」、「食料品・飲料」、「その他中間製品」、「機械器具・消耗品」などが高い地位を占めている。すなわち、韓国卸売業の基盤はこれらの業種によって形成されているように思われる。

　韓国の流通構造は、「織物・衣服・履物」と「食料品・飲料」を中心に、「機械器具・消耗品」が高い地位を占めており、韓国の産業発展がこれらによって推進されていることを示唆している。

(2) 産業財卸と消費財卸

　韓国卸売業の全体構造を把握するために、以上の韓国卸売業の基盤を形成している業種を含めて、消費財卸と産業財卸に分けて検討してみる。特徴としていえることは、図3-2を見ると、1976年から産業財の構成比が増えつつあるが、これは当時、政府が重化学工業の育成政策を中心に行ったことによるものであると考えられる。

　また、消費財卸における品目別で一番高いシェアを占めている飲食料品卸売事業所数の推移を見ると、図3-3のごとくである。その飲食料品卸売事業所は、1968年に初めて商業統計調査を行って以降、増えつつあるが、特に1980年代後半以降が著しい。1990年以降の卸売業の主な増加要因は、朴奉斗[1]によると、「コンビニエンス・ストアの成長、スーパーマーケットなどのチェーン化された近代的小売店舗数が増加するにつれ、製造業者は商品供給の効率性を追求しはじめた。その結果、従来とは違った卸売配送業が生まれ、急速なチェーン店の展開とともに成長したのである。」と述べている。

　流通産業発展法の第2条によると、「卸売配送業は、集配送施設を利用して自己の計算で、仕入れした商品を卸売するか、手数料を受け取って委託された商品を卸売店舗または小売店舗へ供給する事業」[2]と定義されている。そのタイプには、オセゾら[3]によると、「例えば、第一製糖グループの『CJ-GLS』と『LG生活健康』がある。小売業からのノウハウを拡大して卸売物流事業に進出した例として、『コロンブス』がある。コロンブスは『Circle K』の小売ノウハウを中心に韓火グループの出資によって活動する企業である。また、『グランドマート』と『眞露ベストア』の場合にも既存小売店の運営ノウハウ（割引店、コンビニエンス・ストア）を拡大して、卸売物流事業を部分的に遂行している。卸売をベースに活動する卸売物流企業の例としては少し無理があるが、日本三菱商事のノウハウを中心にドンウォン、三洋社、愛京、大韓通運が共通出資した、『レスコ』も活動を展開している。」と指摘している。

　すなわち、卸売配送業のタイプには、①メーカーの資本出資によるもの、②

第3章　韓国の卸売構造の変化

(%)

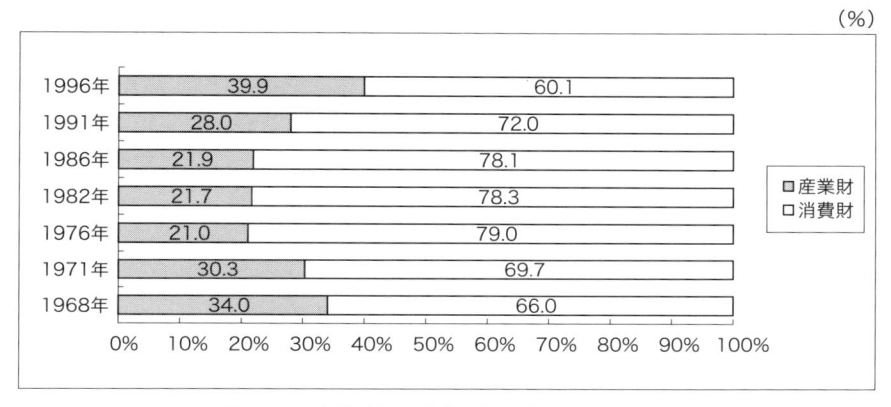

年	産業財	消費財
1996年	39.9	60.1
1991年	28.0	72.0
1986年	21.9	78.1
1982年	21.7	78.3
1976年	21.0	79.0
1971年	30.3	69.7
1968年	34.0	66.0

図3-2　産業財卸と消費財卸の事業所の構成比

（出所）　1968年、1971年、1976年、1982年は韓国経済企画院『卸・小売業センサス報告書』で、1986年、1991年、1996年は統計庁『卸・小売業統計調査報告書』の資料により作成。
（注）　消費財は衣服・身の回り品卸売業、農畜産物・水産物卸売業、食品・飲料卸売業、医薬品・化粧品卸売業、自動車卸売業、家具・建具・じゅう器等卸売業、その他の卸売業であり、産業財は消費財に含まないものである。

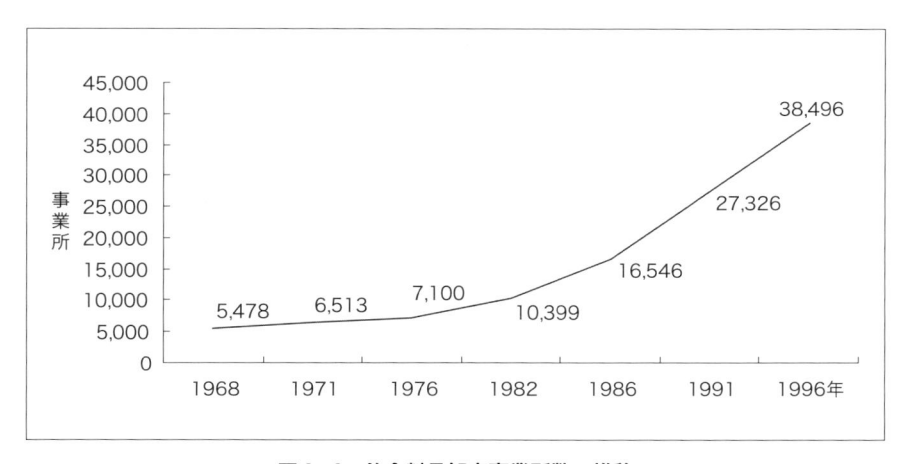

年	事業所
1968	5,478
1971	6,513
1976	7,100
1982	10,399
1986	16,546
1991	27,326
1996年	38,496

図3-3　飲食料品卸売事業所数の推移

（出所）　図3-2と同じ。

小売業の資本出資によるもの、③共同資本出資によるもの、など三つに分けられよう。

2 韓国卸売業の発展段階

韓国における卸売業が果たしてきた役割を歴史的な観点で捉え、卸売業がどのような発展過程を示してきたかを1945年以前と1945年以後に大きく分けて検討したい。

(1) 1945年以前の卸売業

韓国は、新羅が3国（高句麗、百済、新羅）を統一して以来（676年）、高麗時代（918～1392年）を経て、李朝（1392～1910年）に至るまで、中国とよく似た中央集権的な家産官僚制＊の政策を維持してきた。それは、韓国と中国が隣接していたので、その影響を大きく受けて来たことに他ならない。韓国は、政治・社会の指導原理として儒教を採用してきた。したがって、農業が最も重要な産業であった解放前（1945年）の社会では、商工業を相対的に軽視してきたのである[4]。しかし、解放前の社会では商品の流通を考える際に、中間業者、とりわけ卸売業者の役割はきわめて重要であった。では、解放前の卸売業の機能を見てみよう。

卸売業のような中枢的な機能を果たしていたのが客主・旅閣である。すなわち、客主・旅閣は生産者と消費者の中間に位置して、商品流通の中継機能を果たした。その客主の起源は、統一新羅時代（676年以降）よりすでに発達したという説[5]と高麗時代（918～1392年）において見られるという説[6]などがある。その起源については論者によって主張が異なるが、本章の主な目的は卸

＊家産が家の維持のために必要な基礎的財産とすれば、家産官僚制とは、君主が物的な経営手段を家産制として専有し、その支配体制を維持するために、管理幹部である臣下と家産制下の官僚たちに、土地や給与を支給する給養形態である。

第3章 韓国の卸売構造の変化

売業の変遷、すなわち卸売業の展開過程を歴史的な観点で捉え、その特徴を導くことにある。したがって、その起源の論争については今後に譲ることにする。

客主と旅閣の本業は、委託販売であるが、客主が行う商品の売買は通常居間＊（ブローカー）、すなわち仲立人である[7]。それに附随したところの宿泊業、倉庫・運送業、銀行業、両替業等を兼業したのである[8]。

ただ客主と旅閣の相違点として、地理的位置と取扱商品面でその違いが見られる[9]。前者として、客主は首都京城（現、ソウル）のみに存在するのに対して、旅閣は首都をはじめ地方農村に関係なく、活動を行った点である。また、客主は糸類、皮類、薬種などの一切の商品を扱うが、旅閣は海産物、タバコ、米、果物などを扱っている。このように、客主と旅閣はその地理的位置と取扱商品面においては多少異なるが、商業資本家という意味では同一のものであるといえる。

以上を通じて、朝鮮における商取引の組織を図で表すと、図3-4のごとくである。

まず、生産者は産地で買集商人がくるまで待つか、近隣の市場に出すか、客主・旅閣に委託するかのいずれかによる。買集商は産地で仕入れた商品を居間の介在によって旅閣・客主に販売をする。旅閣・客主は居間の介在で商品を生産者または買集商から仕入れる。

小売業として、封建領主を主たる需要者とする六矣廛＊＊と商廛[10]があり、行商者に褓負商がある。六矣廛と商廛は、消費者には居間の介在を通じて、官

＊居間というのは、「居間は仲立人である。商取引は勿論、朝鮮に於ける各種の交渉には必ず仲介者を要すること、一種の国風とも云ふべきものであった」と指摘している。西方博著『朝鮮社会経済史研究　上』国書刊行会、1971年、133頁。

＊＊六矣廛は、宮中と中央行政官署である六曹（吏曹、戸曹、禮曹、兵曹、刑曹、工曹）に需要される御用品を調達する指定商廛である。文定昌著『朝鮮の市場』日本評論社、1941年、39頁。

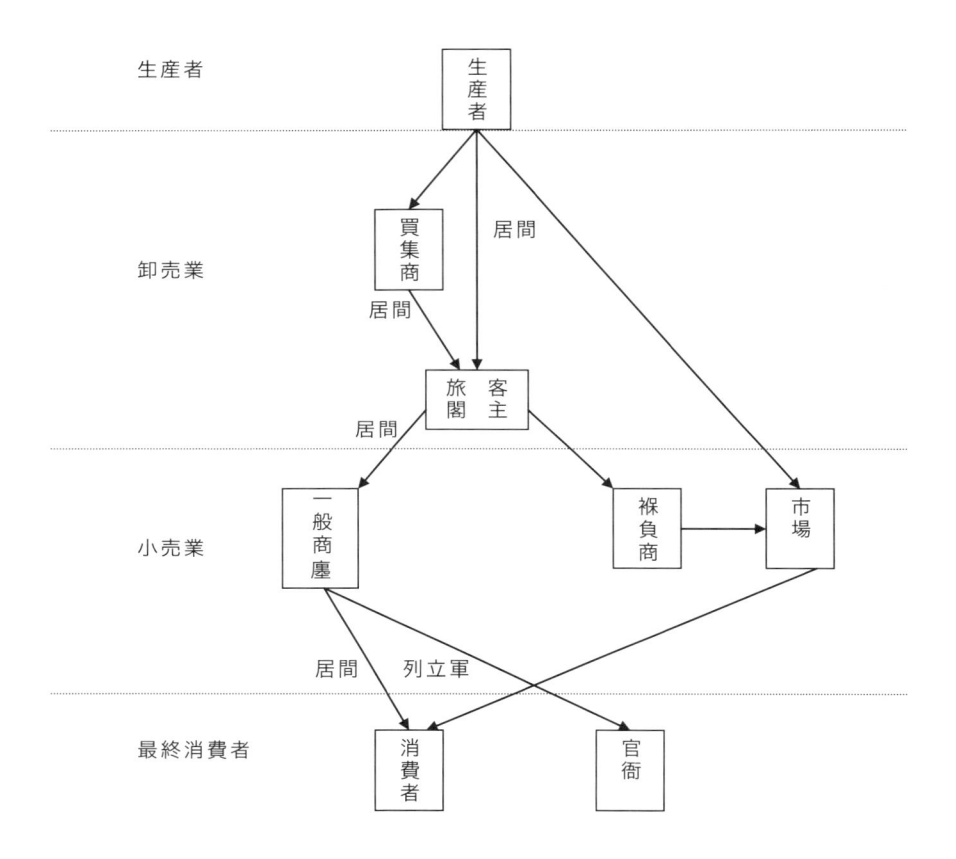

図 3-4　朝鮮における開港以前の商取引の組織

(出所)　西方博著『朝鮮社会経済史研究　上』国書刊行会、1971年、136頁を参考に作成。
(注)　→は商品の流れである。

第 3 章　韓国の卸売構造の変化　　　　　　　　　　　75

衙には列立軍＊の介在を通じてそれぞれに流通された。また、市場では買集商と生産者からの商品が消費者に流通されたのである。このように、生産されたものはこのような流通段階を経て消費者や官衙に流通されたのである。

　このような客主の固有機能である中継機能は、1876 年の江華島条約以降、外国商品が開港場を通して流入することによって徐々に衰退された。しかし、客主はそれに対抗しようとして客主会などの同業組合を組織していた。各地域の客主組合は、元山商議会（1882 年）、釜山商法会社（1889 年）などのいろいろな名称を持っていた。このように生まれた朝鮮の商業会議所は商務会議所規則（1895 年）、朝鮮商業会議所令（1915 年）、朝鮮商工会議所令（1930 年）、朝鮮商工経済会令（1944 年）などの法制化を通じて、事業団体として商工業や流通部門に影響を及ぼしたのである [11]。解放前の商工経済会は 1946 年 5 月朝鮮商工会議所に再創立され、大韓民国が建国（1948 年）以降に大韓商工会議所に名称の変更が行われた [12]。

　日露戦争（1904〜05 年）をきっかけに、日商中心の商業構造が再編された。産業構造は、各種配給制、物資統制などの政策を生み出し、全体の経済が貿易関係の貿易港を中心に、鉄道網と密接な都市が商圏になった。そして、各都市を中心に流通構造の末端には市場が存在したが [13]、その市場は、1914 年に公布された市場規則によって形成された。市場規則による市場は、第 1 号市場（在来市場）、第 2 号市場（公設市場）、第 3 号市場（魚菜卸売市場と中央卸売市場）に分類された [14]。その後、1935 年には釜山に釜山中央卸売市場と 1939 年にはソウルに京城中央卸売市場を開設した。それが韓国における卸売市場の起源である。

　この第 3 号市場と第 2 号市場の開設とその拡大過程は、客主を衰退の途に追い込んだのである。それにもかかわらず、客主は根強く生き残り、解放後では委託商という名前でその勢力を拡大してきた [15]。

─────────────

＊列立軍は、六矣廛の取引を周旋する独立の仲立人である。西方博、前掲書、133 頁。

(2) 1945年以後の卸売業

① 1945〜60年代までの卸売業

　解放後の韓国の産業構造は、ほとんど麻痺状態であった。また、植民地下で形成された産業構造の特徴は、南が農業生産で北が工業生産であったため、それが南北分断によって北朝鮮には工業が偏在し、南朝鮮には農業生産中心に分かれてしまった。1945年からはアメリカの経済援助を受けたが、1950〜53年の韓国動乱による施設破壊で一層深刻化してしまった。

　1951年には農水産物卸売市場に関する法的措置として、「中央卸売市場法」を設定し公布した。この法律は、自主的な法律として意味を持っていた。

　京城中央卸売市場は、京城府直営生魚部の業務を代行してきた、京城水産物配給株式会社が解放によって、韓国人に承継されて1947年4月にソウル水産株式会社と商号を変更し、水産物卸売業務を継承した。そして、青果部においても解放後、京城中央青果株式会社は、商号をそのままで営業をしてきたが、1946年からは中央青果株式会社に商号を変更し、また1963年にはソウル青果株式会社と商号を変え、青果物卸売業務を続けた[16]。

②経済開発5ヵ年計画の政策方向と卸売業

　このような状況で、政府は輸出主導型の工業化を中心にする総合経済開発計画を発表し、その意欲が現れたのが第1・2次経済開発5ヵ年計画（1962〜71年）であった[17]。この時期から政策的支援は製造業を優先することになる。すなわち、韓国政府が経済自立を目指して本格的な工業化を目ざしたのは経済開発政策からである。解放後の韓国における卸売業の機能が果たしてきた役割を経済開発政策に沿って検討することにする。

第3章　韓国の卸売構造の変化

第1・2次経済開発5ヵ年計画──インフレ構築と輸出志向

　この時期は、政策的に製造業を優先したので、流通には目を向けられなかった。

　第1次経済開発5ヵ年計画（1962 〜 66 年）の基本目標は、すべての社会的・経済的悪循環を果敢に是正し、自立経済達成のための基盤を構築することに置いた。

　そして経済秩序は自立経済体制を原則としながら、強力な計画性を加味した混合経済体制の下で、①電力・石炭などのエネルギー供給源の確保、②農業生産力の増大による農家所得の上昇と国民経済の構造的不均等の是正、③遊休資源の活用と特に雇用の増加と国土の保全、④輸出増大を主軸に国際収支の改善、⑤セメント、肥料、精油などの基幹産業の建設、⑥低生産性を克服するための技術の開発、などに重点をおいていた[18]。

　第2次経済開発5ヵ年計画（1967 〜 71 年）の基本目標は、「産業構造を近代化し、自立経済の確立を一層促進する」とし、基本方針は、①食糧自給化の促進、②化学、鉄鋼、機械工業を振興し、工業の高度化を早める一方、工業生産を倍増、③輸出の増進と輸入代替の促進によって画期的な国際収支改善の基盤構築、④雇用の増加と家族計画の推進で、人口膨張を抑制、⑤国民所得を画期的に増加し、特に農業所得の向上に努力、⑥科学および技術を振興し、人的資源を増大させて生産性を高める、などに重点をおいたのである[19]。

　10 年間の経済の関心は、工業化を通じて輸出主導型の経済成長だった。このような背景で、政策的支援は製造業を優先していたため、流通産業部門は政策的に支援育成が微弱だった。しかし、製造業部門の成長を通じての物的需給構造の量的拡大により、流通産業の成長を助成する基盤が構築された。産業成長と卸小売業部門の関係は、以下の表 3 - 2 で確認できる。1960 〜 72 年までの各部門伸び率の順位は、①鉱工業（480.4％）、②運送保管業（389.2％）、③卸・小売業（228.5％）の順である。

　今日の自動車産業を担っている現代自動車、電子機器産業の LG、三星電子、浦港総合製鉄などがこの時期に設立された。現在韓国で財閥と呼ばれるいくつ

表 3-2　産業別国民総生産

(10億ウォン。カッコ内は%)

区分	1960年		1965年		1970年		1972年		72/60年伸び率
	生産額	年平均	生産額	年平均	生産額	年平均	生産額	年平均	
農林漁業	466.57	-	602.65	5.3	724.59	3.8	760.93	1.7	63.1
構成比	(41.3)		(39.4)		(28.0)		(25.2)		
鉱工業	136.8	-	237.5	11.7	590.7	20.0	794.0	15.0	480.4
構成比	(12.1)		(15.5)		(22.8)		(26.2)		
社会間接資本及びその他サービス業	526.4	-	689.6	5.6	1273.9	13.1	1468.7	5.8	179.0
構成比	(46.6)		(45.1)		(49.2)		(48.6)		
卸・小売業	168.1	-	209.0	4.5	428.6	15.4	552.0	10.9	228.5
構成比	(14.9)		(13.6)		(16.6)		(18.3)		
運送保管業	30.3	-	52.7	11.7	123.5	18.6	148.1	9.3	389.2
構成比	(2.7)		(3.4)		(4.8)		(4.9)		
国民総生産	129.7	-	1529.7	6.2	2589.3	11.1	3023.6	7.0	2,230.9
構成比	(100.0)		(100.0)		(100.0)		(100.0)		

(出所)　大韓商工会議所編『韓国の流通産業』大韓商工会議所、1985年、116頁から作成。

かの大企業グループが生成し、急速に発展した。

　卸売業においては、1950年代～1960年代までの生活必需品に関する卸売業は主に常設市場(東大門市場、南大門市場など)と中央卸売市場(可楽洞農水産市場)で行われていた。1960年以降の卸売機能を遂行する流通機構は、卸売機能を遂行する市場と製造業者の代理店、特約店を中心に形成された[20]。

第3・4次経済開発5ヵ年計画──産業構造の高度化と重化学工業化の推進

　第3次経済開発5ヵ年計画(1972-76年)の基本目標は、「成長・安定・均衡の調和」を基本理念に、「農漁村経済の革新的開発」、「輸出の画期的な開発」、「重化学工業の建設」としていた。基本方針は、①開発成果を農漁民や低所得を含むすべての国民に広く普及させることによって国民福祉を向上させ、②重

化学工業を振興し産業構造の高度化と国際収支の改善および主食の自給を図り、③4大江流域の開発、道路網の拡充など国土の総合的開発を促進させ地域開発の均衡に寄与することである[21]。

第4次経済開発5ヵ年計画（1977〜81年）の基本目標は、国家の恒久的な安全保障と国民生活の量的・質的向上のために、①自立的な経済構造の確立のための成長と維持、②社会開発による均衡の維持、③技術革新および能力の向上、として設定された[22]。

1970年代後半以降、財閥企業と住宅建設業が流通産業に参入を図った。それにより、大量消費ムードの動きが始まったが、本格的に変化があったのは、1980年代以降である[23]。

第1次・2次石油ショックを経て、1980年代には流通基本法規が整備された。すなわち、「独占規制及び公正取引法（1980年）」、「消費者保護法（1980年）」が制定され、また「改定市場法（1961年）」が20年ぶりに検討され、「新市場法（1981年）」が制定された。市場、物価、消費者のための流通行政の法体系が構築された。それだけではなく、「流通産業近代化促進法（1980年）」が制定され、流通産業及び商業資本のための法的根拠になった[24]。

「新市場法」のコンセプトは、従来の「改定市場法」の場所コンセプトから建物や施設コンセプトに変わった。すなわち、市場を機能別、業種別、規模別に区分したのである。

この10年間の卸売業において、1960年代後半に登場したスーパーマーケットと1970年代に始まった百貨店やスーパーマーケット業界と中小連鎖店の連鎖化事業の推進などで、多店舗化が急速に進み、本部が卸売機能を拡大することによって、市場の卸売機能は厳しい状況に立たされることになった。

政府は中小小売店がチェーン本部を通じて、商品の共同仕入れ、共同保管、共同情報処理などの共同事業を支援するために、一定の条件が整ったチェーン事業者について1974年から資金及び税制支援をした。

第5・6次経済開発5ヵ年計画――経済の安定と先進化

　第5次経済開発5ヵ年計画（1982～86年）の基本目標は、「安定」、「能率」、「均衡」の基調の下で、①経済安定基盤の定着で国民生活の安定と競争力強化により国際収支を改善し、②持続的な成長基盤を強固にすることによって雇用機会の拡大と所得増大を実現させ、③所得階層間・地域間の均衡発展を通じて国民福祉の増進を実現することを設定した。

　第6次経済開発5ヵ年計画（1987～91年）の基本目標は、能率と均衡を基礎とした経済の先進化と国民福祉の増進として設定し、①経済社会の制度と秩序の先進化、②産業構造の改善と技術立国の実現、③地域社会の均衡ある発展と国民生活の質的向上に重点をおいた[25]。

　この10年間の卸売業の関連について見ると、「新市場法（1981年）」は「卸・小売業振興法（1986年）」に生まれ変わった。1986年12月に「卸・小売業振興法」が新たに制定されたが、同法には卸売センターが新しく加えられた。それを切っ掛けに、1988年に眞露卸売センター、1990年に鮮京流通のメンバーシップのサービスセンター（MSC）が開設された。

　この眞露卸売センターの開店の時は、一般卸売価格またはスーパーの価格より安い卸売価格で一般消費者に小売を行った。これにより、東大門、南大門市場の卸売業とスーパーマーケット業界が猛烈な反対を行ったので、商工府は小売をしないよう眞露卸売センターに指示を下した。しかし、眞露卸売センターは卸売業のみで営業をしたところ、慢性赤字に陥ったので再び商工府は卸と小売業を兼業するように指示を下すことになった[26]。このセンターはすべて失敗に終わったが、この原因は、こういう政府の朝令暮改が専門卸売センターとして根付かなかったことと、小売業は課税資料がない無資料取引商品を望んでいたので、無資料取引[27]ができない卸売センターを避けたことにも起因する。

第7次経済開発5ヵ年計画――21世紀経済社会の先進化と民族統一

　第7次経済開発5ヵ年計画の基本目標は、21世紀経済社会の先進化と民族統一を指向していくための実践計画として、特に経済の効率化に重点をおい

た。このための3大戦略として①産業の競争力の強化。②社会的な衡平を高め、均衡ある発展を図ること。③国際化・自立化の推進と統一基盤の助成が設定された[28]。

1990年代に入り、コンビニエンス・ストアの成長、スーパーマーケットなどのチェーン化された近代的小売業が増加するにつれ、製造業と小売業には商品供給の効率性を追求させた。そこで登場したのが、卸売配送業である。卸売配送業には、多数製造業からさまざまな種類の商品を一括仕入れして多数の卸・小売業に配送する「卸売物流業」と商品を仕入れすることなく、配送・物流機能のみ遂行する「物流代行業」に区分される[29]。

卸売配送業が行う遂行業務は表3-3のごとくである。すなわち、「卸売物流業」と「物流代行業」の違いは、商品仕入れと品揃え及び情報伝達を「物流代行業」が行っていないことである。

卸売配送業の細部業種別参加企業を見ると、表3-4のごとく、卸売物流業として他店卸売物流業と自店卸売物流業に分けられる。

「卸売物流業」には小売業が参入したコロンブスなどと「物流代行業」には製造業が参入した第一製糖グループのCJ-GLSなどが見られる。前者のコロンブスは、1990年に設立され、製造業者の商品を大口で仕入れ、小売業に小口で販売する卸売物流業である。全国物流拠点は7ヵ所であり、スーパーマーケットは約400店、コンビニエンス・ストアは約1,500店などの総4,000ヵ所あまりの取引先を構築している。後者の第一製糖グループのCJ-GLSは、1998年設立され、同年には30ヵ所の取引先を持っていたが、1999年には70ヵ所の企業と物流代行契約を結ぶほど、物流委託代行の専門企業として浮上している[30]。

卸売配送業の登場背景[31]を製造業の背景、小売業の背景に分けて考察してみよう。まず前者は、①既存代理店体制を通じての製品の流通は限界に達したこと、②全体的な景気低迷が製造業者に製造専念を認識させたこと、③新しい流通経路に期待感があったこと、などがあげられる。後者は、①小売業は卸売業（主に、製造業の代理店）との取引で拘束されたくなかったこと、②小売業

表 3-3　卸売配送業の遂行業務

遂行業務	卸売物流業	物流代行業
在庫管理	○	○
保管	○	○
配送	○	○
返品	○	○
注文代行	○	○
流通加工	○	○
商品仕入れ	○	×
品揃え	○	×
情報伝達	○	×

（出所）　大韓商工会議所編『流通産業の発展戦略と政策課題』大韓商工会議所、1999 年、132 頁より作成。
（注）　○はその業務を遂行することを表し、×は遂行しないことを表す。

表 3-4　卸売配送業の細部業種別参加企業

区分		企業名
卸売物流業	他店卸売物流業	コロンブス、アシン流通、ホアム物流、韓国物流、鮮京流通など。
	自店卸売物流業	コンビニエンス・ストア(LG25, ファミリーマート、ローソン、ミニストップ、セブン-イレブンなど)、スーパーマーケット(ヘテ流通、LG 流通、韓火流通、ソウォン流通、農心街、など)
物流代行業	共通物流業	レスコ、エクスフレシュ物流など。
	企業宅配業（第 3 者物流業）	ハンソル CSN、CJ-GLS、大韓通運、ハンジン物流、現代物流など。

（出所）　大韓商工会議所編『流通産業の発展戦略と政策課題』大韓商工会議所、1999 年、133 頁。

は自社に適合するサービスを提供してくれると期待したこと、③物流体制それ自体の確保が難しい小売業は多様な商品供給と少量多頻度配送の必要性を感じたこと、などがあげられる。こういった背景によって、卸売配送業は登場したのである。

1990年初期の卸売配送業はコンビニエンス・ストアを中心に商品を供給し、コンビニエンス・ストアの成長と共にマーケット規模が大きく拡大した。1992年にはスーパーマーケット、1993年には百貨店等に商品供給を拡大し始めただけではなく、営業網を地方大都市に拡大した。しかし、1994年からの割引店という新業種の成長によるコンビニエンス・ストアの成長鈍化と流通市場開放による外資系小売企業の出現、1996年の経済危機による小売店の萎縮による成長の低迷で、卸売配送業は厳しい状況におかれている。それによって、流通産業の構造変化に製造業や小売業間の直取引が拡大することによって、物流・配送業務を効率的に委託管理する物流専門業（レスコ、ハンソルCSN、CJ-GLSなど）が物流代行業の形態として卸売配送市場に参加している。すなわち、卸売機能より物流・配送機能中心の卸売配送業に発展する可能性が大きい[32]ことを示唆している。

また、ほとんどの小売業が卸売配送業との取引について消極的である。一番大きな理由は、国内卸売配送業がまだ定着していない過渡的段階であり、物流・配送機能、仕入れ価格、仕入れ条件などで十分な競争力を発揮しないからである[33]。今後、卸売配送業にとって、活性化するためにその改善方策が問われる。

以上の韓国における卸売業の発展段階を図にすれば、図3-5のごとくである。

卸売業のリーダーシップ時代：卸売業は情報、輸送、保管、仲介などの多くの機能を掌握。

統一新羅時代（676年）か、高麗時代か？（918年）──→ 江華島条約（1876年）──→
＊卸売業（客主）の起源 　　　　　　　　　　　　　＊客主の弱体化
＊中央集権的な政策 　　　　　　　　　　　　　　　＊1914年「市場規則」

解放後の卸売業（1945年）────────────────────────→
＊中央卸売市場法（1951年）
＊改正市場法（1961年）

メーカーのリーダーシップ時代：卸売業の機能との関連で、メーカーと卸市場は情報などの機能を握る。また、メーカーの系列化によって卸売の機能をメーカーが多く掌握。

「第1・2次経済開発5ヵ年計画」（1962〜71年）────────────────→
＊製造業中心の輸出
＊卸売業は主に市場と製造業の代理店、特約店
「第3・4次経済開発5ヵ年計画」（1972〜81年）────────────────→
＊政府のボランタリー・チェーンの支援
＊新市場法（1981年）
「第5・6次経済開発5ヵ年計画」（1982〜91年）」───────────────→
＊卸・小売業振興法（1986年）
＊卸売センターの失敗（無資料取引慣行）

小売業のリーダーシップ時代：卸売業の機能との関連で、小売業は情報などの機能を担当。それにより、受発注、在庫、配送、代金回収などの卸売機能を小売業が多く掌握。

「第7次経済開発5ヵ年計画」（1992〜96年）」以降─────────────→
＊卸売配送業
＊流通産業発展法（1997年）

図3-5　韓国の卸売業の発展段階

結び

　1990年代に入り、韓国の卸売業は急速に変化している。韓国の卸売事業所数では、増えつつあるが、とりわけ1980年代後半以降著しく成長を示している。それは、コンビニエンス・ストアとスーパーマーケットの成長によるものである。現在、大型小売店の参入によりその成長に歯止めがかかりそうである。

　以上の韓国の現状を踏まえて、韓国卸売業の基本的な特徴は何か。その特徴を明らかにするために、産業分類細分類（3桁）の業種を用いて分析を行った。またその特徴は、どういう発展過程で生じたのであろうか、さらにその変遷過程で卸売業の機能変化を考察してきた。

　その結果から、業種での特徴は、政府の重化学工業の育成政策を背景に産業財が増えつつあり、また主に「織物・衣服・履物」、「食料品・飲料」、「その他中間製品」、「機械器具・消耗品」などが高い地位を占めている。韓国卸売業の基盤はこれらの業種によって形成されている。

　次に、中国とよく似た中央集権的な家産官僚制の政策の影響で、政治・社会の指導原理として儒教を採用してきた。農業が最も重要な産業であった解放前の社会では、商工業を相対的に軽視してきた。しかし商品の流通を考える際に、卸売業のような中枢的な機能を果たしていた客主・旅閣の役割は著しかったが、1876年の江華島条約以降、客主の固有機能である中継機能は、外国商品が開港場を通して流入することによって徐々に衰退した。その後、卸売業は主に1914年に公布された「市場規則」によって行われた。

　1945年以後の卸売業において、韓国における1945年から1960年代までは、政府が経済自立を目指して製造業中心の輸出ドライブ政策を遂行し、その結果流通分野では製造業者の支配力が強化された。したがって、卸売業は、卸売を遂行する市場と製造業者の代理店、特約店を中心に形成された。1970年代は、政府は中小小売店がチェーン本部を通じて、商品を共同仕入れし、共同保

管、共同情報処理などの共同事業を支援するために、一定の条件を取り揃えたチェーン事業者について1974年から資金及び税制支援をしている。たとえば、ボランタリー・チェーンとスーパーマーケット協同組合などに対する支援である。1980年代は、1986年に「卸売センター」が新しく加えられた「卸・小売業振興法」が新規に制定された。それを切っ掛けに卸売センターが設立されたが、これはすべて失敗に終わった。この原因は、主に韓国の商慣行である無資料取引に起因した。1990年代以降は、コンビニエンス・ストアの成長、スーパーマーケットなどのチェーン化された近代的小売業が増加するにつれ、新しいタイプの卸売配送業が生まれたのである。

卸売業の変遷過程で機能変化を見ると、韓国では、1945年以前では卸売業は情報、輸送、保管、仲介などの多くの機能を掌握することによって、卸売業がリーダーシップを発揮した時代であった。1945年以後、特に1960年代以降においては、卸売業の機能の中で、メーカーと市場は情報などの機能を握ることになる。また、メーカーの系列化で卸売の機能をメーカーが多く掌握することによって、メーカーがリーダーシップをとった時代であろう。1990年代以降は卸売業の機能との関連において、小売業は情報などの機能を握ることになる。それにより、受発注、在庫、配送、代金回収などの卸売機能を小売業が多く掌握することによって、小売業がリーダーシップをとった時代であるといえよう。

また韓国の卸売業の発展を妨げてきた要因として、歴史的な視点でとらえて、ごく大づかみに整理してみると、①客主の固有機能である中継機能は、外国商品が開港場を通して流入することによって徐々に衰退した。②1945年以後、製造業と輸出に重点をおく、政策的な考慮が先行した結果、製造業者は自社製品を円滑に流通させるために、生産のみならず流通にまで関与するようになり、メーカー主導の代理店、特約店を中心に形成した。③小売業の「無資料取引慣行」の盛行、などの諸要因が複雑に絡み合ったといえよう。

韓国において、新しく登場した「卸売配送業」を発展させるための必要不可欠な条件や外資系の大型小売店との競争優位を図るための条件、そして「無資

料取引」の根絶方策という、重要かつ興味深い課題が残されている。

注
1) 朴奉斗外4人編著『流通学概論』学現社、2000年、251頁。
2) 韓国百貨店協会編『流通法令集』韓国百貨店協会、2000年、11頁。
3) オセゾ編著『流通管理』博英社、2001年、141頁。
4) 沈晩燮著『論攷　韓国経済論』中京大学商学会、1987年、11–19頁を要約した。
5) 文定昌著『朝鮮の市場』日本評論社、1941年、48頁。
6) 村山智順著『朝鮮市場の研究』国書刊行会、1999年、45頁。崔虎鎮著『近代朝鮮経済史』慶應書房、1942年、30頁。
7) 居間には客主に専属する内居間と自己の家より通勤する外居間の2種類がある。また、内居間には同事居間と労員間がある。前者は主人と共に出資をなして、組合的関係に立つものであり、後者はただの労力のみを提供するものである。詳しくは文定昌、前掲書、49頁と崔虎鎮、前掲書、38頁を参照されたい。
8) 朝鮮総督府編『朝鮮人の商業』1925年、81–82頁。
9) 崔虎鎮、前掲書、17頁。
10) 朝鮮において商店の意味として、店の字を用いたのは併合後日本の影響を受けた以降の事である。以前はすべて廛という字を当てた。一方、店の意味は製造所若しくは鉱山の意味で用いられた。また、六矣廛は明治27年に廃止されて、以降六矣廛は普通の商店になった。西方博著『朝鮮社会経済史研究　上』国書刊行会、1971年、122–123頁。
11) 大韓商工会議所編『韓国の流通産業』大韓商工会議所、1985年、84頁。大韓商工会議所編『商工業100年の展開過程』大韓商工会議所、1982年、63–64頁に詳しい。
12) 大韓商工会議所編『韓国の流通産業』同掲書、99頁。
13) 大韓商工会議所編『韓国の商工業100年』前掲書、60–65頁。国史編纂委員会編『国史館論争』国史編纂委員会、1996年、第67号53–55頁を参照。
14) 文定昌、前掲書、78–91頁。
15) 趙炳賛著『韓国の市場経済史』東国大学校出版部、1993年、196頁。
16) 趙炳賛、同掲書、199頁。
17) 李海珠著『東アジア時代の韓国経済発展論』税務経理協会、1995年、131頁。
18) 大韓商工会議所編『韓国の商工業100年』前掲書、115–116頁。
19) 沈晩燮、前掲書、75頁。
20) 大韓商工会議所編『韓国の流通産業』前掲書、118頁。
21) 沈晩燮、前掲書、83頁。
22) 沈晩燮、同掲書、88頁。

23) 大久保孝著『韓国の流通産業』産能大学出版部刊、1992年、18-21頁、大韓商工会議所編『韓国の流通産業』前掲書、110頁に詳しい。
24) 大韓商工会議所編『韓国の流通産業』前掲書、144-149頁。
25) 李海珠、前掲書、173-184頁。
26) 趙炳賛、前掲書、377頁。また、1991年12月に閉店に至った。年間売上が3,600万ウォン（約360万円）を超えると付加価値税の制度上の課税特例条項から除外されるので、税金計算書を正確に配布する卸売センターを回避した。
27) 無資料取引慣行とは、課税資料がない無資料商品を取引するものである。無資料取引が流通産業現代化に及ぼす影響を表にすると、次の通りである。

無資料取引が流通産業現代化に及ぼす影響

流通現代化	無資料取引との関係	無資料取引の影響
流通情報化	情報システム導入の際、税源露出	小売業の情報システムの導入回避
物流施設	現代化された物流施設を経由の際に税源露出	流通業界の現代化された物流施設が不必要
商業協同組合	共同事業の際、税源露出	協同組合の結成および共同事業が低調
チェーン事業	チェーン事業者と取引の際、税源露出と供給価格も高価	事業者本部の商品供給比率が低調
現代式卸売業の発展	卸売センター等現代的な卸売業との取引の際、税源露出	現代的な卸売業の不在、卸売業の零細化（個人化）

（出所）　大韓商工会議所編『流通産業　競争力強化5年間の計画（1996～2000）』1995年11月、5頁。

　すなわち、無資料取引慣行は、税金の支払いを避けるために用いた望ましくない慣行であるといえる。
28) 李海珠、前掲書、186-187頁。
29) 大韓商工会議所編『流通産業の発展戦略と政策課題』大韓商工会議所、1999年、83頁。
30) オセゾ編著『流通管理』博英社、2001年、141-142頁。
31) 朴奉斗外4人、前掲書、251頁、オセゾ編著、前掲書、139-142頁を参考にした。
32) 大韓商工会議所編『流通産業の発展戦略と政策課題』前掲書、83-84頁。
33) 大韓商工会議所編、同掲書、133-134頁。

第4章　卸売業の卸売機能とは

1　卸売業の諸機能

(1) 卸売機能のアプローチ

　卸売業はすべてのマーケティングの機能[1]（交換機能、物流機能、調整機能、金融機能、危険負担機能、情報機能など）の遂行に参加することができる。卸売業のマーケティング機能は中間業者の機能または、卸売業の機能と呼ばれている。一方で、近年卸売業は大規模小売業の成長によるメーカーや小売業関係の変化、情報化が進むことによる小売業の情報武装化などの諸環境変化によって、卸売業の機能に対する期待が低下するだろうともいわれている。すなわち、卸売業はどの機能をどこまで受け持つべきか、あるいはどの機能を強化すべきかが問われている。これによって、卸売業の社会的役割が変わってくるからである。

(2) 卸売機能の変化

　1910年代に、A. W. ショウ[2]によって中間商人の機能は「①危険負担、②商品の運送、③金融、④販売、⑤集荷、分類および再発送など」として、初めて取り上げられた。商業者の機能として、流通機能を最も早い時期に分析したものである。次いで、L. D. H. ウェルド[3]は、ショウの影響を受けて、「①収集（購買）、②保管、③危険負担、④金融、⑤商品調達（分類、格付け、分割、包装など）、⑥販売、⑦運送」という七つを取り上げた。このような機能を取り上げた時代の背景として、特に農産物が中心であったため、農産物の流

表 4-1　マーケティング機能（卸売機能）の種類と範囲に関する諸見解

主要研究者名	取引単純化	需給調整・価格(決定)	仕入れ・収集	販売・分散(需要創造)	品揃え(商品分類)	商品(製品)計画・研究開発	標準化と格付け	製品サービス(保証・修繕・包装等)	輸送・配送(運送管理)	保管(倉庫)	金融(信用)	危険負担(危険管理)	流通加工(生産)	プロモーション(需要の刺激)	経営サービス(得意先指導)	記録・会計(サービス)	市場情報(提供・伝達・評価)	ニーズ(需要)の予測	供給業者との協定(交渉)	その他(*)
アメリカ																				
A. W. ショウ (1915)			○	○					○	○	○	○	△				△			
L. D. H. ウェルド (1917)			○	○	△	△	○		○	○	○	○								
P. T. チェリントン (1920)			○	○					○	○	○	○								
F. E. クラーク (1922)		△	○	○			○		○	○	○	○					○			
ベイル＝スラグスボールド (1929)		△	○	○			○		○	○	○	○			△					
P. D. コンバース (1936)			○	○			○		○	○	○	○		○		△	○		△	○
ダディ＝レブザン (1947)			○	○			○		○	○	○	○								
AMA (1948)			○	○		△	○		○	○	○	○								
M. ホール (1948)	○																○			
アレクザンダー＝サーフェイス＝オルダーソン (1953)			○	○			○		○	○	○	○			△					
コンバース＝ヒュージ＝ミッチェル (1958)			○	○		○	○	○	○	○	○	○		○	○	○	○			
ベックマン＝イングレ＝バゼール (1959)	△	△	○	○		○	○		○	○	○	○		○			○			
D. A. レブザン (1961)			○	○			○		○	○	○	○					○			
W. J. シュルツ (1961)			○	○		○			○	○	○	○		○			○			
テーラー＝ショー (1961)			○	○			○		○	○	○	○		○			○			
R. M. ヒル (1963)	△		△	△		△	○		○	○	○	○		○			○			
キャンディフ＝スティル (1964)			○	○		○			○	○	○	○		○			○			
アレクザンダー＝バーグ (1965)			○	○		○			○	○	○	○	△	○		△	○			
フィリップス＝ダンカン (1968)			○	○		○			○	○	○	○		○			○			
W. J. スタントン (1978)			○	○					○	○	○	○		○			○			
E. J. マッカーシー (1978)			○	○		○	○		○	○	○	○		○			○			
P. コトラー (1980)			○	○					○	○	○	○		○			○			
日本																				
林　周二 (1952)				○	○															
三上富三郎 (1961)	○	○	○	○	○	○			○	○	○	○		○			○			
久保村隆祐 (1974)		△	△	△		△	△		○	○	○	○		○			○		○	○

（出所）　大橋正彦稿「マーケティング機能と卸売業」玉城芳治編著『卸売業マーケティング』中央経済社、1988年、51頁を基に作成。
（注）　記号○は一つの柱として重点的に捉えているもの、△は文中等で捉えているもの。
＊：コミュニケーション、政策の定式化、組織および設備の供給など、その他の機能（操作）は省略した。

通危険負担を含み、収集・運送・販売などの機能が多く用いられたことがうかがえる。その後も諸機能の分析を通じて研究するという機能的接近を試みた研究者によって、卸売機能の重要性が主張されてきた。

特に、1920年代に、経済における役割すなわち生産と消費の間の人的・場所的・時間的な懸隔を架橋する観点から分類する方法が、F. E. クラーク[4]によって古くから主張され、現代まで広く用いられている。その機能を見ると、「①所有権移転機能（交換機能）―販売、購買、②物財移転機能（物的流通機能）―運送、保管、③助成的機能（補助機能）―標準化、流通金融、流通危険負担、市場情報の収集分析」であると述べている。

また、大橋正彦は、マーケティング機能（卸売機能）の種類や分類を過去の主な研究者によってそれぞれ提唱もしくは取り上げられたマーケティング機能（卸売機能）を整理した。

それを見ると、表4-1のごとくである。

以上の表から大橋正彦[5]は、「ほとんどの研究者は仕入れ・収集、販売・分散、標準化と格付け、輸（配）送、保管、金融、危険負担の各機能をあげている。これを時系列に見ると、上記諸機能以外では、1950年代または1960年代以降重視される傾向が見られるのは、商品（製品）計画、経営サービスおよび市場情報の3機能であり、なかんずく時代の背景とも言うべき市場情報機能は、今や不可欠の機能として位置付けられていることがうかがえる。」と指摘している。

大橋正彦に倣い、1980年代以降から2000年代の日本の主な研究者によって、それぞれ提唱された機能を取り上げることにする。

ただし、市場情報（提供・伝達・評価）の中に、ニーズ（需要）の予測とプロモーション（需要の刺激）が、また取引単純化の取引に供給業者との協定（交渉）が含まれているので、本章では、重複を避けるために以上の機能を取り除くことにする。また、卸売機能をマクロ的な視点の（交換過程に関する機能、商品の取扱いと移転に関する機能、情報機能）基本機能[6]と基本機能を助ける助成機能に分けることにする。

表 4-2 卸売機能（基本・助成）の種類と範囲に関する諸見解

主要研究者名	基本						助成										その他
	取引単純化	販売・分散（需要創造）	仕入れ・収集	輸送・配送（運送管理）	保管（倉庫）	市場情報（提供・伝達・評価）	金融（信用）	危険負担（危険管理）	標準化と格付け	需給調整・価格（決定）	品揃え（商品分類）	商品（製品）計画・研究開発	製品サービス（保証・修繕・包装等）	流通加工（生産）	経営サービス（得意先指導）	記録・会計（サービス）	その他
林周二 (1952)				○	○	○	○	○		○				○			
三上富三郎 (1961)	○	○	○	○	○	○	○	○	○	○	○				○		○
久保村隆祐 (1974)	△	△	△	△	△	○	△	○	△	△	△	△		△	△		
鈴木安昭・田村正紀 [7] (1980)			△	△	△	△	△			○							
住谷宏 [8] (1991)						○	△										
出牛正芳 [9] (1997)		○	○	○	○	○	○	○		△							
宮下正房 [10] (1999)	○	○	○	△	○	○	○	○		○	△		△		△		
田口冬樹 [11] (2001)			△	△	△	△				○	○			○			

（出所）1950年代～1970年代は大橋正彦稿「マーケティング機能と卸売業」玉城芳治編著『卸売業マーケティング』中央経済社、1988年、51頁を引用し、その後の年代は筆者作成。

　基本機能は、取引単純化、販売・分散（需要創造）、仕入れ・収集、輸送・配送（運送管理）、保管（倉庫）、市場情報（提供・伝達・評価）などであり、助成機能は、需給調整・価格（決定）、品揃え（商品分類）、商品（製品）計画・研究開発、製品サービス（保証・修繕・包装等）、流通加工（生産）、経営サービス（得意先指導）、記録・会計（サービス）、金融（信用）、危険負担（危険管理）、標準化と格付け、その他などになる。それを整理すると表4-2のごとくである。

　これによると、日本における主要研究者がほとんど取り上げているのは、仕入れ・収集、販売・分散（需要創造）、輸（配）送、保管、金融、危険負担、

第 4 章　卸売業の卸売機能とは

市場情報などである。これらの機能以外に、卸売機能を時系列に見ると、1980年代以降重視される傾向が見られるのは品揃えの機能である。また、1990年代以降重視される傾向が見られるのは、経営サービス機能である。これらの2機能は、助成機能である。近年において、助成機能が新たに重視されていることがうかがえる。

　では、助成機能がなぜ重視される傾向が見られたのか。その時代の背景を見ると、まず1980年代の品揃えの重視背景 [12] は、消費者の行動による小売業の変化で読み取れる。また、卸売機能の変化について、時系列的にさらに具体的に述べると、1950年代後半以降、所得の平準化に支えられながら、大量生産とマス広告が消費者ニーズの均質化をもたらし、本格的に大衆消費社会が成立した。このような流れの中で現れた流通の最も顕著な変化は、スーパーの登場である。

　1973年の石油危機をきっかけに、高度経済成長期から安定経済成長期に入り、また消費需要は質的にも大きな変化を示すようになった。すなわち、消費者の購買パターンが大量購入型から個別的価値重視型に変化した。

　1980年代は、さらに消費者ニーズの個性化・多様化が展開されるようになった。消費者志向の変化に対応して、小売店（スーパーやコンビニエンス・ストア）は自ら、必要な商品を必要な時に必要な量だけ仕入れ始めたのである。以上の背景により品揃えが重要視されたといえよう。

　また、1990年代に経営サービス（得意先指導）が重視された背景は、1990年代はバブルの崩壊とともに、消費需要が落ち込み、低価格志向になった。それにより、中小小売業の経営不振や廃業の動きが一段と激しくなり、小売業側からの要望と卸売業側からの経営サポートが複雑に絡み合い、重視されるようになったと思われる。

　時代の背景を反映して重視されている品揃えと経営サービスは、今や不可欠な機能として位置付けられていることがうかがえる。

(3) 卸売機能の分類の適切性

表4-1と表4-2のように、卸売機能に対する主要な研究者の見解の不一致が見られる。久保村隆祐[13]は、「流通機能として、ある学者は5つをあげ他の学者は120をあげている。このような見解の不一致は、流通機能の取り上げ方について種々の観点があると同時に、機能分析が、流通理論の研究にも流通政策の立案にも、はなはだ重要であって、いろいろに研究されているためであるが、また、経済の成長による商品流通の変化によって機能の重点が変わってくるためでもある。」と述べている。

通常卸売業の機能は、卸売業の目的の達成に対する動きによって分類されるが、その動きの把握の仕方、主として産業財を対象にするのか、あるいは消費財を対象にするのか。または、商業統計の分類である「①直取引卸（メーカーまたは国外から仕入れ、小売業者または業務用需要者（産業使用者）に販売）、②元卸（メーカーまたは国外から仕入れ、卸売業に販売）、③中間卸（卸売業者から仕入れ、卸売業者に販売）、④最終卸（卸売業者から仕入れ、小売業者、業務用需要者、または国外に販売）、⑤その他の卸」[14]などを対象とするかによって、分類方法は必ずしも同一ではない。

また、小売業で述べた機能が卸売業の機能と同様な場合、繰り返しを避けて省略する論者もいる[15]。

以上のごとく、一般的に受け入れられる卸売機能のリストはない。また卸売機能は、社会経済の変化によって重視される機能が変わってくる。すなわち、卸売機能を論議する際に、時代の背景を考慮することが重要な側面であり、そのことを十分認識し、理解することが必要であるということはいうまでもない。

本章では、卸売機能の種類に、時代の背景を考慮することで、新たに重要視された品揃え機能と経営サービス機能を取り入れることにする。すなわち、主な卸売機能として基本機能は、所有権、輸送、保管、情報などがあり、助成機能は、金融、危険負担、品揃え、経営サービスなどがあると解したい。

2　卸売業の機能

　まず卸売業の機能について概説するとともに、その概念について吟味することにする。出牛正芳[16]によると、「流通・マーケティング機能の分類に統一されたものはないが、経済的離間を克服するために遂行される専門化された活動あるいは関連諸活動のグループを意味している。」と指摘している。また、経済的離間の克服としての機能研究について「マーケティング機能を担当するそれぞれが、たとえば卸売業者や小売業者が担当する機能も、経済的離間という視点からのみ検討されるものでなくなってきている」[17]とも述べている。

　本章では、出牛正芳に倣って、その「隔離を克服する働き」を取り上げ、卸売機能を説明する。卸売機能は、上述のごとく「経済的離間の視点」と「経済的離間でない視点」という二つの視点から、「基本的に行う基本機能」と「基本機能を助ける助成機能」におきかえて、さらに検討することにする。

　すなわち、卸売機能は、「基本的な経済的隔離や付随的な隔離を克服するために遂行される活動と関連諸活動から構成されている。」と解したい。以上の両視点を用いて、卸売機能について要約する[18]。

(1) 基本機能

所有権の移転機能（人格的隔離を克服する働き）

　所有権の移転機能とは、生産物資の所有権が生産者から卸売業者へ、その卸売業者は小売業者へと、そして小売業者は消費者へと所有権を移行することである。これは、生産する者と消費する者とが別人格であるので「人格的隔離」といい、「社会的隔離」ともいう。卸売業の基本的な活動は、多くの生産者（メーカー）から財を仕入れてその所有権を獲得し、それを多くの他の営利機関（主に小売業）に再販売し、売買差益を得ることである。所有権の移転機能は、卸売業者が財の所有権を移転するために遂行する諸活動を意味しており、

商流に関わっている。

保管・保存機能（時間的隔離を克服する働き）

　保管・保存とは、商品の生産者から消費者への移転過程で生ずる困難などを克服する時間的隔離を意味する。保管機能は、生産時期と消費時期が不一致なので、生産物資が消費されるまで保管が必要である。これは、「時間的隔離」の克服である。そして、この保管の手段は倉庫である。生産者や小売業者にとって、保管施設（倉庫）が完備されていない場合、卸売業者の物流手段に依存するほうが経済的である。また、商品流通においても生産者の大量生産に対し、小売業の少量仕入であることからしても、卸売業の一定期間の保有が必要であり、この保管機能が商品管理における重要な役割を果たす。

輸送機能（場所的隔離を克服する働き）

　輸送とは、商品を場所的に移転させることであって、これによって場所的距離が克服され、商品の場所的効用が創造されるのである。これは、「場所的隔離」の克服である。卸売業の輸送活動がその在庫活動と上手く統合され、効率的な物流システムが存在するとき、顧客に短期間で商品を納入することが可能になる。このためには、卸売業は十分な在庫を持ち、需要先への輸送に便利な立地に倉庫を持ち、輸送手段を効率的に選択しなければならないのである。輸送はこの場所的隔離を克服することを通じて、商品流通の上で極めて重要かつ中枢的な機能を果たしている。

情報機能（情報の隔離を克服する働き）

　情報機能は、生産者と小売業者や消費者との間の隔たりが大きくなるにつれ、互いに相手のことが分からなくなる。そこで、卸売業は生産者（メーカー）に対しては小売業者やユーザーのニーズおよび技術・競争者の動向を伝え、小売業者や消費者には生産者の新製品開発の動きや製品ラインの変更に関する諸情報を伝達してきた。この情報機能が、需要と供給を円滑に結び付けたのであ

る。これは、「情報の隔離」の克服である。つまり、卸売業は、顧客に仕入れ可能な商品の種類、量、価格について情報を伝える。また、顧客との交渉を通じて収集した顧客の欲求を分析して、生産者（メーカー）などの卸売業の供給先に市場情報としてフィードバックする。卸売業は情報を通じて卸売業への供給者と顧客との双方的伝達が行われる。以上のような情報伝達のうち、継続される受注・発注のように定型化された部分については、コンピュータを用いて、オンラインによる伝達が行われるようになっており、業界のVANや地域のVANも活用されている。

(2) 助成機能

金融機能（金融の隔離を克服する働き）

金融機能は、資金の調達や運用面において、生産者（メーカー）と小売業者や消費者との間に利害関係が生じる。これは、「金融の隔離」である。卸売業者は、生産者には販売代金の前払い・即時払い、小売業者にはその支払い期間の猶予を与えるといった、それぞれに金融の役割を果たしている。たとえば、生産が需要に先行してなされるということは、生産者（メーカー）が生産した商品の代金を回収するのにどのくらいの時間を要するか、そもそも全部回収しうるかなど、わからないことを意味する。その時、卸売業が実需要（消費者による実際の購入）に先行した仮需要として仕入れ、その代金が生産者（メーカー）に支払われるならば、生産者（メーカー）は継続的に安心して生産を行うことができるのである。その際に、卸売業の金融機能の役割は大きいのである。

危険負担機能（危険負担の隔離を克服する働き）

危険は、生産者から消費者へ商品を流す過程に、あらゆる面で発生する。卸売業は、諸危険を調整し、生産から最終消費に至る流通システム全体の流れを調整する役割を果たしてきた。これは「危険負担の隔離」の克服である。たと

えば、取引危険（価格変動に伴う危険）、信用危険（ストライキ、不況などの危険、盗難や万引きなどの危険）、市場危険（流行や季節などの変化に伴う商品価値低下の危険）、物理的危険（輸送途上、保管中などに生ずる破損、腐敗などの危険）、自然的危険（風水害、火災、ならびに地震などのような人力のおよばない危険）などがその例である。その危険に備えた経済的対策として、保険や保証などがある。

品揃え機能（品揃えの隔離を克服する働き）

品揃えとは、生産者が特定の商品を大量生産するのに対し、小売業者や消費者は広範な商品からなる品揃えを求めているので、多くの品目を提供することによって品揃えの隔離を克服することができる。多くの中小小売業者では大量仕入よりも、多品種・少量の多頻度の仕入を求めることが多く、卸売業者がさまざまな生産者から大量に仕入れ、多様な商品を少量で小売業者に販売してくれる機能は小売段階の品揃え形成に大きな魅力となる。つまり、卸売業における売買活動が社会的に集中していることである。卸売業における売買の社会的集中は、卸売業の品揃え形成活動によって行われている。卸売業がその顧客に販売しているのは単一の財というよりも、むしろ種々の商品からなる品揃え物であり、卸売業の売買活動は、このような品揃え形成活動として理解すべきである。

経営サービス機能（経営能力の隔離を克服する働き）

経営サービス機能は、生産者（メーカー）や小売業者の両者を経営面で支援することである。これは「経営能力の隔離の克服」である。近年経済社会の成熟化、少子高齢化、情報化、グローバル化などの諸環境は、消費者ニーズの個性化・多様化を加速させることによって、小売業にきめの細かいサービスを求めている。他方、小売業は同業態との競争の激化が本格化している一方、消費者ニーズへの変化を反映して、特に新製品情報、小売店頭での売れ筋商品などの卸売業からの提案が必要以上に迫られている。したがって、需要と供給の隔

離を克服すべく、卸売業は、生産者（メーカー）に対しては新製品を開発する際に、市場ニーズの分析とそれを満たすための製品の適切な量、適切な質などを提案することができる。特に小売業に対しては、棚割の配置提案、販売促進の企画・提案、人材派遣、小売業の顧客管理などの援助を提供することができる。

3　卸売業の存立意義

(1) 問屋無用論の批判

　今日、一般的に用いられている意味でのマーケティングという用語が日本に導入されたのは、1955年の秋に日本生産性本部からアメリカに派遣されたトップ・マネジメント視察団であった。生産性向上の結果、できあがった大量製品を市場へ完全に消化させない限り、生産部門の生産性向上は早晩行きづまるので、アメリカではそのためにマーケティングがその解決を図っている、というのが同視察団の結論であった。1956年3月には、マーケティング専門視察団がアメリカに派遣され、同年6月にはアメリカからマーケティングの専門家を招いたりして、日本企業においても重要なテーマとしてマーケティングに真剣に取り組むことになった[19]。

　その影響も受けて、流通革命が最初に論じられたのは、1950年代末以来の小売店舗形態としてのスーパーマーケットの導入を中心とするものであり、当時としては流通業におけるはじめての急激な変革であり、革命であった[20]。

　1960年代はじめ、このことに最も早く注目した研究者は、田島義博である。田島によって、ホビング（W. Hoving）の"The Distribution Revolution"（1960）がそのまま『流通革命』という題名で翻訳出版された。その後、林周二が『流通革命』という書物を出版することによって、「流通革命」ということばが広く一般的に使われるようになったのである。

　林周二の『流通革命』[21] では、スーパーマーケットの急成長を背景に、スー

パーマーケット・チェーンがメーカーと直接取引をするようになるため、卸売業は排除されるという「問屋無用論」が強調されている。また、大量生産や大量消費を架橋する流通が、その機能を十分果たせないために非効率的であり、生産段階のコスト効率の上昇が消費者に還元されていないという批判があった。流通革命論、問屋無用論が想定していた流通経路は、いわば「太くて短い」経路であったのである。すなわち、林は問屋無用論や小売店舗数の激減を予想したのであった。

　林の流通革命論に対して、十合晄[22]は、次のように反論をした。「同氏は、ドラッカーの論文を引用し、ドラッカーが『流通機構を経済の暗黒大陸』に、『問屋を寄生虫』に喩えている、としているが、これは全く誤解である。ドラッカーの文章を原文のまま引用してみよう。(中略)『流通は暗黒大陸である』ということに関しては、流通についてその内部まで、よく理解している人が非常に少ない、ということを言っているのであって、流通そのものが混沌として暗黒の中にあるという意味ではない。また、『中間業者（問屋）が寄生虫である』ということに関しては、問屋を指して流通機構の寄生虫に喩えているが、ドラッカーの原文を忠実に読めば、中間業者は必要であるということが明らかになる。すなわち、(流通＝暗黒大陸)＝(中間業者[問屋]＝寄生虫)という短絡的な等式でなく、(流通＝巨大な存在)＝(中間業者＝必要)である」と、林の誤解であることを指摘している。

　三上富三郎[23]によると、問屋無用論に対して次のように反論している。「第一に、問屋は金融機能を失ったという議論である。得意先からは60日のサイトで回収しているのに、メーカーへは90日の手形で支払っていて、まさに逆ザヤになっているということである。しかし、90日手形であっても、何百万円や何千万円とまとまった金額であり、銀行で割引して現金化することができるが、問屋を排除し、メーカーが多数の中小、零細小売店と直取引をすると、わずかの金額の手形を受け取るので、銀行割引の対象にもならない。

　第二に、問屋が持つ複数メーカー商品の品揃えと適時・定量在庫機能である。例えば、問屋がなければ、小売店は多数のメーカーと取引をしなければな

第4章 卸売業の卸売機能とは

らないし、一回の仕入れに関してもある程度まとめて注文しないと、応じてくれないかもしれない。また、品切れだから今すぐ欲しいといっても、メーカーは問屋のような小回りがきかないから、入荷までの時間がかかるのである。

　第三に、問屋マージンが流通コストを高めるという誤解である。例えば、あるメーカーの単位あたりチョコレートの生産コストが40円で、メーカーの一般管理費・販売費20円、メーカー価格が60円で問屋の手に渡る。問屋は10円のマージンをとって、70円で小売店に販売し、最後に小売店が30円のマージンを得て100円で消費者に販売をする。そこで、問屋がなくなると、メーカーは全国20万店以上の小売店へ直売りしなければならないが、そうなるとメーカーの一般管理費・販売費が高くなり、30円になる可能性が高い。また、小売業は問屋を通さず、直接各メーカーの営業所から仕入れしなければならない。そうなると、仕入れコストが高くなり従来の30円から35円になる可能性が高い。その結果、問屋が介在する場合の流通コストは、60円となり、問屋排除の結果のコストは、65円になるということである。したがって、問屋が介在することによって、消費者により多くの利益をもたらしているのである。

　すなわち、問屋介在の場合は、40円（生産コスト）＋20円（メーカーの一般管理費・販売費）＋10円（卸マージン）＋30円（小売マージン）＝100円（消費者）であり、問屋排除の場合は、40円（生産コスト）＋30円（メーカーの一般管理費・販売費）＋35円（小売マージン）＝105円（消費者）ということになる。

　第四に、日本の取引慣行の特殊性である。すなわち、日本と欧米との間の取引慣行の相違である。例えば、欧米では注文して買い取った商品は、売れ残っても買手の責任において処理している。仕入れ代金の支払いも、契約書に基づいて、売手の請求により行われる。しかし、日本では買取仕入れであっても、小売店から頼まれれば返品にも応じなければならない。また、集金にあたっても、一万円にも満たない金額でも集金に出向いていかねばならない。さらに、百貨店や大手スーパーの場合は、派遣店員をも要求したりする。このように、日本と欧米は、取引慣行が違うのである。」以上のごとく、四つを取りあげて

反論している。

　林が主張した流通革命は、どういう結果になったのか。実際に卸売業は減少するどころか、むしろ増加してきた。また、スーパーの急速な発展が小売業や問屋を少なくさせると展望したが、スーパーのレギュラー・チェーン化の発展にもかかわらず、小売店舗数の減少や卸売機能の決定的な後退は生じなかったのである。これは、スーパーの本部がレギュラー・チェーン店への品揃え、配達のほとんどを従来の業種別卸売業に委託し、伝統的な卸売業の物流機能を利用したからである。

　ここで、流通革命論が持っている本来の意味を確認したい。流通革命は何であったのか。林の流通革命論は、スーパーマーケットの急成長を背景に、スーパーマーケットがメーカーと直接取引をすることになり、卸売業は排除されるという「問屋無用論」を強調した。すなわち、流通経路は太くて短いパイプにより、問屋無用論や小売店舗数の激減を予想したのであった。換言すれば、1960年代の「流通革命」が理想とするところは、流通システム全体の効率化によってコストダウンを図ることであった。ところが実際には、そのようにならなかった。むしろ、スーパーが急成長できた理由の一つは、既存の卸売業の役割を排除し、スーパーがその役割を内部化したのではなく、既存の卸売業に依存し、新たな投資を抑え、それによって多店舗化と大型化という規模の拡大へ専念できた。このため生産者から小売業に至る流通経路はそのまま温存されたのである。

　また、長銀総合研究所[24]によると、「スーパーの登場は、セルフ販売方式とチェーン店方式をベースにした小売業の内部での効率化、いわば『小売革命』に止まった」と指摘している。すなわち、スーパーの登場は、「流通革命」を起こしたのではなく、問屋の有無を問わず、大規模メーカーの流通支配に対して対抗的な関係を持つセルフ・サービスとチェーン・オペレーションを武器とする大規模小売業の登場という「小売革命」を起こしたのではないだろうか。その結果、従来のメーカーが持つイニシアチブが揺れはじめ、小売業にそのイニシアチブが徐々に移転するということではないかと思われる。

第 4 章 卸売業の卸売機能とは　　103

　しかし、林の「流通革命」は近年になって様々な局面から現れるようになってきた。その根拠として、商業統計によると、小売業の店舗数は1982年を境に、卸売業の事業所数は1991年を境に減少しつつある。

　その背景として、需要側（消費者）と供給側（小売業）の変化から要約できる。まず、需要側の変化として、1980年代の消費者需要の変化（需要の個性化・多様化）に加えて、1990年代の大不況による消費者需要の変化は価格破壊などの取引慣行の変化を起こさせた。また、供給側の小売業の変化（競争の激化）として、1980年代のチェーン化の成長に伴う中小小売店の減少、1990年代の規制緩和による外資系小売企業の参入によって生じた既存小売業との競争の変化、小売チェーン企業同士の競争の激化への変化が本格的になった。これらの需要側（消費者）と供給側（小売業）の変化は、従来の卸売業と卸売業の取引から卸売業と小売業との取引へ、また従来の卸売業と小売業の取引から小売業とメーカーとの直取引へと、新たな流通経路の短縮化が生まれ、真の流通革命が進展しつつある。

(2) 問屋有用論と利用条件

　卸売業が果たす機能によって卸売業の社会的役割が変わってくる。一般的にいわれている社会的役割について検討してみよう。

　卸売機能を考慮して、社会的にその存在についての理論的根拠を主張する卸売業存立根拠論である。代表とされるものにイギリスのM.ホールの指摘する「総取引数最小の原理」と「集中貯蔵の原理」ないしは「不確実性プールの原理」[25] がある。以下、これらについて簡述する。

　まず、「総取引数最小の原理」について見ることにする。例えば、生産者が3社、小売商が10社あった場合、小売商がすべての生産者から1回ずつ仕入をすると3×10＝30回である。これに対し、生産者と小売商の間に卸売業の1社が介在すると、（3×1）＋（1×10）＝13回となる。したがって、卸売業が介在することによって、30回－13回＝17回が短縮されたことになる。こ

の原理は、生産者と小売商の間で、直接取引が行われるよりも卸売業が介在することによって社会的に必要とされる取引数が少なくなるということである。

次に、「集中貯蔵の原理」ないしは「不確実性プールの原理」について見よう。例えば、卸売業が介在せず、生産者が10社あったとしよう。生産者は不確実な需要に備えるために各社とも100個を保有した場合、全体の在庫は10社×100個＝1,000個になる。ここで、卸売業1社が介在し、集中的に在庫を保有すると、不確実な需要に備えるために300個の在庫で十分であると考えてみよう。それにより、生産者は100個の在庫を持つ必要がなく、たとえば30個を保有すればよいのである。その結果、卸売業が生産者に代わって集中的に在庫を保有すると、在庫の必要量は（10社×30個）＋300個＝600個になるのである。すなわち、1,000個－600個＝400個の在庫量が節約されるのである。この原理は、不確実な需要を充たすのに中間の卸売業が介在することによって、在庫量を減少させることを示したものである。いい換えれば、卸売業の在庫保有の機能によって集中的に在庫が保管されることで、社会的に必要な総在庫量は少なくてすむことになる。

以上がM. ホールによって提唱された二つの卸売業存立根拠論である。しかし、卸売業存立根拠論にはいくつかの問題点が指摘されている。取引総数最小化の原理[26]では、①卸売業に固有の存立根拠ではない。②介入する卸売業の数を明らかにしていない。すなわち、介在する卸売業は小売商に比べて少数であり、大規模であることが必要である。③小売商の小規模・分散性が前提になる。④介在する卸売業はすべての生産者と取引を行うことを前提としている。これはすべての商品種類と銘柄を取り揃えることになる。しかし卸売業が生産者別に系列化された場合、銘柄取揃えは限定され取引総数は削減されないことになる、などの指摘がなされている。

また、不確実性プールの原理[27]については、在庫保有は商業の本質的活動とはいえないし、同様な効果は独立の倉庫業によってもあげることができるため、これを卸売業の存立根拠論とは言い難いと指摘している。すなわち、卸売業である必要はなく、倉庫業者でもよいのであるなどの指摘がなされた。

第4章 卸売業の卸売機能とは

出牛正芳[28]は、卸売業有用論として、最少総取引数の原理、利潤搾取の原理、集中準備の原理があると指摘している。最少総取引数の原理と集中準備の原理は、M. ホール理論で述べたので、利潤搾取の原理を見ると、「中間商人である卸売業を排除しても価格は安くならない。(中略) 中間商人が排除されても卸売機能はなくならないわけで、他のものがその機能を遂行することになる。そして、残存者がより多くの利益を得ることになり、排除された卸売業からは自分たちの利益を搾取されることになる」と述べている。

三上富三郎[29]は、卸売業有用論について、次のように述べている。その理論的な根拠を見ると、「第一に、卸売機能は誰が担当してもよいが、卸の専門知識と経験を持っている卸売業がその担当者として最も適任であることである。

第二に、卸売業は時代の進展によって、その内容にも変化が起こっている。問屋有用論が成り立つためには、問屋がその時代の要請に十分応える必要がある。

第三に、新しい流通秩序を確立するためにも問屋が有用であるということである。戦後からのメーカーによる流通支配体制に対し、小売段階での大型チェーン・ストアの台頭は、メーカーの一方的流通支配をチェックする勢力として、盛り上がってきた。こういった、ガルブレイスのいわゆるカウンターベイリング・パワー（拮抗勢力）をさらに効果的にするためには、問屋も一枚加わることがぜひ必要なのである。そして、メーカー、卸、小売の勢力均衡の実現は、消費者の利益にもなる。

第四として、カウンターベイリング・パワーと関連して、メーカーによる販売店の系列化政策というものが、流通生産性向上に、必ずしも寄与していない。したがって、強力でかつ有能な問屋が輩出することによって、このメーカーによる系列的縦割流通を破壊し、それによって流通生産性向上に、大いに貢献することが期待される。」などと指摘している。

B. ロッセンブルームら[30]によると、「卸売業の存在に対する根本的な理由は、卸売業と取引する供給者と小売業に対して"より高いレベルの効果的かつ

生産者のための機能　　　　　　　　　　　小売業のための機能

```
① 市場カバレッジ          ① 製品供給
② 販売接触              ② 小売商サービス
③ 在庫保有      卸売業の    ③ 信用と金融支援
④ 注文処理      流通機能    ④ 品揃え利便
⑤ 市場情報              ⑤ 小口販売
⑥ 小売商支援            ⑥ 助言と技術支援
```

結果？

↓

高い有効的かつ効率的なマーケティング・チャネル

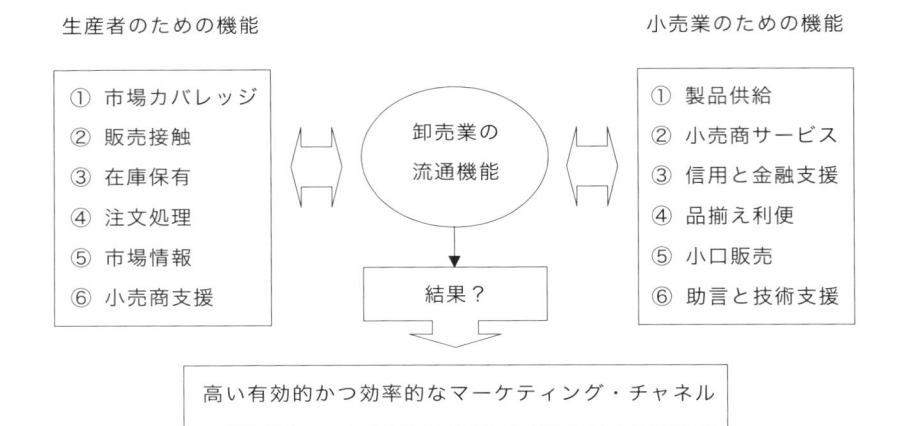

図4-1　生産者と小売業のための卸売業の遂行機能

(出所)　Bert Rosenbroom, Marketing Channels, 6 ed., New York: The Dryden Press, 1999, p. 51.

効率的マーケティング・チャネル"の機能を果たすことにその存在価値がある」と述べている。また、生産者と小売業のための卸売業の遂行機能という視点から、図4-1のごとく示している。

　三村優美子[31]によれば、消費者に対する小売業の価値伝達の低下という視点から、次のように指摘している。「第一に、小売業の販売能力の後退である。その理由に、効率化や低コスト化への要請のもとで生じた小売業の販売機能の低下である。たとえば、従来対面販売を主としてきた商品分野（化粧品や健康食品など）においてセルフセレクションの売場が増えているが、消費者の自由な選択に委ねるのはよいとしても、消費者の問い合わせに答えられず本来必要な情報提供までも放棄してしまったような小売店である。

　第二に、需要の質的変化と新しい商品分野の登場である。その理由に、従来売場の定義や商品分類と合わない新しい商品の登場がある。たとえば、ヘアケアやスキンケアあるいはヘルスケアへの関心の高まりは、従来、低関与で探

索性向の低い雑貨的商品と扱われてきたトイレタリー商品の性格を変えつつある。このような品揃えと情報提供を求める消費者ニーズに対応しようとすれば、日用雑貨売場というとらえ方では十分ではない。また、これまで商品分類や売場区分が不適切となる。その背景には、消費者の生活意識や価値観の変化がある。

　第三に、小売業態概念の未熟さである。小売店舗のタイプ（業態）は、オペレーションの次元（コスト・サイド・ポジショニング）とマーケティングの次元（需要サイド・ポジショニング）の二次元から定義される必要がある。しかし、これまでの業態はこのようなマーケティング的次元ではなく、主として店舗オペレーションの次元で定義されてきた。たとえば、ドラッグストアは代表的な業態であるが、オペレーションの次元に限定して捉えられている。その店が、調剤を併用する薬局に近い店か、化粧品や化粧雑貨の比重の大きい店か、ドリンク剤やサプリメントを重点にした店かは明らかでない。店の対象とする顧客層と顧客ニーズの違いは、品揃えの重点やサービスのあり方を大きく規定する。同様なことが、スーパーマーケット、コンビニエンス・ストア、ホームセンターについてもいえる。そこに小売業が卸売業に期待する役割がある」。

　以上のように、諸論者の見解を見てきたが、以下では卸売業を必要とする条件について考察してみよう。

　まず、生産者（メーカー）や小売業が、卸売業を必要とする前提条件として、一般的にいわれる経営資源で要約できる。その経営資源は、人、物、金、情報などといわれている。卸売業が経営資源を多く持つことによって、卸売機能を強化することができ、それによって卸売業の存在意義としての意味を持つと考えられる。卸売業が経営資源を持つことによって、いかなる卸売機能を強化してきたのかを考察してみよう。

　卸売業の経営資源には、まず人的資源がある。卸売業は、人材という経営資源を持つことによって小売業の経営サポート機能を強化してきた。人材は、小売業の要望によって、卸売業から派遣されてきた。主に、百貨店業界で伝統的に採用してきた卸売業側からの派遣店員の活用は、大規模小売企業が極めて卸

売業に依存的な姿勢で経営を展開してきたかという事実である。その人材によって小売業の経営サポートをしてきたのである。また、棚割の配置提案、販売促進の企画・提案、小売業の顧客管理をも行ってきた。

　第二に、物という資源がある。卸売業は、物という経営資源を持つことによって物流機能と品揃え機能を強化してきた。先述したように、1960年代のスーパーが著しく成長した理由の一つは、卸売業に依存してきたからである。スーパーが持っていないものを卸売業に依存することにより、新たな投資を避け、小売業は本来の小売に集中することができたのである。また、小売業の品揃えに関しては、特に多くの中小小売業では大量仕入よりも、多品種・少量の多頻度の仕入を求めることが多く、卸売業がさまざまな生産者（メーカー）から大量に仕入れ、多様な商品を少量で小売業に納品してきたのである。

　第三に、資金という資源がある。卸売業は、資金という経営資源を持つことによって金融機能と危険負担機能を強化してきた。上述のごとく、金融機能として、生産者には販売代金の前払い・即時払いを行い、小売業者にはその支払い期間の猶予を与えるといった、それぞれに金融の役割を果たしている。また、危険機能として、生産者から小売業者へ商品を流す過程において、種々の危険に遭遇する。卸売業は、諸危険を調整し、生産から最終消費に至る流通システム全体の流れを調整する役割を果たしている。たとえば、取引危険、信用危険、市場危険、物理的危険、自然的危険などがその例であるが、その危険に備えた経済的対策として、保険や保証で諸危険から得意先を守っている。

　第四に、情報という資源がある。卸売業は、情報という経営資源を持つことによって情報機能を強化してきた。生産者（メーカー）や小売業の収集できる情報は、自社の扱っている商品のみに限られがちであるが、卸売業はそうした制約を越えて両者に情報を伝達してきた。換言すれば、小売業に対しては多数の生産者（メーカー）の商品に関する情報を効率的に提供した。また、生産者（メーカー）に対しては小売業のニーズの動向を適切に伝え、新製品開発へと大きく貢献したのである。こうした情報集約効果を活かして、自ら川上や川下に対して積極的に情報伝達をしてきた。

第4章　卸売業の卸売機能とは

表4-3　卸売業の経営資源と卸売機能との関係

卸売機能 経営資源	基本				助成			
	所有権	輸送	保管	情報	危険負担	金融	品揃え	経営サービス
人								○
物	○	○	○				○	
金					○	○		
情報				○				

　以上の卸売業の経営資源と卸売機能との関係を、基本機能と助成機能に分けて、卸売機能を経営資源に当てはめてみよう。基本機能である所有権と輸送は、主として商品の移転という視点から物に、保管は物流センターという施設という視点から物に、情報は情報に当てはまるだろう。また、助成機能である危険負担と金融は、資金という視点から金に、品揃えは主として多品種少量という仕入という視点から物に、経営サービスは人材の派遣という視点から人に当てはまるだろう。以上のごとく、各経営資源に卸売機能を一つずつ当てはめて表にすれば、表4-3のごとくである。

　近年、一部の大手メーカーや大規模小売業は経営資源を持つことによって、卸売業に頼らなくなっている企業も出始めている。メーカーは自らのマーケティング機能を強化し情報収集のシステムを築いたり、大手の小売業は自社で商品の企画・開発や商品の仕入れルートの開拓のため、国内のみならず、海外からの様々な商品調達ルートを確立しつつある。また、大手の小売業は大型物流センターの自前での設置などの物流投資にも積極的である。それにPOSやEDIを武器に情報オンライン化の構築に乗り出すなどの、卸売機能を内部化することによってこれまで卸売業が提供してきた機能やその遂行の方法が通用しないような状況が生まれつつある。すなわち、大規模小売業はリスクの負担意欲を高め、流通コストの削減のための努力をするようになったのである。

　しかし、今も数多くの大規模小売業は、経営資源の側面から新たな投資から生じるリスクを避けるため、卸売業に依存している。また、中小規模小売業は依然として経営資源の側面から卸売業に依存しており、その期待は大きい。今

後の卸売業の経営環境の変化に伴い、革新的な経営展開が求められている。近年経済社会の成熟化、少子高齢化、情報化、グローバル化などの諸環境は、消費者ニーズの個性化・多様化を加速させることによって、小売業にきめの細かいサービスを求めている。また、小売業は同業態との競争の激化、特に外資系小売企業の参入による競争の激化が本格化している一方、消費者ニーズの個性化・多様化を反映して、総合的な品揃え対応や、欠品や過剰在庫を回避する効果的な物流や小売店頭での売れ筋商品、新製品情報などの提案が必要以上に求められている。こうした需要と供給のアンバランスは、変動する需要（消費者）の動向に対する、供給（小売業）が満たせない結果として、生じた産物である。

　こうした視点に立つと、卸売業が需要（消費者）と供給（小売業）との間のギャップをいかに埋めるように援助するかが今後の課題になると思われる。また、多様化する消費者のニーズに応えるべく、自社商品の企画・開発を行い、消費者に提案することも重要である。

　さらに、経営資源が乏しい中小卸売業は、提携や連携の経営展開によって規模の経済性を発揮することも必要である。こうした条件は、特に中小小売業と共存共栄するためにも重要であり、これからの卸売業が存在理由を強化し、勝ち残りをはかるには極めて重要なものであるだろう。

　著者が提唱した卸売業の存立根拠を経営資源（人、物、金、情報）に適用して、それが部分的に卸売業の存立根拠となることを示唆した。著者が提唱している卸売業の存立根拠は、極めて単純なものであり、新たな理論検証が求められている。本章では、卸売業の存立根拠を先行研究や複数のケースを用いて定性的方法で考察してきたが、残された課題として実証研究が必要である。その際には、仮説を明確化したうえで、取り扱わなければならないことは言うまでもない。著者が提示した経営資源という条件による卸売業の存在意義は、理論的に検証していないものである。次章の研究課題として、理論の検証へ進みたい。

結び

　卸売業の存立意義への問いかけは古い歴史があるが、特に物価問題や流通生産性の向上の視点から 1960 年代に入って、とりわけ大きな注目を集めた。卸売業は、排除されるべきという「問屋無用論」が強調されたのである。しかし、商業統計によると、卸売業の事業所数と売上高は減少どころか、全体的に伸び続けてきた。その傾向が、1991 年を境に、事業所数は減少し始めたのである。卸売業の存立基盤が大きく揺らいでおり、この時代になってあらためて卸売業の機能の役割が大きく問われているのである。

　本章では、卸売業の役割を明らかにするために、卸売業が遂行する機能の側面から考察してきた。

　まず、主な研究者によってそれぞれ提唱された卸売機能の種類と分類について、過去の研究を中心に文献レビューをした。これによると、日本における主要研究者がほとんど取り上げているのは、所有権の移転（収集・分散、仕入・販売）、輸（配）送、保管、金融、危険負担、市場情報などであった。これを時系列的に見ると、上記諸機能以外では、1980 年代または 1990 年代以降重視される傾向が見られるのは、品揃えと経営サービスの 2 機能である。時代の背景を反映して重視されている品揃えと経営サービスは、今や不可欠な機能として位置付けられている。このような機能変化は経済成長による商品流通の変化によって機能の重点が変わってきたものであった。また、消費者のニーズの変化から卸売業が重視する卸売機能が変わったともいえる。

　その結果、近年主として重視されている品揃えの機能と経営サービスの機能を加え、商品を仕入れて、販売を行うといった、所有権移転をはじめ、その商品に関する輸送、保管、品揃え、情報、経営サービス、金融、危険負担などを主な卸売機能であると解した。その卸売機能の概念については、基本機能と助成機能に分けて、隔離を克服するという側面から考察した。

　次に、卸売業の存在意義として、「問屋無用論の批判」と「問屋有用論と利

用条件」から、以下のことが明確になった。林が主張した流通革命は、どういう結果になったのか。実際に卸売業は減少するどころか、むしろ増加してきた。また、スーパーの急速な発展が小売業や問屋を少なくさせると展望したが、スーパーのレギュラー・チェーン化の発展にもかかわらず、小売店舗数の減少や卸売機能の決定的な後退は生じなかったのである。これは、スーパーの本部がレギュラー・チェーン店への品揃え、配達のほとんどを従来の業種別卸売業に委託し、伝統的な卸売業の物流機能を利用したからである。またスーパーの登場は、「流通革命」を起こしたのではなく、問屋の有無を問わず、大規模メーカーの流通支配に対して対抗的な関係を持つセルフ・サービスとチェーン・オペレーションを武器とする大規模小売業の登場という「小売革命」を起こしたのであった。

　しかし、林の「流通革命」は近年になって様々な局面から現れるようになってきた。その根拠として、商業統計からも、またその背景として需要側（消費者）と供給側（小売業）の変化からも説明できた。

　問屋有用論が成立する条件として、卸売業を必要とする前提がなければならない。これは、一般的にいわれる経営資源（人、物、金、情報）で説明した。卸売業が経営資源を多く持つことによって、卸売機能を強化することができ、それによって卸売業の存在意義としての意味を持つと考えられた。

　しかし、近年一部の大手メーカーや大規模小売業は経営資源を持つことによって、卸売業に頼らなくなっている企業も出始めているが、今もなお数多くの大規模小売業は経営資源の側面から卸売業に依存している。中小小売業は依然として経営資源の側面から卸売業に依存しており、その期待は大きいのである。

　また、近年卸売業を必要とする理由は、変動する需要（消費者）の動向に対する、効率的かつ効果的供給（小売業）をめぐる競争の結果として、生じた産物だと解釈した。

　こうした視点に立つと、卸売業が需要（消費者）と供給（小売業）との間のギャップをいかに埋めるように援助するかが課題になると思われる。この課題

は、第5章で理論的に検証したい。

注
1) 出牛正芳著『マーケティング概論』税務経理協会、1997年、39頁を参考にした。
2) Arch W. Shaw, *Some Problems in Market Distribution*, Harvard University Press, 1915, pp. 76–97.（伊藤康男・水野裕正訳『A. W. ショウ 市場配給の理論』文眞堂、1988年、49–57頁）。
3) L. D. H. Weld, "Marketing Functions and Mercantile Organization", *The American Economic Review*, Vol. VII, No. 2, June 1917, pp. 306–318.
4) Fred E. Clark, and Carrie P. Clark, *Principles of Marketing*, The Macmillan Company, 1922, p. 11.
5) 大橋正彦稿「マーケティング機能と卸売業」玉城芳治編著『卸売業マーケティング』中央経済社、1988年、51頁。
6) E. J. マッカーシーは、マーケティング分類について、マクロ・マーケティングにおいて基本的とされるマーケティング機能を三つのグループに分類している。すなわち、①交換過程に関する機能（購買、販売）、②商品の取り扱いと移転に関する機能（輸送、保管）、③他の諸機能を助成する機能（格付け、金融、危険負担、市場情報）に分類している。E. Jerome McCarthy, *Basic Marketing: A managerial approach*, 6th ed. Irwin, 1978, pp. 19–21. 本稿では、E. J. マッカーシーの分類を参考に、マクロからの視点の基本機能（①交換過程に関する機能、②商品の取り扱いと移転に関する機能）と基本機能を助ける助成機能（③他の諸機能を助成する機能とその他）に分けることにする。また近年では、③他の諸機能を助成する機能はマクロともいえないこともあるので、マクロに含まないことにした。ただし、情報機能は必要不可欠な機能であるので、情報機能を基本機能として理解したい。
7) 鈴木安昭・田村正紀編著『商業論』有斐閣新書、1980年、180–184頁。
8) 住谷宏稿「卸売機構」久保村隆祐編著『商学通論』同文舘、1991年、76–79頁。
9) 出牛正芳、前掲書、39頁。
10) 宮下正房著『現代の流通戦略』中央経済社、1999年、83–84頁。
11) 田口冬樹著『体系流通論』白桃書房、2001年、244–246頁。
12) 金成洙稿「日・韓卸売業の比較―消費者行動の変化に関連して」『日本消費経済学会年報』2001年、第27回全国大会、113–116頁に詳しい。
13) 久保村隆祐稿「流通機能と商業」久保村隆祐・荒川祐吉編著『商学学』有斐閣大学双書、1990年、103頁。
14) 通商産業大臣官房調査統計部編『平成6年 商業統計表 流通経路別統計編（卸売業）』

通商産業大臣官房調査統計部、1996年、32頁。
15) 鈴木安昭は、企業の維持・管理に関する活動も小売業と同様に行われているとし、卸売業の機能には説明を省略している。鈴木安昭著『新・流通と商業』有斐閣、1997年、197頁。
16) 出牛正芳、前掲書、33頁。
17) 出牛正芳、同掲書、38頁。また、出牛正芳は、経済隔離について、「一般に人格的隔離、場所的隔離、ならびに時間的隔離があげられ、その他種々の離間現象がみられると指摘し、その主なものとして、人格的隔離、場所的隔離、時間的隔離、量的隔離、質的隔離、資金運用上の隔離、危険負担上の隔離、情報上の隔離等」をとりあげている。出牛正芳、同掲書、21-24頁。
18) 諸機能の概説は以下の文献を参考にした。出牛正芳、同掲書、19-39頁、田口冬樹、前掲書、244-246頁、鈴木安昭、前掲書、194-197頁。
19) 日本生産性本部生産研究所流通委員会編「マーケティング—原理と事例—」日本生産性本部、1957年、3頁。
20) 久保村隆祐著『第二次流通革命』流通問題研究協会編、1996年、1頁。
21) 林周二著『流通革命』中央公論社、1962年、168頁。
22) 宮沢永光・十合暁編著『新版・現代商業額入門』八千代出版、2001年、8-9頁を要約した。
23) 三上富三郎著『卸売業　経営と診断』東京教学社、1975年、65-70頁を要約した。
24) 長銀総合研究所編、前掲書、8頁。
25) 以下の文献を参考にした。風呂勉稿「卸売業存在根拠論」『季刊　消費と流通』第2巻1号、日本経済新聞社、1978年、89-90頁。森下二次也稿「商業の分化と商業組織」森下二次也編著『商業総論』有斐閣双書、1967年、94-95頁。石原武正著『商業組織の内部編成』千倉書房、2000年、122-125頁。
26) 詳しくは、以下の文献を参考にされたい。三村優美子著『現代日本の流通システム』有斐閣、1992年、163頁。森下二次也、前掲書、94-95頁。荒川祐吉著『現代配給理論』千倉書房、1960年、219-220頁。風呂勉稿「卸売業の意義と特徴」久保村雄介・荒川祐吉編著『商業論』有斐閣大学双書、1974年、235頁。
27) Mall, M., *Distributive trading; An Economic Analysis*, Hutchinson's University Library, 1947, pp. 80-82.（片岡一郎訳『商業の経済理論—商業の経済学的分析—』東洋経済新報社、1957年、108-111頁）。
28) 出牛正芳、未発表原稿。
29) 三上富三郎、前掲書、70-71頁を要約した。
30) Bert Rosenbroom, *Marketing Channels*, 6 ed., New York: The Dryden Press, 1999, p. 45.
31) 三村優美子稿「小売業を支援する卸売業—小売業と卸売業の機能連携の可能性—」『商

第 4 章 卸売業の卸売機能とは

工金融』商工総合研究所、2002 年 11 号、第 52 巻第 11 号、16-17 頁を要約した。

第5章　食品卸売業の機能強化の再構築モデル

1　研究の背景と目的

(1) 研究の背景

　日本の卸売業を取り巻く環境は厳しさを増している。商業統計によると、小売業の店舗数は1982年を境に、卸売業の事業所数は1991年を境に減少しつつある。特に小規模小売店数が激減し、小規模卸売店も急激に減少する状況になっている。小規模卸売店の多くの主たる得意先は、小規模小売業である。最近は、小規模のみならず、中規模や大規模の小売店が破綻することによって、中規模や大規模の卸売店にもその影響が及んでいる。中小小売店の衰退とともに卸売業も構造的な変革の時期を迎えているといえる。その取り巻く環境の変化を整理すれば、七つの点にまとめられる。
　第一に、消費者の変化である。低価格志向の進展、消費者ニーズの個性化・多様化、少子高齢化に伴う購買行動と購買意識の変化である。消費者が受動的に与えられた商品を消費するより、能動的に商品への提案や情報を発信する行動を見せている。市場の成熟化とともに現れ始めた新しい消費形態は流通システム全体に新たな変化をもたらしている。
　第二に、取引慣行の改革である。特約店・代理店制度の再編成、建値・希望小売価格制度の廃止によるオープン価格化、リベート制度の廃止などの変化である。卸売業は販売価格の設定や利益率、コスト管理といった意思決定を自らの責任で行い、独立的な経営資源を用いての新たな経営活動が一層迫られている。
　第三に、グローバル化の進展である。大店法が米国の輸入品を受け入れな

い最大の原因と見なされ、そこで1990年に取りまとめられた日米構造協議を切っ掛けに、大店法の規制緩和、その後の同法の廃止が行われた。このような規制緩和により、外資系の小売業の日本への進出によるメーカーとの直取引が増加し、卸売業に危機感をもたらしている。

　第四に、情報化の急速な進展である。情報化の進展は、商品の売れ行き情報の把握・管理や在庫の量とリスクの削減、そして企業間をオンラインで結んでネットワーク化し、受発注業務の省力化に役立っている。最近は、それを製造業者と小売業者が情報を共有することにより、卸売の情報提供機能やリスク負担機能を奪うなど卸売業者に大きな影響を与えつつある。

　第五に、中小小売店の減少である。長期化する不況による買い控えの進展などの消費低迷や、大店法の廃止、大店立地法の制定などに代表される流通規制緩和の推進など競争の激化で中小小売店が減少している。卸売業にとって主な取引先であった中小小売店の減少は、卸売業の経営悪化をもたらしている。

　第六に、大規模小売業の急速な成長である。1960年以降、今の大規模小売業は既存の卸売業を利用することによって大きく成長し続けてきた。しかし、近年社会経済的環境の変化とともに、一部の大規模小売業は、卸売機能を内部化し、さらにはメーカーの生産活動にまで参入している。

　第七に、他業界からの参入である。製造業者、小売業者、物流業者、情報仲介者などの他の経営主体が、機能遂行力の拡大やイノベーションを積極的に導入することで卸売機能を内部化する傾向がある。特に、最近はメーカーによるサードパーティ・ロジスティクス（3PL）業者に委託する範囲は、商品の調達から販売まで全般になることも増えてきている。

　以上のような環境変化の中で、卸売業者は新しい方向を模索している。卸売業者は、卸売機能の強化、水平的な提携や連携、製造業や小売業などの他部門への参入、ある特定機能に特化などの新しい戦略を打ち出している。しかし、これらの新しい戦略が新たな環境への最善の対応であるのかは、未知数である。

　以上の現実を反映するように、インタビューなどのケーススタディによる質

的データの実証研究やアンケート調査による量的データの実証研究[1]などが提示されている。これらの実証研究によって、企業側に新たな方向を提示しようとしている。

　新たな環境変化は、新しい理論を求めている。すなわち、その新理論は、急変している新しい企業環境を反映し、企業の強い要求に応えるものでなければ意味を持たない。しかし、数多くの実証研究は、急変する環境の変化を限定的に捉えたに過ぎないものが多く、トータルな理論や今後の方向まで提案したとは言い難い。

　とりわけ、卸売業が生き残るために何をすべきであるとか、あるいはこれまで取った行動が跡付けであったりなどの理念的な議論に留まっている。言い換えれば、何かの行動を起こしたときに、その結果がどのようになったのかを示していない。

　すなわち、卸売業が何かの原因（Cause）によって、引き起こされた行動（Action）による結果（Effect）を示していない。本章では、この点を明らかにする。

（2）研究の目的

　卸売業はメーカーとの間で、同業者との間で、あるいは小売業との間で、様々な企業間関係の中で活動している。卸売業を取り巻く企業間関係には、消費者ニーズの個性化・多様化と密接な関係が成立する。特に、卸売業が行っている卸売機能は消費者と直接関わりを持つ小売業との関係と深く関わっている。先述したように、近年卸売業は厳しい環境におかれており、特に得意先であった大規模小売業の一部は、ますます経営資源を持つことによって、卸売機能を内部化している。

　しかし、今も数多くの大規模小売業は、経営資源の側面から卸売業に依存している。換言すれば、多くの大規模小売業は、リスクを自ら負わないで、分散して成長し続けている。また、中小小売業は依然として経営資源の側面から卸

売業に依存しており、その期待は大きい。

近年経済社会の成熟化、少子高齢化、情報化、グローバル化などの諸環境は、消費者ニーズの個性化・多様化を加速させている。その消費者は小売業者に対してきめの細かいサービスを求めている。

反面、小売業者は異・同業態との競争の激化、特に外資系小売企業の参入による競争の激化が本格化している。一方、消費者ニーズに応えるべく、総合的な品揃えの対応や、欠品や売れ筋商品、新製品情報などが必要以上に求められている。このような消費者ニーズの変化に応えられない小売業は、生き残りをかけた激しい競争の中で消費者との接点である小売店頭の価値伝達力が低下するという深刻な問題に直面する。さらに、基本的な知識や情報、経営技術に欠ける小売業も多い。すなわち、消費者の変化を背景とした需要と小売業の供給とのバランス関係が崩れている。そこに小売業者に対する卸売業者が果たす役割がある。

本章では、マーケティング活動の新たな方向性を小売業と卸売業の関係の変化から検討する。小売業は消費者のニーズの個性化・多様化の変化から、直接影響を受けている。その小売業が卸売業に対する期待という側面とそれに対する卸売業の行動という側面からその方向性を模索する。小売業は、消費者との密接な関係を持ち、消費者の変化に密接に対応している。しかし、経営資源が乏しい小売業、あるいはリスク分散を図る小売業は、卸売業にその期待を求めている。卸売業は、その期待に適切に応えることによって、初めて存在意義として意味を持つのである。それで、卸売業は環境変換に合わせて卸売機能にいかに取り組むかが重要な課題であり、いかなる方向で自社の経営資源活用を考え、そして戦略的に機能強化をどのように推進すべきなのかを十分に検討し、取り組んで行かなければならない。卸売業がいかなる機能強化を図るべきか、いかなる選択肢が最も適切なのかについて検討することを目的としている。

分析方法としては、卸売業を対象としたアンケートのデータ解析から、小売業が卸売業に対して求めている卸売機能をベースに、卸売機能と経営成果との関係に関する諸仮説を設定し、分析フレームワークを構築する。そして、アン

ケートデータに基づいて分析フレームワークの概念を操作化し、卸売機能と経営成果との間における因果関係[2]を相関係数により検証する。

2 小売業と卸売業の関係に関する基本認識

(1) 小売業と卸売業の関係

近年、経済社会の成熟化、少子高齢化、情報化、グローバル化などの諸環境は、消費者ニーズの個性化・多様化を加速させた。そのような消費者は小売業に対してきめの細かいサービスを求めている。小売業は、それに応えようと卸売業に消費者の期待を転嫁させている。

小売業と卸売業の期待・反応を分析するときには、小売業の卸売機能の要望に対し卸売業がそれに反応する関係として想定する。すなわち、小売業の卸売業に対する卸売機能要望は卸売業側が強く反応する一局面を分析の出発点とする。

前提1：小売業からの卸売機能要望に対して、卸売業はその期待に対して強く反応する。

ただし、卸売業が小売業に対し卸売機能を遂行する時、重要な役割を果たすのが「経営成果―売上高、収益性」である。この点については後述する。

日本のセブン-イレブンは消費者ニーズの個性化・多様化に対して、適切に応えることによって成功を収めた代表的な企業の一つである。そのセブン-イレブンはPOSという情報システムの導入により、売れ筋商品と死に筋商品を分類することができた。こうしたPOSデータの分析により、総合的な経営情報システムを構築し、適切な品揃えや適正な利益確保ができたのである[3]。このことによって、日本のコンビニエンス・ストアは世界一の発展を成し遂げている。また、日本のコンビニエンス・ストアが成功を収めた主な理由の一つには、卸売業の役割が大きかった。卸売業による多品種小口の配送は、コンビニ

エンス・ストアのきめの細かい品揃えをサポートしたのである。

　このことは、消費者ニーズの正確でかつ迅速な理解と卸売業を活用した流通の中間段階での小売店品揃え形成支援の重要性を示唆している。

(2)「販売代行」から「購買代行」へのシフトと経営成果

　一般的に、卸売業の役割は、「販売代行」としての役割と「購買代行」としての役割と大きく二つに分けられる。前者は、メーカーが作った商品をメーカーに代わって販売するという役割をいう。一方後者は、それとは逆に小売業者の必要とする商品を、小売業者に代わって調達し、供給する役割を指す。

　戦後、日本の卸売業は、メーカー主導の特約店・代理店という名称のもとに特殊な地位を確保しているのが一般的であった。このように、メーカーとの取引関係は、長い年月をかけて維持されてきた。そこで、日本の卸売業は生産者との関係を重視した川上志向のマーチャンダイジング活動の性格が強かった。しかし、近年大規模小売業が豊富な経営資源を持つことによって、流通の主導権を従来のメーカー主導から小売業主導へとシフトさせつつある。

　そこで、以前から田島義博・宮下正房[4]は、「メーカー主導の特約店・代理店、建値・希望小売価格制度、リベート制度が薄れていく現状において、欧米の卸売業のように、川下志向のマーケティングに重点を置かなければならない。」と強調している。

　また、懸田豊[5]は、「卸売業が自立性を求め、メーカーの販売代理業から小売業の購買代理業へと卸売機能を再編成することが、わが国の卸売業の課題である。」と指摘している。すなわち、諸論者は「販売代行」から「購買代行」へのシフトの重要性を強調している。

　中小小売店の減少や中小卸売業の減少は、小売業に対する卸売業の「購買代行」としての役割遂行の不足によるものかもしれない。このような環境変化を考慮して、本書では卸売業の卸売機能の「購買代行」に焦点を当てることにする。

前提２：卸売業は小売業の「購買代行」としての重要な役割を果たす。

　卸売業は、経営体として適正利潤を追求する性格を持っている。卸売業は適正利潤を追求することで生き伸びることができ、これを基盤に小売業のために新たなサービスを創出し、新たな投資をも行うことによって、新たな雇用も生み出している。したがって、卸売業は小売業の満足とともに、適正利潤も追求する。

　田口冬樹[6]は、流通活動の評価に対する二つの尺度として、「流通活動の成果は、効率性と有効性（効果性）から成る二つの基準のバランスある発展の上に成り立っている」と指摘している。

　また、嶋口充輝[7]は、効果と効率について、「効果的経営とはごく単純化していえば、市場のニーズにフィットしている経営を指し、効率的経営とは、経営に投入される各種経営資源当たりの生産性の高い経営を指す。」と概念上の差異を明らかにしている。また、嶋口[8]は「成熟型の変化の激しい現代市場に身を置く企業は、まず市場に生かされる必要条件として『効果的』であることを目指し、その効果の前輪でカジ取りをしながら、十分条件としての『効率的』運営を追求していくことが重要になるのである。」と主張した。すなわち、顧客の満足（効果的）と企業の利潤（効率的）とのバランス関係の重要さを強調したのである。

　顧客の満足と企業の利潤の追求は、企業にとって一番大事なことであり、生命線であるといえる。したがって、本章では卸売業の経営成果として、「効果的」を顧客の満足という意味で「売上高」に、「効率的」を企業の利潤という意味で「収益性」に置き換えて論議を続ける。すなわち、「売上高」と「収益性」の二つの側面を通じて卸売業の行動を分析する。

前提３：企業は経営成果（売上高、収益性）を追求する。卸売業は経営成果を追求することで、勝ち残る。

　以上から、本章では「小売業から卸売業に対する卸売機能要望が卸売業の経

営成果に影響を及ぼす。したがって、小売業の要望に対する卸売業の反応によって、経営成果は高まる。その経営成果に基づいて卸売業は成長の道を歩む。」という基本モデルを想定する。

3 卸売業の機能強化方向性への再構築モデル

(1) 小売業を支援する卸売機能の再構築

小売業は、卸売業に何を求めているのか。まずその主体は、主に経営資源が乏しい中小小売業やリスクを分散したい大規模小売業であろう。したがって、卸売業は経営資源を多く持つことによって、質の高い卸売機能を提供することができる。そこで、いかなる卸売機能を強化すれば経営成果に貢献することができるのかが問われる。本章では、卸売機能を「物流機能」、「情報機能」、「マーチャンダイジング機能」、「店頭販売支援機能」[9] という四つに分けて考察する。卸売業の歴史を見ると、中世の問・問丸にその起源を持つといわれている。問丸が最初に行った卸売機能は、輸送機能であるともみなされている[10]。卸売業の最初の機能は物流機能から始まったともいえるので、物流機能から考察してみよう。

まず、物流の面で見ると、近年大手の菱食は小売の専用センター「SDC」*の運営受託を拡大している。1993年に相鉄ローゼン向けセンターを皮切りに、毎年その数を増やしていき、今や全国約40ヵ所に小売業専用センターを運営

＊ SDC（Specialized Distribution Center 特定企業の物流センター）は特定企業のみを対象とした物流センターを指す。RDC（Regional Distribution Center 広域対象型物流センター）は、小分け業務を中心とする流通加工業務を、高水準で均質化して効率的に遂行することを目的とする広域対象型物流センターを指す。FDC（Front Distribution Center 前線物流センター）はRDCから供給される流通加工された商品にFDCとして集荷し、補完管理するケース商品を積み合わせて得意先に供給する前線物流センターを指す。『新流通の創造―株式会社菱食社史』株式会社菱食、1999年、310頁。

している。その結果、汎用型インフラである「RDC/FDC」の稼働率は低下傾向にある[11]。大規模小売業は、自社の利便性を追求して、ますます卸売業者に対して自社物流センターを求めるだろう。

また、田口冬樹[12]は、「小売業でのPOSデータにもとづく多頻度小口配送の要求に対応するために、卸売業者は従来以上にジャスト・イン・タイム物流を実現するように在庫調整機能を強化しなければならない。このためにも物流システムの革新に迫られることになろう。」と指摘している。小売業者からの多頻度小口配送の要求に応えるべく、卸売業者は納品の迅速化・高精度化を行なわなければならないということであろう。以上から、小売業サイドから卸売業への物流機能要望は、特定企業の専用センター、リードタイムの短縮・正確な納品、多頻度小口配送などがあげられる。

「情報機能」として、廣田正[13]は、「私が最も関心を持ったのは情報化（IT）だ。」と指摘したうえで、「IT化に遅れないように対応してきたことが当社の今日を作った。」と強調している。菱食が成功した要因の一つは、1970年代からいち早くアメリカのフレミングとスーパーバリューを訪問し、アメリカの流通最前線から特にITを学び、それを活かした結果にあるように思われる。卸売業が勝ち残るためには、より一層の情報の武装化を迫られるだろう。「情報機能」として、小売業に対しての商圏情報の提供、売れ筋・売り方情報の提供、小売の情報化への対応（インターネットによる受発注）などが考えられる。

次に、「マーチャンダイジング機能」では、懸田豊[14]は、「スーパーマーケットの成長や新たな業態開発が小売段階でなされているのにも関わらず、その業種を越えた総合的な品揃えに対応した卸売業の品揃え形成がなされていないのが現状である。」という品揃え形成上の対応能力の欠如を指摘している。また、「卸売業が小売業の購買代理業としての機能強化を図ろうとすれば、フルライン化の方向でその品揃え形成機能を見直す必要がある。加工食品業界においては、すでにスーパーマーケットの食品売場に対応したフルラインの品揃えと一括納品を競争力とする卸売業が出現しつつある。」と指摘している。特

に食品内でのフルライン化が進んでいることを強調している。強いて言えば、フルライン化を含めた、マーチャンダイジング力が必要である。マーチャンダイジング機能には、フルライン化（取扱い品目の拡大）を始め、棚割等の配置提案、販売促進の企画・提案、新商品の探索と提案などがあると主張したい。

最後の「店頭販売支援機能」として、三村優美子[15]は、「小売店頭作りを支援していくためには、何よりも商品の深い専門知識が必要である。……標準的大量生産品が主流になった分野では、高い専門能力は期待されないが、小売店頭を魅力的にする商品（非大量生産商品）は、販売や商品の取扱に特別な知識や技術が必要である。（中略）卸売業がこのような小売業の要請に応えるためには、専門人材の育成が必要であり、その専門人材を派遣して支援すべきである。」と指摘している。店頭販売支援機能は、小売業に人材派遣（従業員教育の支援）や小売業の顧客管理をすることにより、小売業が抱えている問題やリピーターの顧客動向を正確に把握し、小売業に適切な提案ができる。したがって、従業員教育の支援や小売業の顧客管理は、卸売業の売上高や収益性に大きな影響を与えるに違いない。小売業の商品に関わる資金提供・支払い猶予やリスクの回避を含めた、店頭販売支援は、金融（資金提供、支払い猶予）、危険負担（返品、市場リスクの負担）、従業員教育の支援、顧客データ管理の引受け、人材派遣などに分けられよう。

以上を整理すると、以下のごとくである。

1. 情報機能：商圏情報の提供、売れ筋・売り方情報の提供、インターネットによる受発注
2. 物流機能：特定小売業の専用センターの運営、リードタイムの短縮・正確な納品、多頻度小口配送
3. マーチャンダイジング機能：取扱い品目の拡大、棚割等の配置提案、販売促進の企画・提案、新商品の探索と提案
4. 店頭販売支援機能：資金提供・支払い猶予、返品・市場リスクの負担、顧客データ管理の引受け、人材派遣

第5章　食品卸売業の機能強化の再構築モデル

　本章では「小売業からの卸売業に対する卸売機能要望が卸売業の経営成果に影響を及ぼす。したがって、小売業の要望に対する卸売業の反応によって、経営成果は高まる。その経営成果に基づいて卸売業は成長の道を歩む。」という基本モデルを想定した。その基本モデルに、以上の諸論者の論議から次のような仮説を導くことができる。

上位仮説1：　　小売業の期待に対して卸売業が応えれば応えるほど、売上は高まる。

下位仮説1-1：　小売業からの商圏情報の期待に卸売業が応えれば応えるほど、卸売業の売上は高まる。

　　　　1-2：　小売業からの売れ筋・売り方情報の期待に卸売業が応えれば応えるほど、卸売業の売上は高まる。

　　　　1-3：　小売業からのインターネットによる受発注の期待に卸売業が応えれば応えるほど、卸売業の売上は高まる。

　　　　1-4：　小売業からの特定小売業専用センターの運営の期待に卸売業が応えれば応えるほど、卸売業の売上は高まる。

　　　　1-5：　小売業からリードタイムの短縮・正確な納品の期待に卸売業が応えれば応えるほど、卸売業の売上は高まる。

　　　　1-6：　小売業からの多頻度小口配送の期待に卸売業が応えれば応えるほど、卸売業の売上は高まる。

　　　　1-7：　小売業からの取扱い品目の拡大の期待に卸売業が応えれば応えるほど、卸売業の売上は高まる。

　　　　1-8：　小売業からの棚割の配置提案の期待に卸売業が応えれば応えるほど、卸売業の売上は高まる。

　　　　1-9：　小売業からの販売促進の企画・提案の期待に卸売業が応えれば応えるほど、卸売業の売上は高まる。

　　　　1-10：小売業からの新商品の探索と提案の期待に卸売業が応えれば

　　　　　　　　応えるほど、卸売業の売上は高まる。
　1-11： 小売業からの資金提供・支払猶予の期待に卸売業が応えれば
　　　　　応えるほど、卸売業の売上は高まる
　1-12： 小売業からの返品・市場リスクの負担の期待に卸売業が応え
　　　　　れば応えるほど、卸売業の売上は高まる。
　1-13： 小売業からの顧客データ管理の引受けの期待に卸売業が応え
　　　　　れば応えるほど、卸売業の売上は高まる。
　1-14： 小売業からの人材派遣の期待に卸売業が応えれば応えるほ
　　　　　ど、卸売業の売上は高まる。

　同じように、企業は、経営成果（売上、収益）を追求するという前提のもとで、以下の仮説を導くことができる。

上位仮説2： 　　小売業の期待に対して卸売業が応えれば応えるほど、収益は
　　　　　　　　高まる。
下位仮説2-1： 小売業からの商圏情報の期待に卸売業が応えれば応えるほ
　　　　　　　　ど、卸売業の収益は高まる。
　　　2-2： 小売業からの売れ筋・売り方情報の期待に卸売業が応えれば
　　　　　　　応えるほど、卸売業の収益は高まる。
　　　2-3： 小売業からのインターネットによる受発注の期待に卸売業が
　　　　　　　応えれば応えるほど、卸売業の収益は高まる。
　　　2-4： 小売業からの特定小売業専用センターの運営の期待に卸売業
　　　　　　　が応えれば応えるほど、卸売業の収益は高まる。
　　　2-5： 小売業からリードタイムの短縮・正確な納品の期待に卸売業
　　　　　　　が応えれば応えるほど、卸売業の収益は高まる。
　　　2-6： 小売業からの多頻度小口配送の期待に卸売業が応えれば応え
　　　　　　　るほど、卸売業の収益は高まる。
　　　2-7： 小売業からの取扱い品目の拡大の期待に卸売業が応えれば応

えるほど、卸売業の収益は高まる。
2-8：　小売業からの棚割の配置提案の期待に卸売業が応えれば応えるほど、卸売業の収益は高まる。
2-9：　小売業からの販売促進の企画・提案の期待に卸売業が応えれば応えるほど、卸売業の収益は高まる。
2-10：　小売業からの新商品の探索と提案の期待に卸売業が応えれば応えるほど、卸売業の収益は高まる。
2-11：　小売業からの資金提供・支払猶予の期待に卸売業が応えれば応えるほど、卸売業の収益は高まる。
2-12：　小売業からの返品・市場リスクの負担の期待に卸売業が応えれば応えるほど、卸売業の収益は高まる。
2-13：　小売業からの顧客データ管理の引受けの期待に卸売業が応えれば応えるほど、卸売業の収益は高まる。
2-14：　小売業からの人材派遣の期待に卸売業が応えれば応えるほど、卸売業の収益は高まる。

(2) 事業拡大への再構築

　卸売業の事業領域の拡大には、川上（メーカー）への進出と川下（小売業）への進出がある。まず、川上への進出を見てみよう。

　懸田豊[16]は、「卸売業の品揃え形成の今ひとつの方向として、商品開発能力強化がある。グローバルな商品調達市場の出現は、差別性のある独自商品の調達可能性を高めている。また、生産段階の集中度がそれほど高くない市場にあっては、卸売業者のプライベート・ブランドの開発が有効となる。」とPB商品開発の有効性を強調している。

　また、田口冬樹[17]によると、「卸売業の経営革新の課題として、川上と川下への働きかけの二つの方向が重要となろう。（中略）川上として自社商品の企画・開発で、川下としてリテール・サポート機能の強化である。（中略）川

上志向として、特徴のある商品の取扱いを行う政策の一環として自社商品の企画・開発を行い、収益率を向上させることがあげられる」と指摘している。

　卸売業は、収入源を確保するためにも自社開発のオリジナル商品に積極的に取り組むべきであり、今後も一層重視される経営課題であろう。以上の論議から以下の仮説を導くことができる。

　仮説3：売上の高い卸売業ほど、メーカー機能（製造・委託製造）を行う。

　仮説4：収益性の高い卸売業ほど、メーカー機能（製造・委託製造）を行う。

　次に、卸売業の事業領域の拡大として、川下への進出を見てみよう。
　卸売業は、自社以外の事業に取り組む場合、小売業分野への進出が最も多いといわれている。その中でも食品関係の卸売業がもっとも積極的である[18]。以上の論議から以下の仮説を導くことができる。

　仮説5：売上の高い卸売業ほど、小売機能（販売）を行う。

　仮説6：収益性の高い卸売業ほど、小売機能（販売）を行う。

　中小卸売業が減少している中で、スケールメリットを図るべく、提携・合併の声が高まっている。
　三村優美子[19]は、「もともと卸売業は小売業と異なり、企業の内部的成長よりも商圏の異なる卸売業者どうしの提携・合併・営業権譲渡を通しての成長の方が一般的である」と指摘している。
　また、懸田豊[20]によると、「これまでも物流コストの高騰から、多くの卸売業が効率的な物流システムの構築を図ってきた。しかし、生産・小売段階の集中度が高い業界においては、個別企業の努力だけでは限界があり、共同物流システムの構築や提携・合併などの規模拡大も不可欠となる」と主張してい

第5章　食品卸売業の機能強化の再構築モデル

る。

　大規模卸売業は、総合的な卸売機能を持つことで規模の経済性を発揮できるが、多くの中小卸売業は総合的な卸売機能を持つことは経営資源から見て非常に困難である。提携や合併の経営展開は、生き残りのためにも欠かせない戦略の一つである[21]。

　中抜き論が議論されている中、中小卸売業はもとより、大規模卸売業も卸売業者の間で経営規模の拡大を目標として、提携・合併へと積極的に取り組む必要がある。以上の論議から次のような仮説が導かれる。

　仮説7：売上の高い卸売業ほど、競争力を高めるためのアプローチとして、提携（スケールメリット）を積極的に考える。

　仮説8：収益性の高い卸売業ほど、競争力を高めるためのアプローチとして、提携（スケールメリット）を積極的に考える。

　仮説9：売上の高い卸売業ほど、競争力を高めるためのアプローチとして、合併（スケールメリット）を積極的に考える。

　仮説10：収益性の高い卸売業ほど、競争力を高めるためのアプローチとして、合併（スケールメリット）を積極的に考える。

本章での論議をまとめてモデル化すると、図5-1と図5-2のごとくである。

```
┌─────────────────────────────┐                    ┌─────────────────────────────┐
│  小売業から卸売業への要望    │       要望         │   卸売業が重視する機能      │
│                             │ ←──────────────→  │                             │
│  ・情報機能                 │       反応         │  ・情報機能                 │
│  ・物流機能                 │                    │  ・物流機能                 │
│  ・マーチャンダイジング機能 │                    │  ・マーチャンダイジング機能 │
│  ・店頭販売支援機能         │                    │  ・店頭販売支援機能         │
└─────────────────────────────┘                    └─────────────────────────────┘
                                    │ 影 響
                                    ↓
```

          経営成果
       （売上高、収益性）

       売上高↑収益性↑
       売上高↑収益性↓
       売上高↓収益性↑
       売上高↓収益性↓

          ↓

     競争優位の卸売機能の再構築

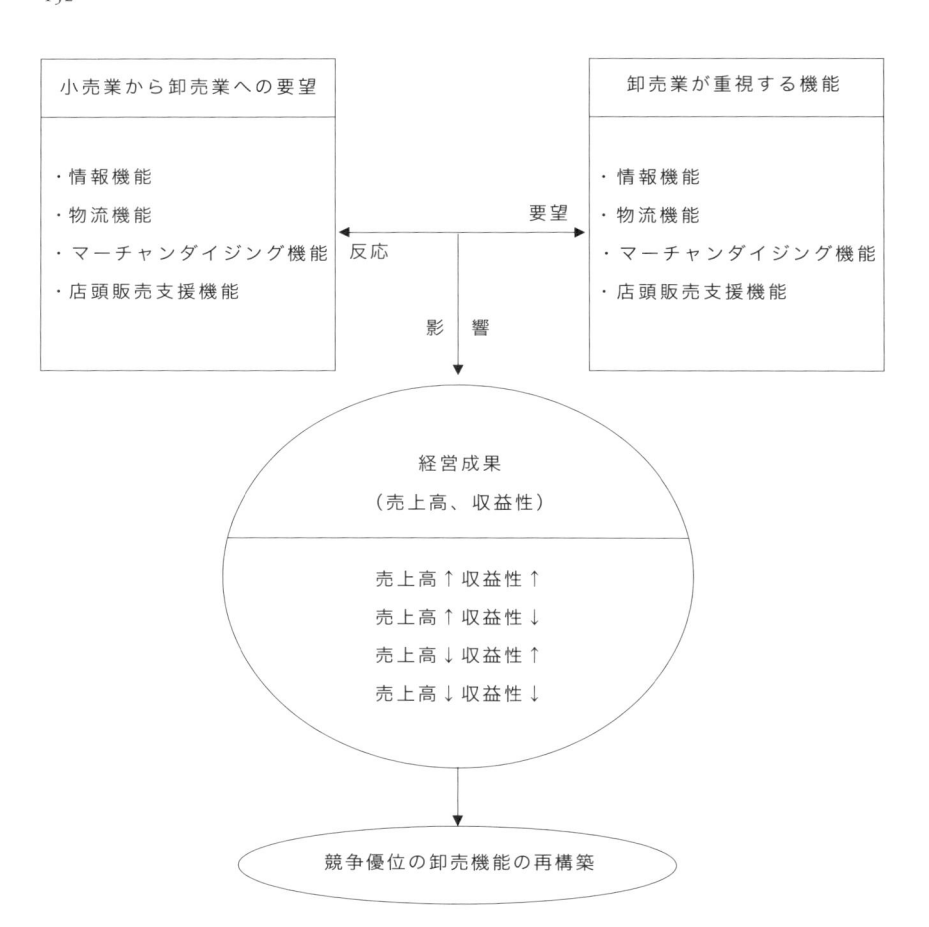

図 5-1　小売業（要望）と卸売業（反応）による卸売機能再構築モデル

第5章　食品卸売業の機能強化の再構築モデル

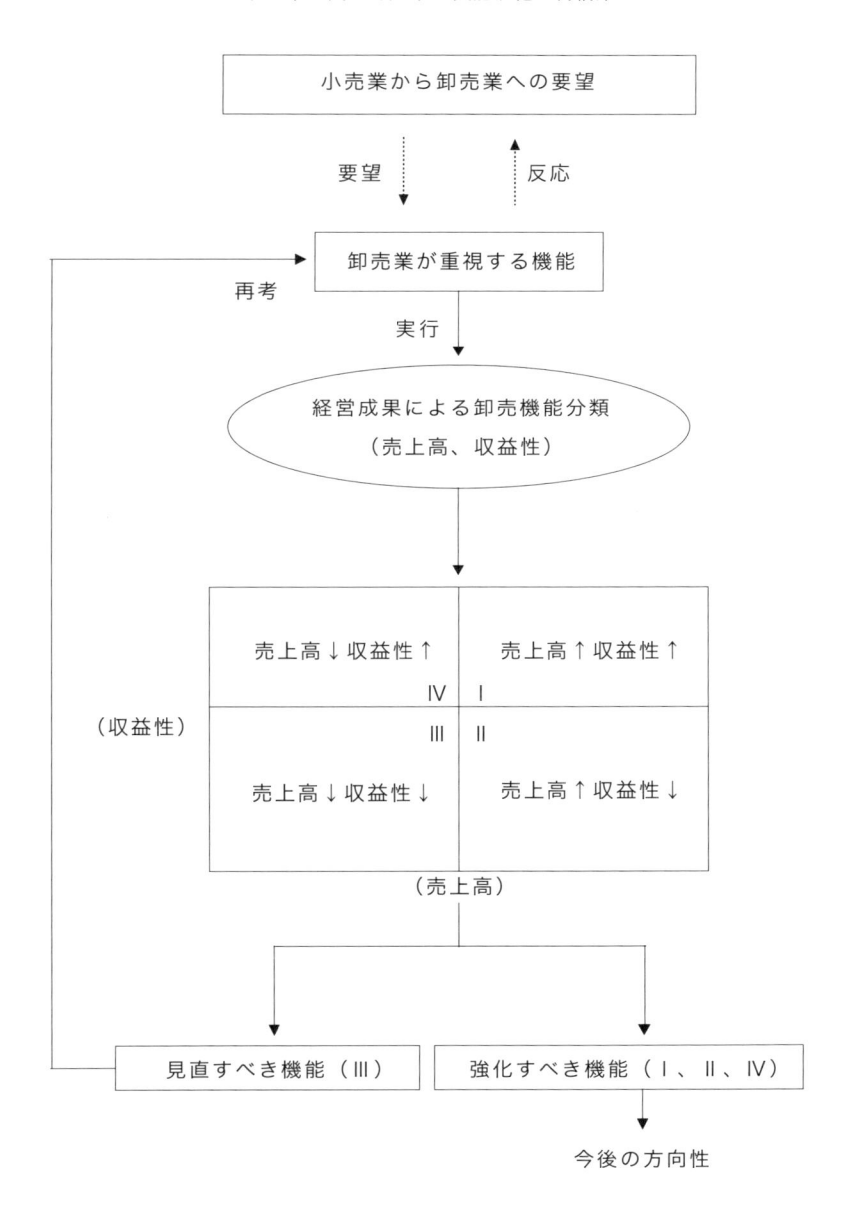

```
        ┌─────────────────────────┐
        │ 小売業から卸売業への要望 │
        └─────────────────────────┘
          要望 ↓    ↑ 反応
        ┌─────────────────────────┐
   ┌───→│   卸売業が重視する機能   │
   │ 再考└─────────────────────────┘
   │              ↓ 実行
   │      ╱─────────────────╲
   │     │ 経営成果による卸売機能分類 │
   │      ╲  (売上高、収益性)  ╱
   │              ↓
   │   ┌──────────────┬──────────────┐
   │   │ 売上高↓収益性↑ │ 売上高↑収益性↑ │
   │   │      IV      │       I      │
(収益性)├──────────────┼──────────────┤
   │   │      III     │       II     │
   │   │ 売上高↓収益性↓ │ 売上高↑収益性↓ │
   │   └──────────────┴──────────────┘
   │              (売上高)
   │       ┌──────┴──────┐
   │       ↓             ↓
   │ ┌──────────────┐ ┌────────────────────┐
   └─│見直すべき機能(III)│ │強化すべき機能(I、II、IV)│
     └──────────────┘ └────────────────────┘
                              ↓
                         今後の方向性
```

図 5-2　競争優位の卸売機能再構築モデル

4　実証調査

(1) 概念の操作化

小売業を支援する卸売機能の再構築

前節で卸売業の機能強化方向性への再構築モデルとして、小売業を支援する卸売機能を大きく「情報機能」、「物流機能」、「マーチャンダイジング機能」、「店頭販売支援機能」の四つのタイプに分類した。

各変数は、次の項目によって測定した。

1. 情報機能：商圏情報の提供、売れ筋・売り方情報の提供、インターネットによる受発注
2. 物流機能：特定小売業の専用センターの運営、リードタイムの短縮・正確な納品、多頻度小口配送
3. マーチャンダイジング機能：取扱い品目の拡大、棚割の配置提案、販売促進の企画・提案、新商品の探索と提案
4. 店頭販売支援機能：資金提供・支払い猶予、返品・市場リスクの負担、顧客データ管理の引受け、人材派遣

アンケートの質問において、卸売業者が小売業者と取引する際に用いる各機能についての程度を聞いた。以下の表5-1と表5-2は、実際に使用したアンケートの内容である。

事業拡大への再構築

卸売業の機能拡大とスケールメリットによる再構築は、前節で述べたように卸売業の機能拡大としては、川上への進出と川下への進出があげられた。すなわち、各変数を川上としては自社製品で、川下としては消費者への販売で測定

第 5 章　食品卸売業の機能強化の再構築モデル

表 5-1　小売業に対する卸売機能についての質問項目

貴社が小売業に対して実際に行っている以下の項目は、以前（5年前）と比べてどの程度変化していますか。最も適当と思われるものを1つずつ選んでください。ただし、該当項目が存在しない場合は、右の「0」をチェックしてください。

		大幅に弱体化 ←―――――――→ 大幅に強化	存在しない
a.	商圏情報の提供（得意先・競合店の状況）	1□…2□…3□…4□…5□…6□…7□	0□
b.	売れ筋・売り方情報の提供	1□…2□…3□…4□…5□…6□…7□	0□
c.	インターネットによる受発注	1□…2□…3□…4□…5□…6□…7□	0□
d.	特定小売業の専用センターの運営	1□…2□…3□…4□…5□…6□…7□	0□
e.	リードタイムの短縮・正確な納品	1□…2□…3□…4□…5□…6□…7□	0□
f.	多頻度小口配送	1□…2□…3□…4□…5□…6□…7□	0□
g.	取扱い品目の拡大	1□…2□…3□…4□…5□…6□…7□	0□
h.	棚割等の配置提案	1□…2□…3□…4□…5□…6□…7□	0□
i.	販売促進の企画・提案	1□…2□…3□…4□…5□…6□…7□	0□
j.	新商品の探索と提案	1□…2□…3□…4□…5□…6□…7□	0□
k.	資金提供・支払い猶予	1□…2□…3□…4□…5□…6□…7□	0□
l.	返品・市場リスクの負担	1□…2□…3□…4□…5□…6□…7□	0□
m.	顧客データ管理の引受け	1□…2□…3□…4□…5□…6□…7□	0□
n.	人材派遣	1□…2□…3□…4□…5□…6□…7□	0□

する。

　また、スケールメリットをはかる方法として、提携と合併で測定する。以下の表 5-3 と表 5-4 は、実際に使用したアンケートの内容である。

企業の経営成果（売上高、収益性）

　企業は、経営体として適正利潤を追求する性格を持っている。したがって、卸売業が小売業に対し卸売機能を行う時、重要な役割を果たすのが「経営成果―売上高、収益性」である。また、卸売業は適正利潤を追求することで生き延びることができ、これを基盤に顧客のために新たなサービスを創出し、新たな投資をも行うことによって、新たな雇用も生み出している。したがって、卸売業の経営成果の「売上高」を表 5-5 の「小売業に対する販売額」に、また「収

表5-2 小売業に対する卸売機能についての質問項目

貴社に対する取引先の小売業からの要望は、以前（5年前）と比べてどの程度強化していますか。最も適当と思われるものを1つずつ選んでください。ただし、小売業から要望を受けていない項目につきましては、一番右の「0」をチェックしてください。

		大幅に低下 ← → 大幅に増加	要望無し
a.	商圏情報の提供（得意先・競合店の状況）	1□…2□…3□…4□…5□…6□…7□	0□
b.	売れ筋・売り方情報の提供	1□…2□…3□…4□…5□…6□…7□	0□
c.	インターネットによる受発注	1□…2□…3□…4□…5□…6□…7□	0□
d.	特定小売業の専用センターの運営	1□…2□…3□…4□…5□…6□…7□	0□
e.	リードタイムの短縮・正確な納品	1□…2□…3□…4□…5□…6□…7□	0□
f.	多頻度小口配送	1□…2□…3□…4□…5□…6□…7□	0□
g.	取扱い品目の拡大	1□…2□…3□…4□…5□…6□…7□	0□
h.	棚割等の配置提案	1□…2□…3□…4□…5□…6□…7□	0□
i.	販売促進の企画・提案	1□…2□…3□…4□…5□…6□…7□	0□
j.	新商品の探索と提案	1□…2□…3□…4□…5□…6□…7□	0□
k.	資金提供・支払い猶予	1□…2□…3□…4□…5□…6□…7□	0□
l.	返品・市場リスクの負担	1□…2□…3□…4□…5□…6□…7□	0□
m.	顧客データ管理の引受け	1□…2□…3□…4□…5□…6□…7□	0□
n.	人材派遣	1□…2□…3□…4□…5□…6□…7□	0□

表5-3 卸売業の機能拡大

貴社において、以下の業務は以前（5年前）と比べてどの程度強化していますか。最も適当と思われるものを1つずつ選んでください。

		大幅に弱体化 ← → 大幅に強化	存在しない
a.	自社工場による製造	1□…2□…3□…4□…5□…6□…7□	0□
b.	メーカーへの製造委託	1□…2□…3□…4□…5□…6□…7□	0□
c.	消費者に対する販売	1□…2□…3□…4□…5□…6□…7□	0□
d.	他の卸売業に対する納品	1□…2□…3□…4□…5□…6□…7□	0□

第5章　食品卸売業の機能強化の再構築モデル

表5-4　卸売業の提携・合併

貴社は経営規模の拡大を目的とした提携と合併をどの程度積極的に考えていますか。

　　　　　　　　消極的 ←──────────────→ 積極的
　a. 提携　　　1☐……2☐……3☐……4☐……5☐……6☐……7☐
　b. 合併　　　1☐……2☐……3☐……4☐……5☐……6☐……7☐

表5-5　卸売業の販売先別売上と小売業者に対する販売額

現在における売上高はどのような販売先別の構成になっていますか。おおよその構成割合をパーセンテージでお答えください。その際は合計が100%になるようにしてください（例：小売業者50%、卸売業者50%）。

a. 小売業者		％
b. 卸売業者		％
c. メーカー		％
d. その他（　　　　）		％
合計	100	％

小売業者を1%以上の数値を記入した方（少しでも小売業者と取引のある場合）だけにお聞きします。小売業者に対する現在の販売額は3年前と比較してどのように変化していますか。

大幅に減少　1☐……2☐……3☐……4☐……5☐……6☐……7☐　大幅に増加

表 5-6　卸売業の売上総利益

売上高、売上総利益（粗利益）、経常利益率は 3 年前と比較して、何割変化しましたか。（回答例：変化なし「±0」、倍増「+10 割」、半減「-5 割」）
a. 売上高　　　　＋　－　±　　　　割
b. 売上総利益　　＋　－　±　　　　割
c. 経常利益　　　＋　－　±　　　　割

益性」を表 5-6 の「売上総利益」に、それぞれ置き換えて測定する。表 5-5 と表 5-6 は、実際に使用したアンケートの内容である。

(2) アンケート調査の設計とデータ収集

　本章のデータは、専修大学大学院経営学研究科田口冬樹研究室と同商学研究科矢澤秀雄研究室によって実施されたアンケート調査『食品卸売業に関する企業調査』に基づいている[22]。

　調査設計は、食品卸売業を対象に行われた。食品卸売業を研究対象に選んだ理由としては次の点が挙げられる。

　①食品卸売業は日本の代表的卸売業であること。

　②消費財卸売業のなかで一番高いシェアを占めていること。

　③小売業側から最も求められる品種であること。

　また、卸売業のデータは『未上場会社 CD-ROM　2003 年』、『会社総覧 2002 年』、『日経ベンチャービジネス年鑑 2002 年』、『日経 NEEDS　2002 年』を利用し、629 の企業を選んだ[23]。

　質問票調査は、取引先である小売業と卸売業が行う機能やその業務に対し、主な卸売機能を取り上げ、卸売機能との関係に関して質問する形をとった。また、質問票が開発された後、卸売業者 2 社と実務家に対し事前調査を行い、調査実行可能性や重要概念の測定可能性などを確認した。

第5章　食品卸売業の機能強化の再構築モデル

　質問票調査の実施期間は2003年3月から5月にかけてであった。調査の実施方法は、郵送法である。また、回収率を上げるため、2003年4月15日に葉書で催促状を送った。その結果、回答数は70通であり、回答率は約11％である。この中から移転、業界の違い、小売業との取引をしない卸売業などを取り除き、有効回答数は50通の約8％の質問票が分析された。

(3) 仮説の検証

観測変数と記述統計

　観測変数の記述統計値は、SPSS 10.0[24]を使用して算出された計算結果による。観測変数の記述統計値についてみると、表5-7のごとくである。これによると、各変数の度数、最小値、最大値、平均値、標準偏差であるが、その中で特に、収益性を見ると、最小値と最大値の差がかなり離れている。

　関友作ら[25]によると、「データの中に、大きくはずれた値（はずれ値）が混じっているかもしれません。はずれ値がたったひとつ混じっているだけで、相関係数の正負がひっくり返ってしまう場合もあるのです。（中略）たとえば、散布図を描いてみた結果、二つの変数間に指数的な関係があることが判明したとしましょう。このような場合、ピアソンの相関係数を求めるのではなく、データを順位に直してから、順位相関を求める方が適切かもしれません。」と指摘している。

　言い換えれば、変数間の関係を知る一つの方法は、2変数の散布図を作って、確認をした上で、相関係数の方法を選択した方が適切であるということであろう。以上の指摘から、最小値と最大値の差が一番離れている収益性（売上総利益）の散布図を見ると、かなり離れた値があることが発見できた。

　したがって、SPSSの相関係数の分析には、Pearson、Kendallのタウb、Spearmanのローの三つがあるが、本章では2変数間の相関係数の分析方法として、Kendallのタウbという順位相関（rank correlation）を利用して分析を進めることにする。

表5-7 全体の記述統計値

記述統計量	度数	最小値	最大値	平均値	標準偏差	歪度		尖度	
	統計量	統計量	統計量	統計量	統計量	統計量	標準誤差	統計量	標準誤差
収益性	44	−3	22	0.94	3.71	4.64	0.36	25.31	0.70
売上高	41	1	7	4.37	1.18	−0.38	0.37	0.78	0.72
実際行動_商圏情報の提供（得意先・競合店の状況）	48	0	7	3.71	2.07	−0.61	0.34	−0.55	0.67
実際行動_売れ筋・売り方情報の提供	47	0	7	4.66	1.54	−1.16	0.35	2.09	0.68
実際行動_インターネットによる受発注	47	0	7	2.32	2.61	0.56	0.35	−1.24	0.68
実際行動_特定小売業の専用センターの運営	47	0	7	2.91	2.80	0.13	0.35	−1.73	0.68
実際行動_リードタイムの短縮・正確な納品	46	0	7	5.09	1.81	−1.33	0.35	2.02	0.69
実際行動_多頻度小口配送	46	0	7	4.20	2.21	−0.71	0.35	−0.30	0.69
実際行動_取扱い品目の拡大	45	0	7	4.44	1.73	−0.79	0.35	0.51	0.69
実際行動_棚割等の配置提案	47	0	7	4.09	2.52	−0.61	0.35	−1.02	0.68
実際行動_販売促進の企画・提案	48	0	7	4.73	1.66	−0.92	0.34	1.09	0.67
実際行動_新商品の探索と提案	46	0	7	4.93	1.51	−1.02	0.35	1.29	0.69
実際行動_資金提供・支払い猶予	47	0	7	2.30	2.21	0.29	0.35	−1.38	0.68
実際行動_返品・市場リスクの負担	48	0	6	2.92	1.97	−0.40	0.34	−1.13	0.67
実際行動_顧客データ管理の受託	48	0	6	1.46	1.96	0.87	0.34	−0.88	0.67
実際行動_人材派遣	48	0	7	1.65	2.08	0.91	0.34	−0.37	0.67
要望_商圏情報の提供（得意先・競合店の状況）	48	0	7	4.15	2.13	−0.82	0.34	−0.15	0.67
要望_売れ筋・売り方情報の提供	47	0	7	4.87	1.57	−1.40	0.35	2.90	0.68
要望_インターネットによる受発注	48	0	7	2.29	2.53	0.42	0.34	−1.54	0.67
要望_特定小売業の専用センターの運営	48	0	7	2.90	2.63	0.04	0.34	−1.67	0.67
要望_リードタイムの短縮・正確な納品	48	0	7	4.98	1.87	−1.43	0.34	2.00	0.67
要望_多頻度小口配送	48	0	7	4.69	2.20	−1.25	0.34	0.53	0.67
要望_取扱い品目の拡大	49	0	7	4.65	1.52	−1.01	0.34	1.89	0.67
要望_棚割等の配置提案	48	0	7	3.96	2.52	−0.60	0.34	−1.06	0.67
要望_販売促進の企画・提案	48	1	7	5.08	1.35	−0.75	0.34	0.66	0.67
要望_新商品の探索と提案	48	0	7	4.96	1.53	−1.27	0.34	1.80	0.67
要望_資金提供・支払い猶予	47	0	7	3.19	2.35	−0.20	0.35	−1.21	0.68
要望_返品・市場リスクの負担	48	0	7	3.33	2.18	−0.36	0.34	−0.85	0.67
要望_顧客データ管理の引受け	48	0	6	1.48	1.95	0.78	0.34	−1.04	0.67
要望_人材派遣	48	0	6	1.71	2.11	0.73	0.34	−1.08	0.67
自社工場による製造	48	0	7	2.00	2.63	0.74	0.34	−1.16	0.67
メーカーへの製造委託	48	0	7	2.15	2.41	0.47	0.34	−1.30	0.67
消費者に対する販売	49	0	7	2.16	2.37	0.40	0.34	−1.44	0.67
他の卸売業に対する納品	48	0	7	3.25	2.06	−0.20	0.34	−0.76	0.67
提携	49	1	7	3.94	1.74	−0.23	0.34	−0.59	0.67
合併	48	1	7	3.17	1.86	0.41	0.34	−0.76	0.67

また、中小規模卸売業と大規模卸売業については、「中小企業基本法」に従い、従業者数100人を基準にした大規模卸売業と中小規模卸売業に分けて、経営成果と卸売機能との関係を分析する。さらに、卸売業は取り扱う品目を拡大すべきか、あるいは品目を絞って専門的に取り扱うべきかという問題にも焦点を当てている。こうして問題点からそのことによって取扱い品目の広狭が経営成果にどのような影響を及ぼすかを知る手がかりにもなると考えたからである。そこで、商業統計の商品分類を基準に、3品目以下を取り扱っている卸売業（専門型）と4品目以上を取り扱っている卸売業（総合型）に分けて、経営成果と卸売機能との関係を分析したい[26]。

① 中小規模卸売業

小売業を支援する卸売機能の再構築

　本章の仮説を検証するため、上述したようにKendallのタウbという順位相関を利用して分析を行った。

　中小規模卸売業の経営成果（売上高と収益性）と卸売機能との関係に関する相関行列の結果は、表5-8のごとくである。表からもわかるように、卸売業の売上高は、売れ筋・売り方情報の提供、特定小売業の専用センターの運営に有意な影響を受けている一方、その他の卸売機能は有意な影響を及ぼしていない。

　また、卸売業の収益性には、新商品の探索と提案に有意な影響を受けている一方、その他の卸売機能は有意な影響を及ぼしていない。

事業拡大への再構築

　中小規模卸売業の経営成果（売上高と収益性）と事業拡大との関係に関する相関行列の結果は、表5-9のごとくである。表からもわかるように、中小規模の経営成果と事業拡大に関しては、どれも有意な影響を及ぼしていない。

　中小規模卸売業にとっての小売業を支援する卸売機能の再構築と事業拡大への再構築の結果をまとめると、表5-10のごとくである。

表5-8　経営成果と卸売機能との相関行列（中小規模）

	Kendall のタウ b	商圏情報	売れ筋・売り方情報	インターネットによる受発注
売上高	相関係数	0.120	**0.449****	0.259
	有意確率（両側）	0.475	0.010	0.142
	N	24	24	24
収益性	相関係数	0.233	0.190	0.201
	有意確率（両側）	0.145	0.249	0.226
	N	24	24	24
		特定小売業の専用センターの運営	リードタイムの短縮・正確な納品	多頻度小口配送
売上高	相関係数	**0.349****	0.226	－0.086
	有意確率（両側）	0.048	0.192	0.612
	N	24	23	24
収益性	相関係数	0.032	0.169	0.142
	有意確率（両側）	0.847	0.309	0.380
	N	24	23	24
		取扱い品目の拡大	棚割等の配置提案	販売促進の企画・提案
売上高	相関係数	0.155	0.232	0.147
	有意確率（両側）	0.354	0.168	0.382
	N	24	24	24
収益性	相関係数	0.214	0.050	0.150
	有意確率（両側）	0.182	0.757	0.353
	N	24	24	24
		新商品の探索と提案	資金提供・支払い猶予	返品・市場リスクの負担
売上高	相関係数	0.174	0.044	－0.218
	有意確率（両側）	0.311	0.807	0.209
	N	23	23	24
収益性	相関係数	**0.331****	0.229	0.008
	有意確率（両側）	0.047	0.174	0.958
	N	23	23	24
		顧客データ管理の受託	人材派遣	
売上高	相関係数	0.127	0.268	
	有意確率（両側）	0.486	0.140	
	N	24	24	
収益性	相関係数	0.127	0.268	
	有意確率（両側）	0.486	0.140	
	N	24	24	

（注）　** 相関係数は5％水準で有意（両側）

第5章　食品卸売業の機能強化の再構築モデル

表5-9　経営成果と事業拡大との相関行列（中小規模）

	Kendallのタウb	自社工場による製造	メーカーへの製造委託	消費者に対する販売
売上高	相関係数	−0.275	0.105	−0.151
	有意確率（両側）	0.131	0.559	0.392
	N	24	24	24
収益性	相関係数	−0.241	0.166	−0.175
	有意確率（両側）	0.164	0.335	0.295
	N	24	24	24
		他の卸売業に対する納品	提携	合併
売上高	相関係数	−0.022	0.185	0.202
	有意確率（両側）	0.895	0.283	0.251
	N	24	23	22
収益性	相関係数	0.074	0.130	0.118
	有意確率（両側）	0.643	0.424	0.467
	N	24	24	24

表5-10　諸仮説の検証結果

検証結果	仮説
支持されたもの	1-2、1-4、2-10、
廃棄されたもの	その他

　また、その結果を競争優位の卸売機能再構築モデルに当てはめてみると、図5-3のごとくである。すなわち、中小規模卸売業の強化すべき機能（Ⅰ、Ⅱ、Ⅳ）は、売れ筋・売り方情報の提供、特定小売業の専用センターの運営、新商品の探索と提案などであり、その他の機能は見直すべきものとしての機能である。

新商品の探索と提案（**） IV	I
III	II
商圏情報の提供、インターネットによる受発注、リードタイムの短縮・正確な納品、棚割等の配置提案、多頻度小口配送、資金提供・支払い猶予、返品・市場リスクの負担、人材派遣、販売促進の企画・提案、取扱い品目の拡大、顧客データ管理の引受け	売れ筋・売り方情報の提供（**）、特定小売業の専用センターの運営（**）

左軸：収益性の有意確率10％（低→高）
横軸：売上高の有意確率10％（高←→低）

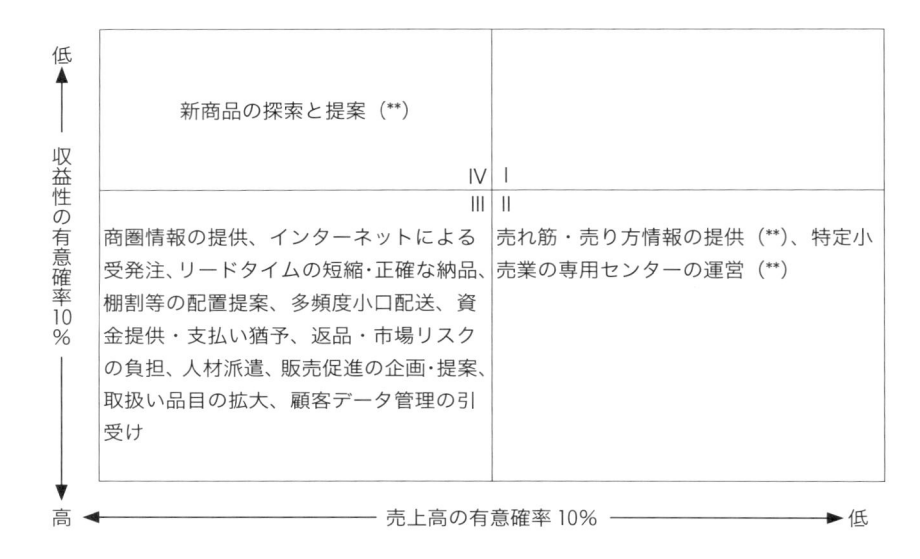

図 5-3　競争優位の卸売機能再構築モデル（中小規模）

（注）　** 相関係数は 5％水準で有意（両側）

②大規模卸売業

小売業を支援する卸売機能の再構築

　大規模卸売業の経営成果（売上高と収益性）と卸売機能との関係に関する相関行列の結果は、表 5-11 のごとくである。表からもわかるように、卸売業の売上高は、商圏情報の提供、売れ筋・売り方情報の提供、販売促進の企画・提案、新商品の探索と提案、人材派遣に有意な影響を受けている一方、その他の卸売機能は、有意な影響を及ぼしていない。また、卸売業の収益性は、商圏情報の提供、売れ筋・売り方情報の提供、特定小売業の専用センターの運営、取扱い品目の拡大、棚割等の配置提案、販売促進の企画・提案に有意な影響を受けている一方、その他の卸売機能は、有意な影響を及ぼしていない。

第5章 食品卸売業の機能強化の再構築モデル

表 5-11 経営成果と卸売機能との相関行列（大規模）

	Kendall のタウ b	商圏情報	売れ筋・売り方情報	インターネットによる受発注
売上高	相関係数	0.608***	0.469**	0.286
	有意確率（両側）	0.003	0.030	0.177
	N	17	16	16
収益性	相関係数	0.348*	0.364*	0.163
	有意確率（両側）	0.075	0.070	0.419
	N	18	17	17
		特定小売業の専用センターの運営	リードタイムの短縮・正確な納品	多頻度小口配送
売上高	相関係数	0.021	0.109	0.259
	有意確率（両側）	0.922	0.618	0.240
	N	16	16	15
収益性	相関係数	0.386*	0.281	0.300
	有意確率（両側）	0.053	0.167	0.147
	N	17	17	16
		取扱い品目の拡大	棚割等の配置提案	販売促進の企画・提案
売上高	相関係数	0.293	0.345	0.445**
	有意確率（両側）	0.183	0.106	0.038
	N	15	16	16
収益性	相関係数	0.386*	0.424**	0.432**
	有意確率（両側）	0.072	0.032	0.027
	N	15	17	18
		新商品の探索と提案	資金提供・支払い猶予	返品・市場リスクの負担
売上高	相関係数	0.409*	0.010	0.423**
	有意確率（両側）	0.056	0.964	0.040
	N	16	17	17
収益性	相関係数	0.166	−0.049	0.097
	有意確率（両側）	0.416	0.804	0.621
	N	17	17	18
		顧客データ管理の受託	人材派遣	
売上高	相関係数	0.132	0.254	
	有意確率（両側）	0.528	0.225	
	N	17	17	
収益性	相関係数	0.264	0.144	
	有意確率（両側）	0.183	0.460	
	N	18	18	

（注）　*** 相関係数は1％、** 相関係数は5％、* 相関係数は10％水準で有意（両側）

表 5-12　経営成果と事業拡大との相関行列（大規模）

	Kendall のタウ b	自社工場による製造	メーカーへの製造委託	消費者に対する販売
売上高	相関係数	−0.009	−0.076	0.117
	有意確率（両側）	0.964	0.718	0.582
	N	17	17	17
収益性	相関係数	0.016	−0.185	0.090
	有意確率（両側）	0.934	0.356	0.639
	N	18	18	19
		他の卸売業に対する納品	提携	合併
売上高	相関係数	−0.169	0.383*	0.417**
	有意確率（両側）	0.415	0.065	0.043
	N	17	17	17
収益性	相関係数	−0.051	0.487**	0.257
	有意確率（両側）	0.797	0.012	0.178
	N	18	19	19

（注）　** 相関係数は 5%、* 相関係数は 10%水準で有意（両側）

表 5-13　諸仮説の検証結果

検証結果	仮説
支持されたもの	1-1、1-2、1-9、1-10、1-12、2-1、2-2、2-4、2-7、2-8、2-9、7、8、9
廃棄されたもの	その他

事業拡大への再構築

　大規模卸売業の経営成果（売上高と収益性）と事業拡大との関係に関する相関行列の結果は、表 5-12 のごとくである。表からもわかるように、卸売業の売上高は、提携、合併に有意な影響を受けている一方、その他は有意な影響を及ぼしていない。

　また、卸売業の収益性は、提携に有意な影響を受けている一方、その他は有意な影響を及ぼしていない。

　大規模卸売業にとっての小売業を支援する卸売機能の再構築と事業拡大への再構築の結果をまとめると、表 5-13 のごとくである。

第5章　食品卸売業の機能強化の再構築モデル

	特定小売業の専用センターの運営（*）、取扱い品目の拡大（*）、棚割等の配置提案（*）	商圏情報の提供（***、*）、売れ筋・売り方情報の提供（**、*）、販売促進の企画・提案（**、**）
	Ⅳ	Ⅰ
	Ⅲ	Ⅱ
	インターネットによる受発注、リードタイムの短縮・正確な納品、多頻度小口配送、資金提供・支払い猶予、人材派遣、顧客データ管理の引受け	新商品の探索と提案（*）、返品・市場リスクの負担（**）

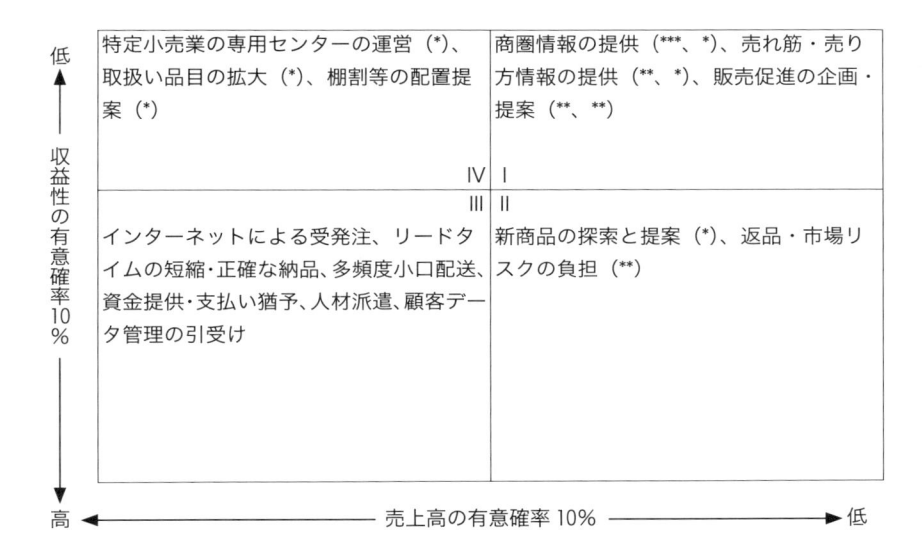

低 ← 収益性の有意確率10% → 高

高 ← 売上高の有意確率10% → 低

図5-4　競争優位の卸売機能再構築モデル（大規模）

（注）　*** 相関係数は1％、** 相関係数は5％、* 相関係数は10％水準で有意（両側）、また、(**、**)は左が売上高の有意確率で、右が収益性の有意確率である。

　また、その結果を競争優位の卸売機能再構築モデルに当てはめてみると、図5-4のごとくである。すなわち、大規模卸売業の強化すべき機能（Ⅰ、Ⅱ、Ⅳ）は、商圏情報の提供、売れ筋・売り方情報の提供、販売促進の企画・提案、新商品の探索と提案、人材派遣、特定小売業の専用センターの運営、取扱い品目の拡大、棚割等の配置提案、返品・市場リスクの負担などであり、その他の機能は見直すべきである機能である。

③専門型卸売業

小売業を支援する卸売機能の再構築

　専門型卸売業の経営成果（売上高と収益性）と卸売機能との関係に関する相関行列の結果は、表5-14のごとくである。

表5-14 経営成果と卸売機能との相関行列（専門型）

	Kendall のタウ b	商圏情報	売れ筋・売り方情報	インターネットによる受発注
売上高	相関係数	0.235	0.411**	0.074
	有意確率（両側）	0.185	0.027	0.689
	N	22	21	22
収益性	相関係数	0.301*	0.146	0.206
	有意確率（両側）	0.080	0.408	0.251
	N	22	21	22
		特定小売業の専用センターの運営	リードタイムの短縮・正確な納品	多頻度小口配送
売上高	相関係数	0.262	0.219	−0.018
	有意確率（両側）	0.166	0.245	0.922
	N	21	20	21
収益性	相関係数	0.139	0.157	0.135
	有意確率（両側）	0.441	0.390	0.446
	N	21	20	21
		取扱い品目の拡大	棚割等の配置提案	販売促進の企画・提案
売上高	相関係数	0.287	0.268	0.213
	有意確率（両側）	0.117	0.146	0.248
	N	21	21	21
収益性	相関係数	0.398**	0.075	0.114
	有意確率（両側）	0.027	0.673	0.510
	N	20	21	22
		新商品の探索と提案	資金提供・支払い猶予	返品・市場リスクの負担
売上高	相関係数	0.249	0.049	0.150
	有意確率（両側）	0.184	0.798	0.415
	N	20	21	22
収益性	相関係数	0.408**	0.380**	0.217
	有意確率（両側）	0.025	0.041	0.221
	N	20	21	22
		顧客データ管理の受託	人材派遣	
売上高	相関係数	0.007	0.294	
	有意確率（両側）	0.970	0.119	
	N	22	22	
収益性	相関係数	0.362**	0.283	
	有意確率（両側）	0.049	0.119	
	N	22	22	

（注）　** 相関係数は5％、* 相関係数は10％水準で有意（両側）

第5章 食品卸売業の機能強化の再構築モデル

表5-15 経営成果と事業拡大との相関行列（専門型）

	Kendallのタウb	自社工場による製造	メーカーへの製造委託	消費者に対する販売
売上高	相関係数	−0.250	−0.033	−0.311*
	有意確率（両側）	0.181	0.863	0.096
	N	22	22	22
収益性	相関係数	0.028	0.187	−0.144
	有意確率（両側）	0.876	0.308	0.414
	N	22	22	23
		他の卸売業に対する納品	提携	合併
売上高	相関係数	−0.099	0.064	0.126
	有意確率（両側）	0.582	0.722	0.494
	N	22	21	21
収益性	相関係数	0.109	0.136	0.152
	有意確率（両側）	0.529	0.419	0.378
	N	22	23	23

（注）＊相関係数は10％水準で有意（両側）

　表からもわかるように、卸売業の売上高は、売れ筋・売り方情報の提供に有意な影響を受けている一方、その他の卸売機能は、有意な影響を受けていない。

　また、卸売業の収益性は、商圏情報、取扱い品目の拡大、新商品の探索と提案、資金提供・支払い猶予、顧客データ管理の受託に有意な影響を受けている一方、その他の卸売機能は有意な影響を受けていない。

事業拡大への再構築

　専門型を取り扱う卸売業の経営成果（売上高と収益性）と事業拡大との関係に関する相関行列の結果は、表5-15のごとくである。表からもわかるように、卸売業の売上高は、消費者に対する販売から有意な影響を受けているが、負の相関が出ている。一方、その他は有意な影響を受けていない。

　また、卸売業の収益性は、一つも有意な影響を受けていない。

　専門型を取り扱う卸売業において、小売業を支援する卸売機能の再構築と事業拡大への再構築の結果をまとめると、表5-16のごとくである。

表 5-16 諸仮説の検証結果

検証結果	仮説
支持されたもの	1-2、2-1、2-2、2-7、2-10、2-11、2-13
廃棄されたもの	その他

↑低
｜
収益性の有意確率10%
｜
↓高

商圏情報の提供（*）、取扱い品目の拡大（**）、新商品の探索と提案（**）、資金提供・支払い猶予（**）、顧客データ管理の引受け（**） Ⅳ	Ⅰ
Ⅲ	Ⅱ
棚割等の配置提案、特定小売業の専用センターの運営、インターネットによる受発注、リードタイムの短縮・正確な納品、多頻度小口配送、人材派遣、販売促進の企画・提案、返品・市場リスクの負担	売れ筋・売り方情報の提供（**）

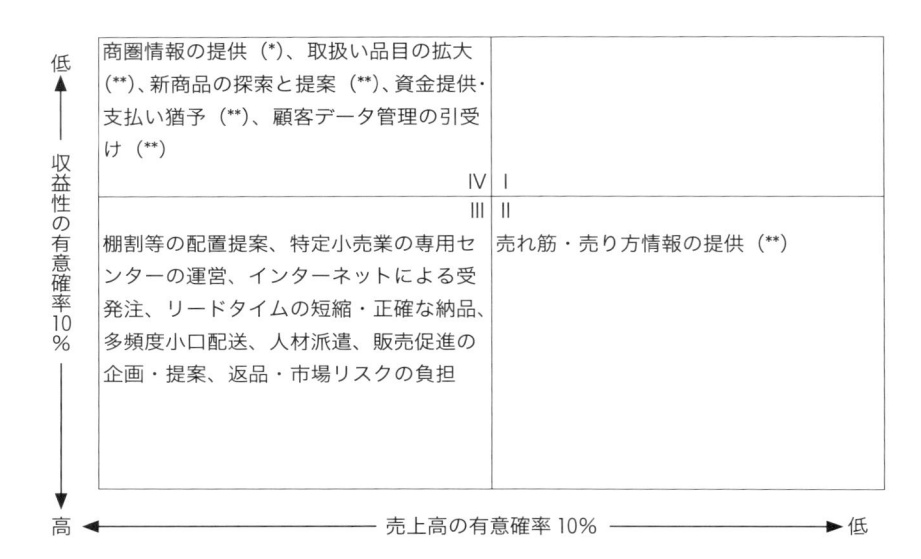

高 ←———— 売上高の有意確率10% ————→ 低

図 5-5　競争優位の卸売機能再構築モデル（専門型）

（注）　** 相関係数は 5%、* 相関係数は 10%水準で有意（両側）

第5章　食品卸売業の機能強化の再構築モデル

　また、その結果を競争優位の卸売機能再構築モデルに当てはめてみると、図5-5のごとくである。すなわち、3品目以下を取り扱う卸売業の強化すべき機能（Ⅰ、Ⅱ、Ⅳ）は、売れ筋・売り方情報の提供、商圏情報、取扱い品目の拡大、新商品の探索と提案、資金提供・支払い猶予、顧客データ管理の引受けであり、その他の卸売機能は、見直すべき機能である。

④総合型卸売業

小売業を支援する卸売機能の再構築

　総合型卸売業の経営成果（売上高と収益性）と卸売機能との関係に関する相関行列の結果は、表5-17のごとくである。表からもわかるように、卸売業の売上高は、売れ筋・売り方情報、インターネットによる受発注の提供に有意な影響を受けている一方、その他の卸売機能は、有意な影響を受けていない。

　また、卸売業の収益性は、資金提供・支払い猶予、返品・市場リスクの負担に有意な影響を受けているが、負の相関が出ている。一方、その他の卸売機能は有意な影響を受けていない。

　さらに、小売業と卸売業の期待・反応を分析する本章において、小売業による卸売機能の要望に対する卸売業の反応関係として想定した。すなわち、小売業の卸売業に対する卸売機能要望は卸売業側が強く反応する一局面を分析の出発点にしたのである（前提1：小売業からの卸売機能要望に対して、卸売業はその期待に対して強く反応する。）。しかし、興味深いことに、総合型卸売業において、リードタイムの短縮・正確な納品、新商品の探索と提案、資金提供・支払い猶予は、小売業の卸売機能の要望に対し卸売業がそれに反応しなかった。すなわち、総合型卸売業が実際に行っている卸売機能と小売業が卸売業に対して期待している卸売機能との相関がなかったのである。したがって、以上の3項目は、研究対象からはずされることになる（資料2の202頁を参照）。

表 5-17　経営成果と卸売機能との相関行列（総合型）

	Kendall のタウ b	商圏情報	売れ筋・売り方情報	インターネットによる受発注
売上高	相関係数	0.229	0.417**	0.343*
	有意確率（両側）	0.240	0.036	0.087
	N	19	19	18
収益性	相関係数	0.115	0.127	0.086
	有意確率（両側）	0.520	0.490	0.638
	N	20	20	19
		特定小売業の専用センターの運営	リードタイムの短縮・正確な納品	多頻度小口配送
売上高	相関係数	−0.030	0.023	−0.128
	有意確率（両側）	0.880	0.909	0.534
	N	19	19	18
収益性	相関係数	0.042	0.247	−0.014
	有意確率（両側）	0.814	0.172	0.941
	N	20	20	19
		取扱い品目の拡大	棚割等の配置提案	販売促進の企画・提案
売上高	相関係数	0.056	0.172	0.240
	有意確率（両側）	0.777	0.383	0.222
	N	18	19	19
収益性	相関係数	0.082	0.000	0.183
	有意確率（両側）	0.659	1.000	0.316
	N	19	20	20
		新商品の探索と提案	資金提供・支払い猶予	返品・市場リスクの負担
売上高	相関係数	0.223	−0.182	−0.152
	有意確率（両側）	0.254	0.360	0.431
	N	19	19	19
収益性	相関係数	0.084	−0.317*	−0.328*
	有意確率（両側）	0.644	0.078	0.065
	N	20	20	20
		顧客データ管理の受託	人材派遣	
売上高	相関係数	0.054	0.133	
	有意確率（両側）	0.784	0.504	
	N	19	19	
収益性	相関係数	−0.093	−0.105	
	有意確率（両側）	0.606	0.560	
	N	20	20	

（注）　** 相関係数は 5％、* 相関係数は 10％水準で有意（両側）

第5章　食品卸売業の機能強化の再構築モデル

表5-18　経営成果と事業拡大との相関行列（総合型）

	Kendall のタウ b	自社工場による製造	メーカーへの製造委託	消費者に対する販売
売上高	相関係数	0.131	− 0.023	0.217
	有意確率（両側）	0.521	0.906	0.277
	N	19	19	19
収益性	相関係数	0.058	− 0.081	− 0.019
	有意確率（両側）	0.756	0.656	0.918
	N	20	20	20
		他の卸売業に対する納品	提携	合併
売上高	相関係数	0.007	0.442**	0.362*
	有意確率（両側）	0.970	0.023	0.071
	N	19	19	18
収益性	相関係数	− 0.037	0.120	0.146
	有意確率（両側）	0.835	0.510	0.414
	N	20	20	20

（注）　** 相関係数は5％、* 相関係数は10％水準で有意（両側）

事業拡大への再構築

　総合型卸売業の経営成果（売上高と収益性）と事業拡大との関係に関する相関行列の結果は、表5-18のごとくである。表からもわかるように、卸売業の売上高は、提携、合併に有意な影響を受けている一方、その他は有意な影響を受けていない。

　また、卸売業の収益性は、どれも有意な影響を受けていない。

　総合型卸売業において、小売業を支援する卸売機能の再構築と事業拡大への再構築の結果をまとめると、表5-19のごとくである。

　また、その結果を競争優位の卸売機能再構築モデルに当てはめると、図5-6のごとくである。すなわち、総合型卸売業の強化すべき機能（Ⅰ、Ⅱ、Ⅳ）は、売れ筋・売り方情報、インターネットによる受発注であり、その他の卸売機能は見直すべきである。

卸売業の機能強化方向性への再構築（仮説の論議）

　食品卸売業を対象に行われた本調査では、卸売業の機能強化の方向性につい

表 5-19　諸仮説の検証結果

検証結果	仮説
支持されたもの	1-2、1-3、10、11
廃棄されたもの	その他

```
 低
 ↑
 │          │         Ⅳ │Ⅰ
 収         │            │
 益         │         Ⅲ │Ⅱ
 性         │返品・市場リスクの負担（－*）、商圏情 │売れ筋・売り方情報の提供（**）、インター
 の         │報の提供、取扱い品目の拡大、棚割等の │ネットによる受発注（*）
 有         │配置提案、特定小売業の専用センターの │
 意         │運営、多頻度小口配送、人材派遣、販売 │
 確         │促進の企画・提案、顧客データ管理の引 │
 率         │受け、**資金提供・支払い猶予（－*）、新** │
 10         │**商品の探索と提案、リードタイムの短縮・** │
 ％         │**正確な納品** │
 ↓
 高 ←──────── 売上高の有意確率 10％ ────────→ 低
```

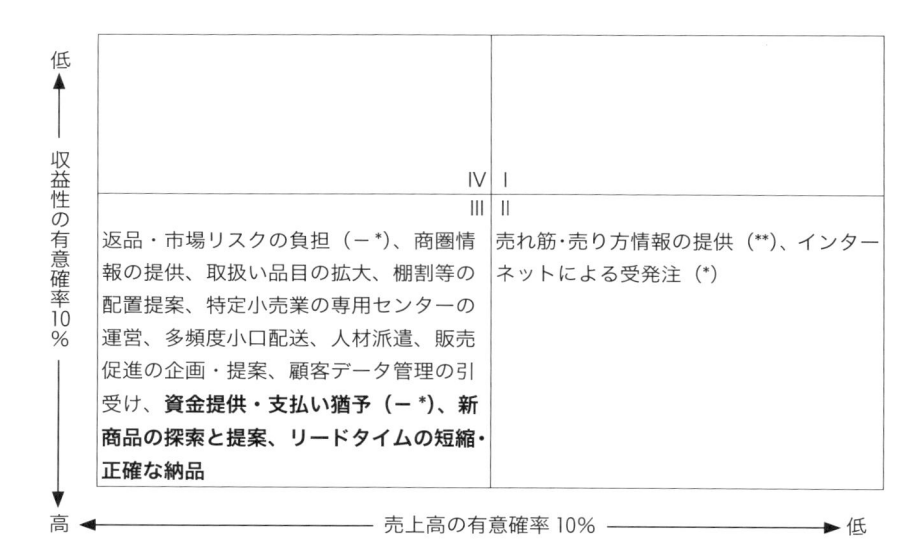

図 5-6　競争優位の卸売機能再構築モデル（総合型）

（注）　* 相関係数は 10％水準で有意（両側）、また（－*）は、負の相関である。太字は、小売業の卸売機能の要望に対し卸売業がそれに反応しなかった機能である。すなわち、相関がなかったのである。

第5章　食品卸売業の機能強化の再構築モデル

ていくつか注目すべき結果が出た。

　第一に、卸売業は、小売業の要望に対してほとんど応えていることである。主に、小売業と卸売業の期待・反応を分析する本書において、小売業の卸売機能の要望に対し卸売業がそれに反応する関係と想定した。すなわち、小売業の卸売業に対する卸売機能要望は卸売業者が強く反応する一局面を分析の出発点にしたが、それは予想通り強く反応して行動していることであった。最初に取り上げた前提1（小売業からの卸売機能要望に対して、卸売業はその期待に対して強く反応する。）が適切であったということを裏付けている。

　ただし、総合型卸売業において、リードタイムの短縮・正確な納品、新商品の探索と提案、資金提供・支払い猶予は、小売業の卸売機能の要望に対し卸売業がそれに反応しなかった。すなわち、総合型卸売業が実際に行っている卸売機能と小売業が卸売業に対して期待している卸売機能との相関がなかった。その理由を探るために、元のデータで確認すると、リードタイムの短縮・正確な納品は個々の企業の要望と反応が食い違った結果によるが、企業によって要望と反応が様々であった。また、新商品の探索と提案は、小売業の要望に対して卸売業の反応があまりなかったので相関が見られなかった。それと対照的に資金提供・支払い猶予は、小売業の要望に対して卸売業の反応がもっと強かったのである。

　第二に、中小規模卸売業は、小売業における一番重要な戦略的資産の一つである売れ筋・売り方情報を提供することで、売上高を伸ばしていることである。中小規模卸売業は、情報がいかに重要であるかということを示唆している。また、中小規模卸売業でも特定小売業の専用センターの運営を提供すれば、売上高は高まるということが実証された。従来までは、主に大規模卸売業のみ行ってきたものであるが、中小規模卸売業も特定小売業に対してはサービスを強化していることである。すなわち、大規模である菱食も汎用型センターから小売専用センターに重点をおいている。菱食の市瀬常務[27]は「小売専用センターが汎用センターとコンフリクトを起すことは十分承知している。しかし同じビジネスモデルを10年以上できるほど、市場環境は安定していない。

小売が激しく変化している以上、当社も対応せざるをえない。」と方針転換の理由を説明している。その嵐が、中小規模卸売業にも及んでいると思われる。

　第三に、中小規模卸売業は、小売業に対する新商品探索と提案が収益性に影響を与えていることである。企業は、経営体として適正利潤を追求している。そのため、マージン率の高い新しい製品を探し、小売業に提案することによって適正利潤を追求している。この結果は、中小規模卸売業に新商品探索と提案がいかに重要であるのかを説明している。

　第四に、大規模卸売業は、売上高と商圏情報、売れ筋・売り方情報、販売促進の企画・提案、新商品の探索と提案、返品・市場リスクの負担に有意な相関が出た。すなわち、情報をベースにマーチャンダイジングを行い、それに対する返品・市場リスクの負担を行うことにより、売上高に寄与したことであろう。

　第五に、大規模卸売業は、商圏情報、売れ筋・売り方情報、特定小売業の専用センターの運営、取扱い品目の拡大、棚割等の配置提案、販売促進の企画・提案を提供することが収益性に寄与していることである。近年、小売業はきめの細かいサービスを卸売業に欲求している。卸売業はそれにいかに応えるかによって、収益性に影響を与えることになる。

　第六に、大規模卸売業と事業拡大に関しては、提携や合併が売上高に寄与している。収益性には、提携のみが寄与すると結果が出た。この結果は、合併の難しさを物語っている。

　第七に、専門型卸売業と総合型卸売業を比較してみると、専門型卸売業が経営成果と卸売機能に多くの正の相関が出た。この結果は、取り扱う品目を拡大することより、品目を狭く、専門的に取り扱った方が、売上高と収益性に寄与していることを示唆している。

　それでは、企業の取り扱う品目としていかなるものが経営成果を高める結果になるのであろうか。その経営成果を高めている専門型卸売業の中で、売上高を上げている品目と収益性を上げている品目に分けて検討してみよう。

　まず、前者は図5-7のごとくである。図からもわかるように、一番高いシェ

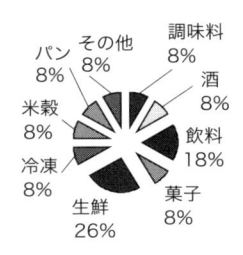

第5章　食品卸売業の機能強化の再構築モデル

図5-7　専門型卸売業の売上高を高めている品目の割合

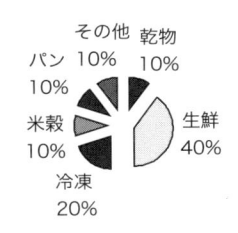

（円グラフ：生鮮26%、飲料18%、菓子8%、酒8%、調味料8%、その他8%、パン8%、米穀8%、冷凍8%）

図5-8　専門型卸売業の収益性を高めている業種の割合

（円グラフ：生鮮40%、冷凍20%、米穀10%、パン10%、その他10%、乾物10%）

アを占めているのは生鮮食品の26%であり、次の高いシェアを占めているのが、飲料の18%である。続いて、調味料、酒、菓子、冷凍、米穀、パン、その他という品目が8%で並んでいる。

　以上の品目が専門型卸売業の売上高に大きく寄与している。

　次に、後者は図5-8のごとくである。図からもわかるように、一番高いシェアを占めているのは生鮮食品の40%であり、次の高いシェアを占めているのが、冷凍の20%である。続いて、乾物、米穀、パン、その他という品目が10%で並んでいる。

　以上の品目が専門型卸売業の収益性に大きく寄与している。

　第八に、専門型卸売業は、消費者に対して販売をすれば、負の相関が出てきた。専門型卸売業は、主に品目を専門的に取り扱っているので個々の消費者に

販売すると、更にコストがアップするということを示唆している。

　第九に、総合型卸売業は、提携や合併をすることが売上高に寄与しているという結果が出た。総合型卸売業は、提携や合併を通して売上高に貢献している。

　第十に、大規模と中小規模卸売業の実態調査の結果から、規模が大きい卸売業が売上高と収益性に大きく貢献するが、専門型卸売業と総合型卸売業との実態調査の結果から、品目を少なくする卸売業が売上高と収益性に大きく貢献するという興味深い結果が出た。

　ここで注目すべき点は、国分や菱食のように大規模化とフルライン化を目指すことで、堅実に成長を遂げている大手の卸売業もあるが、その反面、本研究で明らかにされたように、品目を絞ることによって業績を伸ばしている専門卸売業も多く存在していることである。すなわち、企業にとって有望な成長戦略はたった一つではないことである[28]。

　またアンケート調査票より、業績を伸ばしている専門卸売業は6社であるが、すべて中小規模の卸売業である。このことは、中小卸売業が商品のフルライン化を目指すことより、品目を絞った専門卸売業としての商品の奥行きを深めた方が成功の確率が高いということを意味するのであろう。

結び

　日本の卸売業は長引く景気低迷の中で、非常に厳しい状況に追い込まれつつある。また、得意先である小規模小売業の減少や中・大規模小売業の破綻は、卸売業の生き残りをかけた経営の改善に致命的な打撃を与えている。

　以上のような環境変化の中で、卸売業者は新しい方向を模索している。卸売業者は、卸売機能の強化、水平的な提携や連携、製造業や小売業の部門への参入、ある特定機能に特化などの新しい戦略を打ち出している。

　本章では、流通の主導権が従来のメーカー主導から小売業主導へとシフトしつつあるという視点から、このような環境変化を考慮して、卸売業の卸売機能

第5章　食品卸売業の機能強化の再構築モデル

を従来のメーカーに対する「販売代行」から小売業に対する「購買代行」という視点に焦点を当て論述してきた。

　また、卸売業は小売業の期待に対して応えるべく、小売業の卸売機能の要望に対し卸売業がそれに反応する関係として想定した。すなわち、小売業の卸売業に対する卸売機能要望は卸売業側が強く反応する一局面を分析の出発点とした。この時、重要な役割を果たすのが企業（経営成果）の論理である。この論理を本章では、「効果的」と「効率的」と見なした。また、企業は経営体として適正利潤を追求する。経営体が継続企業として存続し成長・発展するためには適正利潤は欠かせない要素である。本章では、「効果的」と「効率的」の論理を媒介変数として、「売上高」と「収益性」におきかえて、小売業の卸売機能の要望に対し卸売業がそれに反応する関係を分析した。

　卸売機能としては、小売業を支援する卸売機能を大きく「情報機能」、「物流機能」、「マーチャンダイジング機能」、「店頭販売支援機能」の四つのタイプに識別した。情報機能とは、商圏情報の提供、売れ筋・売り方情報の提供、インターネットによる受発注に注目した。また、物流機能は、特定小売業の専用センターの運営、リードタイムの短縮・正確な納品、多頻度小口配送に注目した。次に、マーチャンダイジング機能は、取扱い品目の拡大、棚割の配置提案、販売促進の企画・提案、新商品の探索と提案に区別した。また、店頭販売支援機能は、資金提供・支払い猶予、返品・市場リスクの負担、顧客データ管理の引受け、人材派遣に注目した。

　また、卸売業の機能拡大とスケールメリットによる再構築として、卸売業の機能拡大としては、川上への進出と川下への進出を取り上げた。スケールメリットをはかる方法としては、提携と合併で測定した。

　以上の内容を仮説化し、卸売業者を対象に質問票による調査を行った。回収された回答数を分析する際には、中小規模卸売業と大規模卸売業について、従業者数100人を基準にした大規模卸売業と中小規模卸売業に分けて、経営成果と卸売機能との関係を分析した。また、卸売業は取り扱う品目を拡大すべきか、あるいは品目を絞って専門的に取り扱うべきかという問題が問われてい

る。こうした問題点から品揃えの広狭の影響を調べる方法として、商業統計の商品分類を基準に、3品目以下を取り扱っている卸売業（専門型）と4品目以上を取り扱っている卸売業（総合型）に分けて、経営成果と卸売機能との関係を分析した。

　その結果、まず中小規模卸売業については次の点が確認された。

　第一に、中小規模卸売業は、小売業に売れ筋・売り方情報を提供することで、売上高を伸ばしている。この点は、中小規模卸売業に情報がいかに重要であるかを示唆している。

　第二に、中小規模卸売業でも特定小売業の専用センターの運営を提供すれば、売上高は高まるということが実証された。

　第三に、中小規模卸売業は、小売業に対する新商品探索と提案が収益性に影響を与えていることである。この結果は、中小規模卸売業に新商品探索と提案がいかに重要であるのかを説明している。

　第四に、以上の調査結果から、中小規模卸売業の強化すべき機能は、売れ筋・売り方情報の提供、特定小売業の専用センターの運営、新商品の探索と提案などであり、その他の機能は見直すべきである機能である。

　一方、大規模卸売業に対しては、次の点が確認された。

　第一に、大規模卸売業は、商圏情報、売れ筋・売り方情報、販売促進の企画・提案、新商品の探索と提案、返品・市場リスクの負担を提供することが売上高に有意な相関が出た。

　第二に、大規模卸売業は、商圏情報、売れ筋・売り方情報、特定小売業専用センターの運営、取扱い品目の拡大、棚割等の配置提案、販売促進の企画・提案を提供することが収益性に寄与していることである。

　第三に、大規模卸売業と事業拡大に関しては、提携や合併が売上高に寄与している一方で、収益性には、提携のみが寄与するという結果が出た。

　第四に、以上の調査結果から、大規模卸売業の強化すべき機能は、商圏情報の提供、売れ筋・売り方情報の提供、販売促進の企画・提案、新商品の探索と提案、人材派遣、特定小売業の専用センターの運営、取扱い品目の拡大、棚割

第5章　食品卸売業の機能強化の再構築モデル

等の配置提案、返品・市場リスクの負担などであり、その他の機能は見直すべき機能である。

　また、専門型卸売業については、以下のような注目すべき点が確認された。

　第一に、専門型卸売業は、売上高との売れ筋・売り方情報の提供に有意な影響を受けている。

　第二に、専門型卸売業は、収益性との関係において商圏情報、取扱い品目の拡大、新商品の探索と提案、資金提供・支払い猶予、顧客データ管理の引受けに有意な影響を受けている。

　第三に、専門型卸売業は、消費者に対して販売をすれば、負の相関が出てきた。この点は、消費者に販売することより、小売業者に販売した方がよいということを指摘している。

　第四に、以上の調査結果から、専門型卸売業の強化すべき機能は、売れ筋・売り方情報の提供、商圏情報、取扱い品目の拡大、新商品の探索と提案、資金提供・支払い猶予、顧客データ管理の引受けであり、その他の卸売機能は、見直すべき機能である。

　第五に、専門型卸売業において、いかなる品目を取り扱う卸売業が経営成果を高めているのかを検討してみた。まず売上高を上げている品目は、生鮮食品（26％）、飲料（18％）、調味料、酒、菓子、冷凍、米穀、パン、その他の品目（同じく8％）である。以上の品目の順に高いシェアを占めている。以上の品目が専門型卸売業の売上高に大きく寄与している。また、収益性を上げている品目は、生鮮食品（40％）、冷凍（20％）、乾物、米穀、パン、その他の品目（同じく10％）である。以上の品目の順に高いシェアを占めている。以上の品目が専門型卸売業の収益性に大きく寄与している。

　一方、総合型卸売業に対しては、次の点が確認された。

　第一に、総合型卸売業は、リードタイムの短縮・正確な納品、新商品の探索と提案、資金提供・支払い猶予の機能に、小売業の卸売機能の要望に対し卸売業がそれに反応しなかった。これらの機能は、今後小売業の要望に対してもっと積極的に対応すべきであろう。

第二に、総合型卸売業は、売上高に売れ筋・売り方情報、インターネットによる受発注の提供が有意な影響を受けている。すなわち、情報関連の機能が売上高に寄与していることである。

第三に、総合型卸売業は、収益性において資金提供・支払い猶予、返品・市場リスクの負担が有意な影響を受けているが、すべて負の相関が出ている。

第四に、総合型卸売業は、売上高に提携、合併の有意な影響を受けている。

第五に、以上の調査結果から、総合型卸売業が強化すべき機能は、売れ筋・売り方情報、インターネットによる受発注であり、その他の卸売機能は見直すべきである。

大規模と中小規模卸売業の実証調査の結果から、大規模卸売業が中小規模卸売業より売上高と収益性に大きく貢献している。また、専門型卸売業と総合型卸売業との実証調査の結果から、品目を少なくする卸売業が売上高と収益性に大きく貢献するという興味深い結果が出た。

以上の結果より、フルライン化を目指すことで、堅実に成長を遂げている大手の卸売業もあるが、品目を絞って成長している企業が多くあるということである。

大手の卸売業が行う経営戦略以外に、専門型卸売業が成長し続けるためには、専門型卸売業をベースにその専門をさらに深めるために事業拡充をすべきであろう。その理由として、諸環境の変化により、消費者はきめの細かいサービスを求めている。たとえば、日本酒の売場では価格帯別だけではなく、生産地や生産者の特徴、銘柄についての説明、米や製法へのこだわりなどが伝えられると商品探索と選択が楽しくなる。また野菜の売場でも産地や有機栽培などにこだわった売り方をしている店では、消費者の反応が違う。それを支援するためには、やはり専門知識を持っている卸売業が必要になるのである。

したがって、卸売業がこのような消費者のニーズに応えるためには、適切なリテールサポートをしていかなければならない。そこで問われているのが何よりも商品の深い専門知識である。それだけに、専門卸売業がますます必要ではないのかと思われる。

第5章　食品卸売業の機能強化の再構築モデル

　本章では、卸売業を取り巻く環境変化の中で、今後卸売業が生き残るためには卸売機能の強化を通していかに成果をあげるかに迫っている。そこで、卸売業と小売業との関係を卸売業者の立場から調査したが、いくつかの研究課題が残っている。すなわち、小売業をも含む総合的な調査が必要である。調査が一方向的調査に留まっている点であり、卸売機能に関する卸売業と小売業との関係を調査するためには、小売業側からも調査しなければならない。総合的な視点で両者の関係を分析する必要がある。小売業者の立場から見る卸売業が果たす卸売機能への研究は今後の研究課題にしたい。

注

1)　主に、2000年以降を見ると、ケース・スタディによる質的データの実証研究は、中小公庫レポート『求められる中小卸売業のIT戦略―連携戦略を軸にした卸売業の今後の展開について―』中小企業金融公庫調査部、No. 2001-6、2002年3月、広田正稿「21世紀の食品卸売業の課題」『生活起点』セゾン総合研究所、No. 50、2002年、6月、「中抜きに負けるな」『日経ビジネス　特別編集版』日経BP社、2002年1月、などがある。アンケート調査による量的データの実証研究は、中小企業庁「中間流通業の『戦略的ビジョン』策定に関わる調査研究」2001年3月、本藤貴康稿「中小卸売業の機能開発の方向性に関する一考察」『東京経大学会誌』東京経済大学経営学会、No. 226、2001年10月、などがある。その他の実証研究として、産業研究所『卸売業における構造変化の統計的把握に関する調査研究』2002年3月、金成洙稿「韓国卸売業の実証分析」専修大学商学研究所報、第32巻第4号、2001年、などがある。
2)　本研究は、金顕哲著『日本型マーケティングの再構築』大学教育出版、1998年、の「メーカーと大規模小売企業との協力的相互作用」という因果関係の研究アプローチを参考に、筆者が独自に卸売機能研究において開発したものである。
3)　詳しくは、以下の文献を参照されたい。金成洙稿「日・米におけるコンビニエンス・ストアの生成・発展の比較研究」『専修社会科学論集』第23号、1999年3月、135-152頁。
4)　田島義博・宮下正房編著『日本的卸売経営の未来』東洋経済新報社、1986年、208頁。
5)　懸田豊稿「流通環境の変化と卸売機能」『商工金融』商工総合研究所、第52巻第11号、2002年11号、13頁。
6)　田口冬樹著『体系流通論』白桃書房、2001年、12頁。
7)　嶋口充輝著『統合マーケティング』日本経済新聞社、1986年、23頁。
8)　嶋口充輝、同掲書、27頁。

9) 主な研究者によってそれぞれ提唱された卸売機能の種類と分類について、過去の研究を中心に文献レビューをした。これによると、日本における主要研究者がほとんど取り上げているのは、所有権の移転（収集・分散、仕入・販売）、輸（配）送、保管、金融、危険負担、市場情報、品揃え、経営サービスなどであった。これを時系列的に見ると、記諸機能以外では、1980年代または1990年代以降重視される傾向が見られるのは、品揃えと経営サービスの2機能である。その結果、近年主として重視されている品揃えの機能と経営サービスの機能を加え、商品を仕入れて、販売を行うといった、所有権移転をはじめ、その商品に関する輸送、保管、品揃え、情報、経営サービス、金融、危険負担などを主な卸売機能であると解する。すなわち、卸売機能として「所有権の移転機能」、「保管機能」、「輸送機能」、「品揃え機能」、「情報機能」、「経営サービス」、「金融機能」、「危険負担機能」を取り上げることができる。以上の機能を、小売業者が卸売業者に求めている卸売機能という側面から、「所有権の移転機能」を取り除き、「保管機能」と「輸送機能」は「物流機能」に、「品揃え機能」は「マーチャンダイジング機能」に、「情報機能」は「情報機能」に、「経営サービス」や「金融機能」および「危険負担機能」は、「店頭販売支援機能」として四つのグループにおきかえて論議する。
10) 金成洙稿「日韓卸売業の商業構造の変化—特に韓国の卸売業を中心に—」『専修社会科学論集』第27号、2002年3月、95頁。
11) 「卸売業の逆襲が始まった」『LOGI-BIZ月刊 ロジスティックス・ビジネス』ライノス・パブリケーションズ、2002年11月、12–13頁。
12) 田口冬樹、前掲書、285–286頁。
13) 廣田正稿「21世紀の食品卸売業の課題」『生活起点』セゾン総合研究所、No.50、2002年7月、5頁。
14) 懸田豊、前掲論文、13頁。
15) 三村優美子稿「小売業を支援する卸売業—小売業と卸売業の機能連携の可能性—」『商工金融』商工総合研究所、第52巻第11号、2002年、20–21頁。
16) 懸田豊、前掲論文、12–13頁。
17) 田口冬樹、前掲書、283–284頁。
18) 波形克彦著『卸売業の21世紀型革新戦略』経林書房、2001年、155頁。
19) 三村優美子稿「卸売構造変化と流通再編成の進展」『青山経営論集』第31巻 第4号、1997年3月、40頁。
20) 懸田豊、前掲論文、13頁。
21) 東京都商工指導所『平成11年度東京都中小企業白書（卸売業編）』1999年、252頁。
22) 当調査票の構成は、1.企業経営全般についての質問、2.流通センターについての質問、3.購入先についての質問、4.販売先についての質問、5.小売に対する卸売機能についての質問になっているが、本書では、1.企業経営全般についての質問、4.販売先についての質問、5.小売に対する卸売機能についての質問を利用する。

第5章　食品卸売業の機能強化の再構築モデル

23) 質問票を郵送する時の宛先に関しては、『未上場会社 CD-ROM』東洋経済新報社、2003年、『会社総覧』店頭・未上場会社版、日本経済新聞社、2002年、『日経ベンチャービジネス年鑑』日本経済新聞社、2002年、『日経 NEEDS』日本経済新聞社、2002年、の代表取締役の名簿を利用した。
24) SPSS（Statistical Package for Social Science 社会科学のための統計パッケージ）の頭文字を取ったので、社会科学やビジネスに必要な統計分析をするためのコンピュータソフトの名前である。
25) 関友作編著『SPSS のやさしい使い方　基礎編』ATMS、1998年、139頁。
26) 商業統計では調味料、酒類、乾物類、菓子類などを品目として述べている。本書では、商業統計に沿って卸売業の商品分類をしたので、品目という用語を商業統計上の表現のまま使ったが、現実にわれわれが使っている品目という意味と違うと思われる。品目というのは、例えばコンビニエンス・ストアの商品が一般的に3,000品目と言われているように、もっと詳細に分類したものをさしている。すなわち、飲料の中でコカコーラにおいても、缶の商品があれば、ボトルの商品もある。さらにボトルの商品の中には、1.5リットルとか500ミリリットルというものもある。このような一つ一つのものを品目といっているし、英語でいえば、アイテムといっている。従って、商業統計での品目という用語の表現が適切ではないように思われる。菱食の社内資料によると、調味料、酒類、乾物類、菓子類などを品目ではなく、品種として表現している。
27) 「卸売業の逆襲が始まった」前掲論文、13頁。
28) 本書では、大規模卸売業と専門型卸売業が経営成果に多くの有意な相関が出た。そのアンケート調査の中から、経営成果（売上高と収益性）を伸ばしている大規模卸売業が強化している主な卸売機能の共通点を見ると、売れ筋・売り方情報の提供、特定小売業の専用センターの運営、リードタイムの短縮・正確な納品、多頻度小口配送、取扱い品目の拡大、棚割等の配置提案、販売促進の企画・提案、新商品の探索と提案という八つの卸売機能である。また、経営成果（売上高と収益性）を伸ばしている専門型卸売業が強化している主な卸売機能の共通点を見ると、新商品の探索と提案、リードタイムの短縮・正確な納品、売れ筋・売り方情報の提供という三つの卸売機能である。

補章　総合食品卸売業の実証研究

1　日本の卸売業の事例

「国分」

(1) 国分の概要

　国分[1]は1712年に設立され、2002年の資本金は3億5,000万円で、売上高を見ると1兆1,122億円で、従業員は1,800人である。事業内容を見ると、酒類・食品・関連消費財にわたる卸売業及びそれらに関する資材の販売業、パン粉の製造業、貸室業などを行っている。以上の国分の概要を、表にすれば表A-1のごとくである。

　また、国分の売上高と経常収益額を時系列で見ると[2]、売上高は年々増加しているが、経常収益額は、2000年を境に減少に転んでいる。以上の国分の売上高と経常収益額を図にすれは、図A-1のごとくである。

(2) 国分の特徴

　国分は、社是である［信用］と、「お取引先の繁栄なくして、当社の繁栄なし」という理念のもとで、数多くの取引先と共に日本最大の卸売業として成長を続けてきた。

　また、国分は卸売機能の中で、情報機能、物流機能、マーチャンダイジング機能という三つの機能を中心に卸売機能への強化を図っている。これらの機能を基盤に取引先から評価と信頼を受けている。そして、これからも生活者に支持され取引先と共に繁栄することが、国分の提案であり願いである。では、3

表A-1　国分の概要

創業	1712年
資本金	3億5,000万円
売上高	1兆1,122億円
従業員	1,800人
事業内容	酒類・食品・関連消費財にわたる卸売業及びそれらに関する資材の販売業、パン粉の製造業、貸室業

（出所）　国分のホームページ（http://www.kokubu.co.jp）により作成。
（注）　売上高や従業員は2002年12月を基準としている。

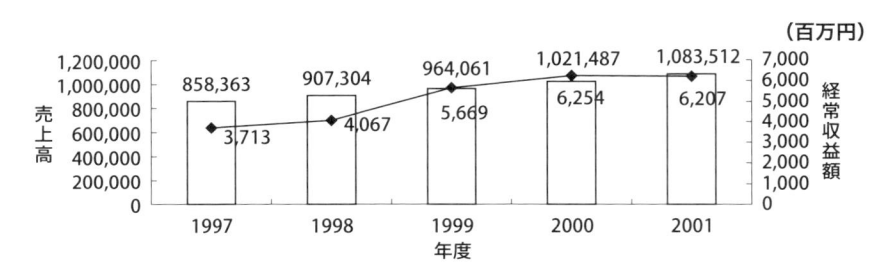

売上高（百万円）／経常収益額（百万円）

年度	1997	1998	1999	2000	2001
売上高	858,363	907,304	964,061	1,021,487	1,083,512
経常収益額	3,713	4,067	5,669	6,254	6,207

図A-1　国分の売上高と経常収益額

（出所）　『流通経済の手引1999～2003』日本経済新聞社の各年度により作成。

大機能を見ることにする。

　まず、国分の情報機能を見ると、物流システムの高精度化や小売業・卸売業・メーカー間の情報共有化の動きなど、時代の要請ともいえる課題に国分はいち早く取り組んだ。

　国分は1965年に業界で初めてコンピュータシステムを導入し、1983年には卸売業向けのオンラインシステム（WING）をスタートさせた。1987年には、小売業向けEOSサービス（O-SCAN）の開始により、小売店舗における単品管理システムを目的とした店内作業が大いに効果を発揮した。1991年には、卸売業向けシステム（WING）をリニューアルし、WING2をスタートさせた。

1993年には、現物商品による棚割シミュレーション空間であるビジュアル・マーチャンダイジングセンターを開設した。1994年には、業界垣根を越えた一括受注、一括配送の物流システムである3OD（One Order One Delivery）システムを構築し推進させた。すなわち、国分流通グループとの情報の共有化、機能の一元化を目的とするNGWシステムの導入を開始させたのである。1995年には、全社に電子メールを導入し、1998年には日本初のPCによるデータウェアハウス（新販売仕入れ情報システム）を稼働させた。1999年は、国分グループのイントラ／エクストラネットという「KOMPASS」をスタートさせた。

その国分のコンピュータセンターは、高度なネットワーク網によって、全国各地の物流拠点、国分流通グループ、小売業、メーカー各社と緊密に結ばれている。これにより、国分本社を中心とした情報の一元化を確立し、物流の高精度・高効率化を実現するとともに、棚割提案をはじめ商品情報や業界情報が全国エリアで共有化されている。さらに、取引企業間の自動発注やノー検品、伝票のペーパーレス化などを目指し、EDI（Electronic Date Interchange 電子データ交換）も積極的に推進している。以上の情報機能を図にすれば、図A-2のごとくである。

次に、国分の物流機能を見ると、国分の物流ネットワークは全国に260拠点の物流センターを展開し、それらを汎用対応型センター（複数チャネル・複数取引先の対応：一般小売店、酒販店、量販店、CVS等）、業態対応型センター（同一チャネル・複数取引先の対応：量販店専用、酒販店専用、CVS専用、百貨店専用）、企業専門型センター（単独取引先の対応）の3タイプに分け、効率的なセンター運営を図っている。

国分の一括物流は、1988年の北関東を地盤にする中堅スーパー、カスミとの取組みから始まった。そして国分は1995年に、独自のサービスコンセプト3ODを打ち出し、次々とチェーン・ストアの物流業務を獲得していった。

国分の提案型物流の基軸となる3ODシステムは、一括受注・一括配送を基本コンセプトとしている。3ODを導入することでチェーン・ストアは、それ

```
                メーカー                        小売業
                    ↖                        ↗
                      VAN・インターネット
                              ↕
    ┌─────────────《国分コンピュータセンター》─────────────┐
    │                                                      │
    │   物流システム    営業支援システム    データウェアハウス    ホストシステム   │
    │                 (KOMPASS)     (販売情報)           (債権債務)      │
    └──────────────────────────────────────────────────────┘
                              ↕
                          LAN・VAN
                   ↙          ↕           ↘
            グループ企業   国分本社・支社・支店    物流センター
```

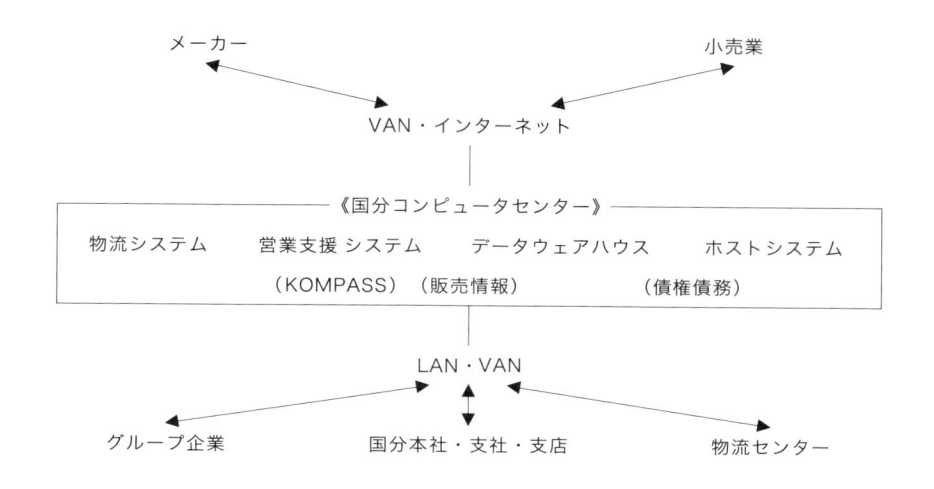

図 A‑2　国分の最新情報テクノロジー

(出所)　国分のホームページ (http://www.kokubu.co.jp)。

までベンダーごとに必要だった商品の発注作業を国分1社に集約することができた。同時に物流も、各ベンダーからの店直配送から、一括納品に変わったのである。その結果、各ベンダーに重複して発生していたコストがなくなるため、格段のローコストオペレーションを手に入れることができたのである。

　すなわち、国分は加工食品・菓子・雑貨などの業種の垣根を越え、DC (在庫型物流) 機能と TC (通過機能物流) 機能を組み合わせて一括で対応している。これにより、これまでの分散・重複によるロスを排除し、売場を起点として在庫削減、カテゴリー別納品体制、リードタイムの短縮など、物流の大幅なレベルアップを実現することで小売業の経営改善をサポートしている。以上の物流機能を図にすれば、図 A‑3 のごとくである。

　最後に、国分のマーチャンダイジング機能を見ると、多様化する生活者のニーズに対応するため、加工食品、酒類をはじめとして冷凍食品、チルド、惣菜や菓子、雑誌にいたるフルラインの品揃えを行っている。また、これらの豊富な品揃えの中から、適切な商品を適切な売場に提供するために、国分の広範

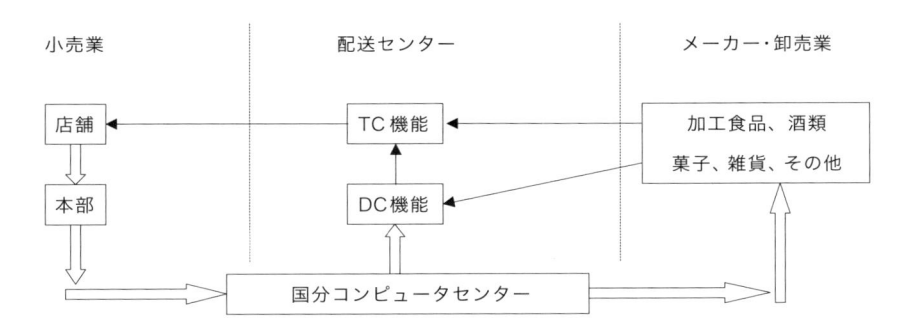

補章　総合食品卸売業の実証研究　　171

図A-3　3OD（One Order One Delivery）システム概要図

（出所）『国分290周年記念特集号』食品新聞社、2002年、42頁より作成。
（注）　⇨：オーダー、→：デリバリー。DC：在庫型センター、TC：通過型センター

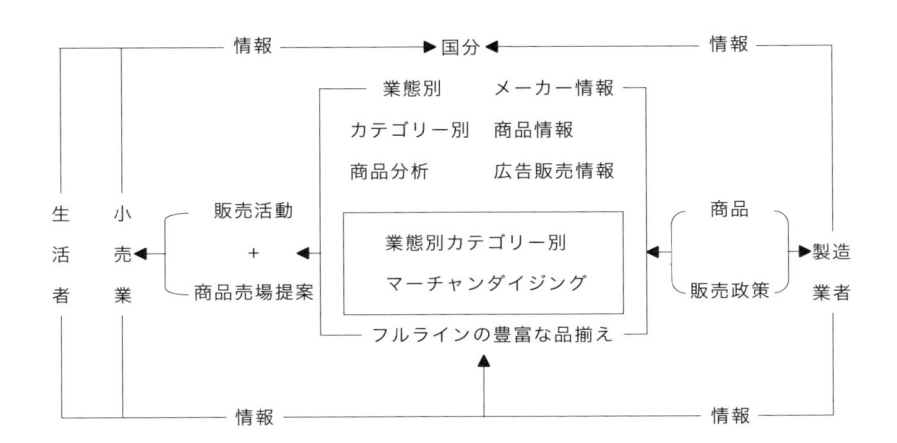

図A-4　国分のカテゴリーマーチャンダイジング概要図

（出所）　国分のホームページ（http://www.kokubu.co.jp）。

表 A - 2　菱食の概要

創立	1979 年
資本金	106 億 3,029 万円
売上高	7,074 億円
従業員	2,170 人
事業内容	加工食品卸売業を主要業務として、缶詰類、調味料類、麺・乾物類、嗜好品・飲料類、菓子類、冷凍・チルド類、などの販売を行っている。

（出所）　菱食のホームページ（http://www.ryoshoku.co.jp）により作成。
（注）　売上高と資本金は 2002 年 12 月、従業員は 2003 年 4 月を基準としている。

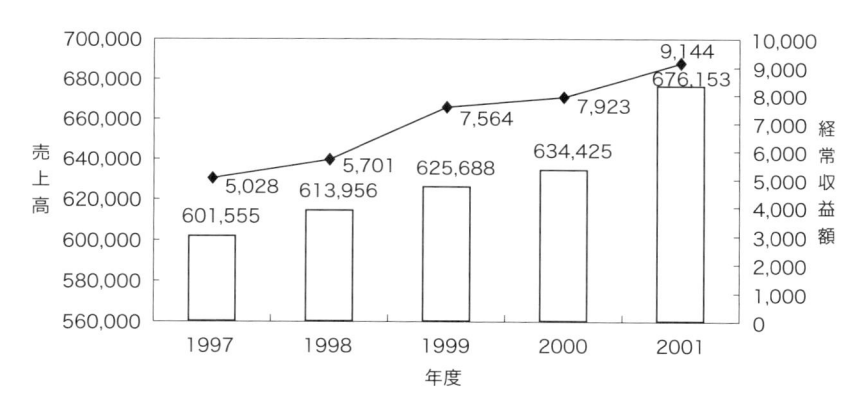

図 A - 5　菱食の売上高と経常収益額

（出所）『流通経済の手引 1999 ～ 2003』日本経済新聞社の各年度により作成。

な取引先との販売情報をベースに業態別、カテゴリー別のマーチャンダイジング体制を整え、売場起点の販売活動と商品提案を行っている[3]。以上のマーチャンダイジング機能を図にすれば、図 A - 4 のごとくである。

「菱食」

(1) 菱食の概要

　菱食は1979年に北洋商事株式会社、野田喜商事株式会社、新菱商事株式会社（本社大阪）、新菱商事株式会社（本社東京）の4社が合併し、設立された。2002年の資本金は106億3,029万円で、売上高を見ると7,074億円で、2003年4月の従業員は2,170人である。事業内容を見ると、加工食品卸売業を主要業務として、缶詰類、調味料類、麺・乾物類、嗜好品・飲料類、菓子類、冷凍・チルド類、などの販売を行っている[4]。以上の菱食の概要を表にすれば、表A-2のごとくである。

　また、菱食の売上高と経常収益額を時系列で見ると[5]、売上高と経常収益額は年々増加している。以上の菱食の売上高と経常収益額を図にすれば、図A-5のごとくである。

(2) 菱食の特徴

　菱食は2002年に長期経営計画「EVOLUTION21」をスローガンに、これまでに築き上げてきた中間流通ソリューションをさらに進化させ、21世紀に求められる「新流通の創造」を目指してスタートした。これは、2010年の完結を目指すものである。「EVOLUTION21」は、小売業・メーカーと菱食が、パートナーとして一致協力し、消費者にとってより良い流通の実現と、サプライ・チェーン全体の効率化をさらに追求した。また、ビジネスパートナーと共に、時代の大きな変化を乗り越えて世界水準の強固な企業体質を作り上げることが、新長期経営計画の究極の目標である。

　菱食の経営の三本柱（新営業、新物流、新管理）は、消費者の満足を共通のテーマに、小売業の繁栄をサポートするもので、積極的・提案型の営業で、相互の繁栄を目指しているものである。では、菱食の経営の三本柱を見てみよう。

　まず新営業（リテールサービス）は、小売業のMD（Merchandising 商品

政策・商品構成）や販売促進までも包括した提案型営業活動のことである。全営業マンが最新の情報を共有化し、菱食の出荷データベースとして活用して、最新の分析データに基づくマーケティング戦略を提案することである。また新営業は、商圏に最も適した品揃えを検討したり、顧客を引きつけ購買意欲をかき立てる売場づくりや販促企画など、充実したRS（Retail Service 小売業に対し販売支援となるサービス）をも提供する。さらに、新営業は来店頻度を高めるために、優良顧客との絆を強化し、顧客データを基に上位顧客に重点を置いたプロモーションを展開するFSP（Frequent shopper's Program 優良顧客を固定化するための高頻度購買顧客プログラム）など、効率的なマーケティングをサポートしているものである。

　第二の新物流は、物流コストの最小化・顧客サービスの最適化・企業利益の最大化をコンセプトに、物流機能を戦略的に展開することである。そのため、テクノロジーを導入、厳格な鮮度管理と高精度な納品を実現する、RDC（Regional Distribution Center 広域対象型物流センター）－FDC（Front Distribution Center 前線物流センター）・SDC（Specialized Distribution Center 特定企業のみを対象とした物流センター）ネットワークを全国展開し、サプライ・チェーン全体のローコスト化に貢献している。それにより、物流機能としてそれぞれの温度帯、カテゴリーで最適なフルライン流通システムを構築している。また一般加工食品以外に冷凍・チルド・酒類・菓子・業務用の分野でも、それぞれの商品の温度帯、商品特性に適切な在庫・鮮度管理できる物流拠点を整備し、あらゆるニーズに応えている。さらに、全国エリアの各RDCには、地域発注管理センターを設置している。発注業務を集約させた発注ネットワークを完成させ、サプライ・チェーン全体で情報を共有し計画・予測・開発を共同で行うCPFR（Collaborative Planning, Forecasting and Replenishment）*活動を推進している。

＊CPFR（Collaborative Planning, Forecasting and Replenishment）は、メーカー・中間流通・小売が協働して計画を立案し、需要予測を作成、製品補充を行う取組みである。
http://www.ryoshoku.co.jp

補章　総合食品卸売業の実証研究

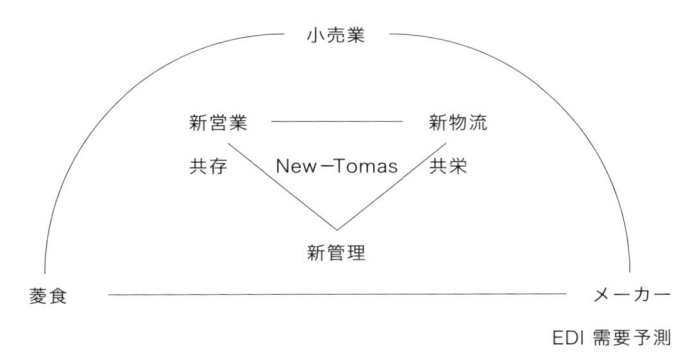

```
                    小売業
           新営業         新物流
        共存  New－Tomas  共栄
                    新管理
   菱食                        メーカー
                          EDI 需要予測
```

図 A‑6　基幹システム「New − Tomas」

　第三の新管理は、経理業務のレベルアップ、ペーパーレス化などに取り組み、業務の一層の効率化経理部門の統合を推進している。菱食は独自の CMS (Cash Management System)* として「TRENETS」を導入し、グループトータルの財務体質の改善・強化につとめている。また、キャッシュフロー経営、ROE (Return on Equity 株主資本利益率) 重視の経営を実践している。損益分岐点比率も重要視し、グループトータルで新管理に取り組んでいる。

　以上のように、菱食は新営業、新物流、新管理の三本柱を結合し機能強化を図っている。それが、菱食の基幹システム「New − Tomas (Total Management System)」である[6]。以上の新営業、新物流、新管理の三本柱を図にすれば、図 A‑6 のごとくである。

＊ CMS (Cash Management System) は、コンピュータを使って、企業グループの資金を集中的に管理するシステムである。http://www.ryoshoku.co.jp

表 A - 3　韓国物流の概要

創業	1990 年
資本金	170 億ウォン（17 億円）
売上高	2,593 億ウォン（259 億円）
従業員	185 人
事業内容	商品共同購買、物流（配送）代行、冷凍／冷蔵の倉庫事業

（出所）　韓国物流のホームページにより作成。
（注）　売上高や従業員は 2001 年を基準としている。

2　韓国の卸売業の事例

「韓国物流」[7]

(1) 韓国物流の概要

　韓国物流は 1990 年に設立されたが、1996 年に現代グループに買収されて、現在資本金は 170 億ウォン（17 億円）である。2001 年の売上高を見ると 2,593 億ウォン（259 億円）で、純利益が 10 億ウォン（1 億円）であり、従業員は 185 人である。事業内容を見ると、商品共同仕入、物流（配送）代行、冷凍・冷蔵の倉庫事業などを行っている。以上の韓国物流を表にすれば、表 A - 3 のごとくである。
　韓国物流の品揃えは約 4,000 品目を扱っており、総合卸売業である。また、事業目的は先端物流システムで韓国物流の発展に貢献することである。

(2) 韓国物流の特徴

　韓国物流の仕入れは、メーカーからの 100％の仕入れで、すべての商品に対して所有権を持っている。一般的に中間流通業者である卸売業は、これまで、

補章　総合食品卸売業の実証研究　　　177

メーカーから仕入れた商品を小売店に卸す際の仕入れ値と卸値の差額で、物流費や人件費などの経費をまかない、利益を生み出してきた。しかし、韓国物流は、メーカーから仕入れた値段で、小売業に提供している。その経費に関しては、メーカーから頂いた物流費でまかなっている。すなわち、ノーマージンで、小売業に提供していることである。

　その理由は、韓国では卸売業が定着していないため、ほとんどの大型小売業はメーカーとの直取引を行い、商品を低価格で消費者に提供している。このような状況なので、卸売業は小売業との取引をするためにはメーカー側が販売している価格と同じ値段で、小売業に提供しないと小売業との取引ができないと判断したからである。

　また、取引先については、大手の小売業との取引はほとんどなく、現代百貨店と中小小売業（単独の百貨店、スーパーやチェーン本部など）との取引が主流である。

　出荷の商品の形態は、ケース（箱）単位で出荷するものと、ピース（単品）単位で出荷するものとのグループに分けてレイアウトするが、韓国物流の場合は、ピース単位が約5％で、ケース単位が約95％である。

　返品に関しては、小売業からの返品を受けてから、その返品されたものをすべてメーカーに返品するという仕組みになっている。

　特徴としては、繰り返しになるが、小売業にメーカーが提供する仕入れ値と同じ値で、商品を提供していることである。

「コロンブス」[8]

(1) コロンブスの概要

　コロンブスは、1989年に韓国で最初の物流卸売会社として、財閥の韓火グループの小売業が卸売業に進出した。事業内容は物流代行、販売代行、卸売物流、購買物流などを行っているが、主力業務は物流である。また、コロンブス

表 A - 4　コロンブスの概要

創業	1989 年
資本金	―
売上高	―
従業員	733 人
事業内容	物流代行、販売代行、卸売物流、購買物流など

（出所）　コロンブスのホームページ（http://www.columbus.co.kr/）により作成。
（注）　売上高や従業員は 2001 年を基準としている。

は総合卸売業であり、従業員は 733 人である。以上のコロンブスの概要を表にすれば、表 A - 4 のごとくである。

(2) コロンブスの特徴

　コロンブスは、最先端の物流システムをもち 6 ヵ所の物流センターと中間拠点である 14 のデポを有し、20 ヵ所の拠点で運営された、全国的な物流ネットワークを構築している。また、コロンブスは 1 年 365 日、1 日 24 時間の営業体制で、全国 4,000 ヵ所の小売店と取引をしている。

　外資系との取引は、主にカルフールの物流代行を行っている。主な事業は物流で、流通・物流業界のパイオニアとして、体系的に蓄積された運営ノウハウと低費用・高効率の物流支援体制及びサービスを通じてトータルな物流ソリューションを提供している。卸売事業と物流事業との取引比率は、1 対 10 で、卸売事業より物流事業のパイが大きい。現在コロンブスは、卸売業のメリットを生かせず、赤字経営であるが、物流経営の面では黒字であるので、卸売の赤字を物流の黒字でまかなっている。

　コロンブスの特徴としては、多頻度小口配送を行っていることである。したがって、出荷商品の形態を見ると、ピース単位が約 70％で、ケース単位が約 30％である。もう一つの長所は、全国的なネットを持っていることである。全国チェーンを持つことによって、地方での取引が増えつつあることである。

取引先の傾向を見ると、フランチャイズ・チェーン（FC）との取引は、年々減少する一方で、ボランタリー・チェーン（VC）は増えつつある。また、韓国の明知大学との提携で、卸売業の研究を深めている。
　今後の動向として、FC・VCの長所を生かし、またFC・VCの欠点を補完した形で、FC・VCを混合した卸売業になりたいと計画している。すなわち、FCはブランドロイヤルティーが高く、地域の特性を生かしていない。またVCは、一括した供給を受けることができないし、店舗運営のシステムもできていない。さらに、情報システムがないので意思決定に混乱がある、などの両方の欠点を補完し、両者のよいところを混合したよりよい強力なFC・VC型卸売業を企画している。

結び

　近年、最寄り品の分野である食品の卸売機能をめぐってメーカー、卸売業、小売業が活発に動いている。本章の主な目的は、日・韓総合食品卸売業における特徴と卸売機能を分析し、経営上の競争優位の戦略的提案を行うことである。その目的達成のために、卸売業の上位企業を的確に把握する必要に迫られる。したがって、日・韓の上位卸売業を訪問し、インタビューとアンケート調査を行った。インタビューの内容は、既述のように卸売業の特徴として若干紹介したので、ここではアンケート調査の結果を述べよう。
　アンケート調査の主な目的は、日・韓の卸売業がいかなる卸売機能を果たしているのかを明確にすることであった。今まであった卸売機能の中で、強化している機能と強化していない機能を明らかにすることであった。また、この調査によって、第5章の研究仮説が立てられ、実証調査で検証することができた。
　本アンケート調査の結果は、以下のごとくである。
　第一に、日本のアンケート調査（国分と菱食）による卸売業の機能強化方向についての共通点を見てみよう。両社が5年前と比べて強化している卸売機能

は、所有権、商品検査、在庫、輸送、危険負担、保管、品揃え、販売促進の提案、商品陣列の配置、情報である。また、両社が5年前と比べて強化していない卸売機能は、人材派遣、金融である。

　第二に、韓国のアンケート調査（コロンブスと韓国物流）による卸売業の機能強化方向についての共通点を見てみよう。両社が5年前と比べて強化している卸売機能は、所有権、輸送、危険負担、保管、販売促進の提案、商品陣列の配置、情報である。また、両社が5年前と比べて強化していない卸売機能は、金融である。

　第三に、日・韓卸売業の卸売機能における同質点を見てみよう。両国ともに強化している卸売機能は、所有権、輸送、危険負担、保管、販売促進の提案、商品陣列の配置、情報であり、両国ともに強化していない卸売機能は、金融である。

　第四に、日・韓卸売業の卸売機能における異質点を見てみよう。日本の企業は、商品検査、在庫、品揃えについては強化しているが、韓国企業では強化していない点である。

　日・韓卸売業のアンケート調査により、以上の結果が得られた。日本と韓国は、卸売機能の強化にあたり多少違いが見られた。日・韓卸売業の同質点として強化している機能は、所有権、輸送、危険負担、保管、販売促進の提案、商品陣列の配置、情報などであった。また、強化していない卸売機能は金融である。今や金融に関する機能は国境を越えて、衰退している機能として位置づけることができよう。

　また、日・韓卸売業の異質点として強化している機能は、日本企業にのみ見られるものとして商品検査、在庫、品揃えが指摘できる。強化していない機能は、日本企業にのみ見られるものとして人材派遣である。以上が両国卸売業における卸売機能強化の相違点である。

注

1) 国分のホームページ（http://www.kokubu.co.jp）により作成。
2) 『流通経済の手引 1999～2003』日本経済新聞社の各年度により作成。
3) 国分のホームページ（http://www.kokubu.co.jp）、『国分 290 周年記念特集号』食品新聞社、2002 年、国分のインタビュー（2002 年 11 月 15 日）によりまとめた。
4) 菱食のホームページ（http://www.ryoshoku.co.jp）により作成。
5) 『流通経済の手引 1999～2003』前掲書。
6) 菱食のホームページ（http://www.ryoshoku.co.jp）と社内資料により作成。
7) 韓国物流のホームページ（http://www.hyundai.co.kr/）と韓国物流のインタビュー（2002 年 9 月 12 日）により作成。
8) コロンブスのインタビュー（2002 年 2 月 11 日、2002 年 9 月 12 日）と社内資料により作成。

おわりに

　一国の流通構造は、その国の経済的条件だけではなく、社会的・文化的諸条件によって形成され、国ごとに特色を持つものである。しかし、その特色は、異なる国との比較によって明らかにされるものである。

　本書は、まず日・韓卸売構造の変化を比較流通という理論的なアプローチの方法で検討した。その比較研究によって、それぞれの国の特色を導き出すことである。また、卸売業の特性から、卸売業は環境条件に合わせてどのような方向でのいかなる機能を強化すべきかが課題であった。

　さらに、新しい環境変化は、現実を反映した新たな理論への枠組を必要とする。本書では、新しい環境変化に合わせた新たな卸売機能としての小売業との関係において研究仮説を提示し、その研究仮説を調査で検証することが主な目的であった。

　以上の論点においては、次のような結果が得られた。

　第1章では、日・韓の卸売構造の特色を導くために、日・韓の「商業統計」を用いて比較研究をした。

　まず、卸売業の全体的動向を見ると、日本では戦後ほぼ一貫して卸売業が拡大してきた。しかし、バブル崩壊後の長引く経済不況は、主として卸売業の得意先である小売店の減少に拍車をかけた。それにより、卸売事業所は1991年がターニング・ポイントになり、近年縮小傾向である。一方、韓国においては、事業所数や従業者数および販売額は増加傾向にある。その要因は、主に小売業の増加により、新たな卸売業が生まれつつあるためであろう。

　第二に、業種別構造を見ると、日本での一貫して増加している業種は、電気機械器具卸売業と医薬品・化粧品等卸売業（一時横ばいもある）で、1991年を頂点に一貫して減少している業種は繊維品卸売業、鉱物・金属卸売業、再生資源卸売業、一般機械器具卸売業である。一方、韓国において一貫して増加している業種は建設材料などの卸売業で、減少傾向にある業種は織物、衣服、履

物の卸売業である。特に日本卸売業の医薬品・化粧品等の成長は、ドラッグストアの成長によるものであると考えられる。また、韓国卸売業の傾向は、軽工業は減少傾向で、重工業は増加傾向であるといえる。

　第三に、両国の規模構造の比較から、日本は、全体的に規模拡大傾向である。また日本の卸売業の構造的特徴は、小規模の事業所が減少傾向にあるが、いまだに大きなシェアを占めている。一方韓国は、全体的に規模拡大傾向ではなく、逆に零細化に進展している。また韓国の卸売業の構造的特徴は、小規模の構成比が非常に高く、小規模が増加している。

　以上のごとく、主に商業統計という定量的なデータを用いて、両国の異質性と同質性に焦点を当て、分析をしてきた。日本の卸売事業所は、数多く存在しているが減少傾向である。その減少は、主に小規模の事業所である。しかし、韓国の卸売事業所は、極めて少ないのであるが増加傾向である。その増加は、主に小規模事業所である。

　日本の卸売構造の特徴はいかなる発展過程で生まれたのか。その成立メカニズムを、卸売業の生成から現在までの歴史的な視点で考察したのが第２章である。

　まず日本の卸売業は、中世の問・問丸にその起源を持つといわれている。荘園の年貢輸送のために設けられた荘官のことを問と呼んだ。その問は、後に年貢の輸送と保管を専門的に司る問丸にかわったのである。その問丸は、流通・商業の発達に伴って、荘園領主から独立して商人へと転換した。特に明治維新による産業革命の到来は、卸売業の活動をさらに活発化させた。日本が軍国主義時代に突入するまでは、商業で中心的な役割を果たした。

　第二に、1945年以後になると、大量生産体制の確立を背景に、従来の卸売業者優位の流通からメーカー優位の流通へと重心が移動した。かつての卸売業主導はメーカーの系列化のもとに卸売業が弱体化を余儀なくされた。

　第三に、日本の流通政策にとって、過去において政府の流通政策がどのような指針のもとで展開してきたかを分析することがきわめて重要である。その代表的なものの一つとして挙げられるのが「流通ビジョン」である。約30年の

間に、主に四つの「流通ビジョン」が刊行された。その中でも卸売業に関する記述では当時の卸売業がどのように捉えられていたか、またどのような方向性で政策が行われたかを検討し、その変遷過程で卸売業の機能変化を『70年代の流通』、『80年代における流通産業ビジョン』、『90年代における流通ビジョン』、『21世紀に向けた流通ビジョン』に沿って考察した。

『70年代の流通』では、卸売業の機能強化のために合併や卸売業者主催のボランタリー・チェーンの組織化が必要であると、提言が行われた。

『80年代における流通産業ビジョン』では、卸売業サイドでは卸売機能の強化や品揃えの専門化が進むであろうといった予測がなされた。

『90年代における流通ビジョン』からの展望を見ると、卸売業は小売業界の動きに対応する支援、情報提供、企画・開発などの付加機能を合理的かつ効率的に遂行、すなわち小売業への支援を推進させるための提言がなされた。

『21世紀に向けた流通ビジョン』からの展望を見ると、長引く不況のこともあって、景気の低迷に大きく影響をこうむる中小卸売業について提言がなされた。そして、これら中小卸売業の課題と対策として、水平的・垂直的連携の強化、中小小売業のニーズに応じた卸売機能の革新を図ることが必要、個々の店に対応できる情報提供の体制整備が必要、人材育成・確保が必要であると指摘した。

以上の「流通ビジョン」の展望から言えることは、卸売業の危機感から卸売機能の強化への提言であるといえる。

次に、何故韓国では日本と異なり、歴史的に卸売業が発展してこなかったのかについて検討し、その成立メカニズムを卸売業の生成から現在までの歴史的な視点で考察したのが第3章である。

第一に、韓国の卸売業は統一新羅時代（676年以降）か、高麗時代（918年～1392年）の客主・旅閣にその起源を持つといわれている。客主と旅閣の相違点として、地理的位置と取扱商品面でその違いが見られた。前者として、客主は首都京城（現、ソウル）のみに存在するのに対して、旅閣は首都をはじめ地方農村に関係なく、活動を行った点であった。また、客主は糸類、皮類、薬

種などの一切の商品を扱うが、旅閣は海産物、タバコ、米、果物などを扱っている。このように、客主と旅閣はその地理的位置と取扱商品面においては多少異なるが、商業資本家という意味では同一のものであった。

　第二に、韓国は中国とよく似た中央集権的な政策の影響で、商業の発展に限界があった。また、その中央集権的な政策は、あまりにも長い期間にわたり行われたのである。

　第三に、1945年以後の卸売業において、韓国における1945年から1960年代までは、政府が経済自立を目指して製造業中心の輸出ドライブ政策を遂行し、その結果流通分野では製造業者の支配力が強化された。したがって、卸売業において、卸売を遂行する市場と製造業者の代理店、特約店を中心に形成された。

　第四に、1980年代以降、1988年に近代的な眞露卸売センター、1990年に鮮京流通のメンバーシップのサービスセンター（MSC）が開設された。このセンターらはすべて失敗に終わったが、この失敗は主に韓国の商慣行である無資料取引に起因するものである。

　第五に、1990年代以降は、コンビニエンス・ストアの成長、スーパーマーケットなどのチェーン化された近代的小売業が増加するにつれ、新しいタイプの「卸売配送業」が生まれた。それは、主にメーカーからの進出による卸売業、小売業の進出による卸売業に分けられるが、すべて苦戦している。これは、卸売機能についての認識不足によるものであると理解した。

　そこで、卸売機能には、いかなる機能が存在し、その機能はいかなる役割を果たしているのか。また、環境の変化によって卸売機能がどのように変化するのかなどを検討したのが第4章である。

　第一に、まず主な研究者によってそれぞれ提唱された卸売機能の種類と分類について、過去の研究を中心に文献レビューをした。これによると、日本における主要研究者がほとんど取り上げているのは、所有権の移転（収集・分散、仕入・販売）、輸（配）送、保管、金融、危険負担、市場情報などであった。これを時系列的に見ると、上記諸機能以外では、1980年代または1990年代以

降重視される傾向が見られるのは、品揃えと経営サービスの2機能であった。時代の背景を反映して重視されている品揃えと経営サービスは、今や不可欠な機能として位置付けられた。このような機能変化は消費者ニーズの変化によって、生じるものであった。

　第二に、問屋有用論が成立する条件として、卸売業を必要とする前提がなければならない。これは、一般的にいわれる経営資源（人、物、金、情報）で説明した。卸売業が経営資源を多く持つことによって、卸売機能を強化することができ、それによって卸売業の存在意義として意味を持つと考えられた。

　第三に、近年卸売業を必要とする理由は、変動する需要（消費者）の動向に対する、効率的かつ効果的供給（小売業）をめぐる競争の結果として、生じた産物だと解釈した。こうした視点に立つと、卸売業が需要（消費者）と供給（小売業）との間のギャップをいかに埋めるように援助するかがその存続と成長の課題となっている。

　そこで、小売業を支援する新しい卸売業の機能強化方向について、研究仮説を提示して、実証調査で検証したのが第5章である。

　第一に、小売業と卸売業の期待・反応を分析する本書において、小売業の卸売機能の要望に対し卸売業がそれに反応する関係と想定した。この想定は、ほとんど予想通り強く反応して行動していることであった。ただし、総合型卸売業において、リードタイムの短縮・正確な納品、新商品の探索と提案、資金提供・支払い猶予は、小売業の卸売機能の要望に対し卸売業がそれに反応しなかった。すなわち、総合型卸売業が実際に行っている卸売機能と小売業が卸売業に対して期待している卸売機能との相関がなかった。

　第二に、中小規模卸売業は実証調査の検証から、強化すべき機能は売れ筋・売り方情報の提供、特定小売業の専用センターの運営、新商品の探索と提案などである。またその他の機能は見直すべきであるということが判明した。

　第三に、大規模卸売業は実証調査の検証から、強化すべき機能は商圏情報の提供、売れ筋・売り方情報の提供、販売促進の企画・提案、新商品の探索と提案、人材派遣、特定小売業の専用センターの運営、取扱い品目の拡大、棚割等

の配置提案、返品・市場リスクの負担などである。また、その他の機能は見直すべきであると検証された。

第四に、専門型卸売業は実証調査の検証から、強化すべき機能は売れ筋・売り方情報の提供、商圏情報、取扱い品目の拡大、新商品の探索と提案、資金提供・支払い猶予、顧客データ管理の引受けである。またその他の卸売機能は、見直すべき機能であると実証された。

第五に、総合型卸売業は実証調査の検証から、強化すべき機能は売れ筋・売り方情報、インターネットによる受発注であり、またその他の卸売機能は見直すべきであると実証結果が出た。

大規模と中小規模卸売業の実証調査の結果から、大規模卸売業が中小規模卸売業より売上高と収益性に大きく貢献している。また、専門型卸売業と総合型卸売業との実証調査の結果から、品目を少なくする卸売業が売上高と収益性に大きく貢献するという興味深い結果が出たのである。以上をまとめると、卸売業が成長し続けるためには、専門型卸売業をベースにその専門をさらに深めるために事業拡充をすべきであろう。

その理由として、諸環境の変化により、消費者はきめの細かいサービスを求めている。たとえば、日本酒の売場では価格帯別だけではなく、生産地や生産者の特徴、銘柄についての説明、米や製法へのこだわりなどが伝えられると商品探索と選択が楽しくなる。そして、卸売業がこのような消費者のニーズに応えるためには、適切なリテールサポートをしていかなければならない。そこで問われているのが何よりも商品の深い専門知識である。したがって、専門卸売業がますます必要になると思われる。

ここで注目すべき点は、国分や菱食のように大規模化とフルライン化を目指すことで、堅実に成長を遂げている大手の卸売業もあるが、企業にとって有望な成長戦略はたった一つではないことである。すなわち、品目を絞って成長している企業も数多くあるということを強調したい。

補章では、日・韓卸売業における上位企業にインタビューとアンケート調査を行った。この調査によって、第5章の研究仮説が立てられた。この章が本書

おわりに

において、重要な意味を持っている。

　本書では、主に日・韓卸売構造の変化を中心に考察を行い、特に卸売業と小売業との関係に注目して研究仮説を立て実証的に検証したが、まだいくつかの研究課題も残っている。今後さらに解明すべき課題としては、以下の事項があげられる。

　卸売業と小売業との関係を卸売業者の立場から調査したが、小売業も含む統合的な調査が必要である。すなわち、調査が一方向的調査に留まっている点である。卸売機能に関する卸売業と小売業との関係を調査するためには、小売業側からも調査しなければならない。今後の研究課題として、小売業者の立場から見る卸売業が果たす卸売機能への研究が残されている。

　以上の調査を通じて総合的な視点で両者の関係を分析する必要がある。

《資料1》──第3章の付属資料

韓国の第1・2・3次経済社会開発5ヵ年計画の計画値と実績値

	第1次			第2次			第3次		
	1960	1966		1965	1971		1970	1976	
	基準年度	計画	実績	基準年度	計画	実績	基準年度	計画	実績
GNP成長率(全体)	2.3	8.3	13.4	7.4	7.0	9.2	9.7	8.6	15.5
農林水産業	1.7	6.2	11.0	−0.9	5.0	3.3	2.0	4.5	8.9
鉱工業		16.7	15.2	21.1	10.7	16.9	17.4	12.3	25.4
社会間接資本、その他のサービス		6.4	14.8	9.9	6.3	8.9	10.2	8.3	11.3
産業構造									
農林水産業	36.0	34.8	37.9	38.0	34.0	28.9	28.4	22.4	24.8
鉱工業	14.7	20.6	19.8	21.7	26.8	22.8	21.7	27.9	31.0
社会間接資本、その他のサービス	49.3	44.6	42.3	40.3	39.2	48.3	49.9	49.7	44.2
工業構造									
重化学工業	25.8	35.6	30.9	27.8	33.6	37.8	35.9	40.5	41.1
軽工業	74.2	64.4	69.1	72.2	66.4	62.2	64.1	59.5	58.9
投資率	11.6	22.7	22.7	12.7	19.9	25.6	26.1	24.9	25.0
国民貯蓄率	5.0	13.0	13.3	6.4	14.4	14.5	16.9	21.5	22.3
海外貯蓄率	6.6	9.7	9.4	6.3	5.5	11.3	9.2	3.4	2.6
産業別投資財源配分									
農林水産業	2.1	16.6	7.8	11.6					
鉱工業	33.7	34.6	27.3	27.2					
社会間接資本、その他のサービス	64.2	48.8	64.9	61.2					
消費率	101.9	87.0	86.7	93.9	85.6	84.7	83.1	78.5	77.7
人口増加率	2.9	2.7	2.6	2.7	2.0	1.8	1.8	1.5	1.6
輸出(100万ドル)	32.9	137.5	255.8	175.1	550.0	1,067.6	882	3,510	7,815
輸入(100万ドル)	343.0	492.3	716.4	463.4	893.5	2,394.3	1,962	3,993	8,405

韓国の第4・5・6次経済社会開発5ヵ年計画の計画値と実績値

	第4次			第5次			第6次		
	1975	1981		1980	1986		1985	1991	
	基準年度	計画	実績	基準年度	計画	実績	基準年度	計画	実績
GNP成長率（全体）	8.3	9.0	6.4	6.6	7.5	12.3	5.4	7.0	8.4
農林水産業	7.1	4.0	22.0	22.4		3.9	4.8	2.5	−0.1
鉱工業	12.9	12.8	7.2	8.0		16.8	3.9	9.0	8.7
社会間接資本、その他のサービス	5.8	7.7	3.2	1.2		10.7	6.6	6.3	
産業構造									
農林水産業	25.4	18.5	19.6	17.3	14.8	13.3	13.5	10.6	8.5
鉱工業	29.7	40.9	31.3	32.4	35.0	33.6	29.6	32.7	29.2
社会間接資本、その他のサービス	44.9	40.6	49.1	50.3	50.2	53.1	56.9	56.7	62.3
工業構造									
重化学工業	42.4	49.5	52.9	51.5	56.7	58.8	45.7		65.1
軽工業	57.6	50.5	47.1	48.5	43.3	41.2	54.3		34.9
投資率	27.3	26.0	28.4	30.3	32.5	29.8	31.1	31.3	38.6
国民貯蓄率	18.0	26.1	19.6	20.5	29.6	32.6	28.6	33.5	35.0
海外貯蓄率	11.3	−0.1	7.9	9.8	0.2	−2.7	3.1	−2.2	−3.3
産業別投資財源配分									
農林水産業									
鉱工業									
社会間接資本、その他のサービス									
消費率	82.0	73.9		70.5	70.4	67.4	71.4	66.5	65.0
人口増加率	1.7	1.6		1.6	1.4	1.2	1.3	1.1	0.9
輸出（100万ドル）	2,847	20,240	20,881	20671	35,700	33,913	272	544	719
輸入（100万ドル）	3,870	18,870	24,299	24299	55,500	29,707	282	489	815

資料1

韓国の第7次経済社会開発5ヵ年計画の計画値と実績値

	第7次		
	1990	1996	
	基準年度	計画	実績（1993）
GNP成長率（全体）	9.0	8.0	5.6
農林水産業	− 5.1		− 2.4
鉱工業	8.7		5.0
社会間接資本、その他のサービス	11.5		
産業構造			
農林水産業	9.1	4.7	7.1
鉱工業	29.7	27.4	27.4
社会間接資本、その他のサービス	61.2	67.9	65.5
工業構造			
重化学工業	62.4		71.5
軽工業	37.6		28.5
投資率	37.1	36.7	34.4
国民貯蓄率	35.3	37.5	34.6
海外貯蓄率			
産業別投資財源配分			
農林水産業			
鉱工業			
社会間接資本、その他のサービス			
消費率	64.7	62.0	65.4
人口増加率	1.0		822
輸出（100万ドル）	631.2		838
輸入（100万ドル）	651.3		

（出所）　李海珠著『東アジア時代の韓国経済発展論』税務経理協会、1995年、145頁、150頁、162頁、168頁、175頁、185頁、193頁を参考に作成。

《資料2》——第5章の付属資料

中小規模卸売業の記述統計値

記述統計量	度数統計量	最小値統計量	最大値統計量	平均値統計量	標準偏差統計量	歪度統計量	歪度標準誤差	尖度統計量	尖度標準誤差
売上総利益	25	−3	22	1.24	4.91	3.52	0.46	14.13	0.90
小売業者の販売額増加率（3年間）	24	1	7	4.33	1.31	−0.56	0.47	1.01	0.92
実際行動_商圏情報の提供（得意先・競合店の状況）	27	0	7	3.52	2.26	−0.49	0.45	−0.99	0.87
実際行動_売れ筋・売り方情報の提供	27	0	7	4.63	1.36	−1.33	0.45	4.03	0.87
実際行動_インターネットによる受発注	27	0	7	1.48	2.28	1.29	0.45	0.32	0.87
実際行動_特定小売業の専用センターの運営	27	0	7	1.81	2.47	0.86	0.45	−0.93	0.87
実際行動_リードタイムの短縮・正確な納品	26	0	7	4.62	2.04	−1.17	0.46	1.06	0.89
実際行動_多頻度小口配送	27	0	7	3.78	2.39	−0.46	0.45	−0.81	0.87
実際行動_取扱い品目の拡大	27	0	7	4.19	1.90	−0.76	0.45	0.13	0.87
実際行動_棚割等の配置提案	27	0	7	3.59	2.66	−0.36	0.45	−1.49	0.87
実際行動_販売促進の企画・提案	27	0	7	4.56	1.85	−1.03	0.45	1.02	0.87
実際行動_新商品の探索と提案	26	0	7	4.85	1.64	−1.14	0.46	1.72	0.89
実際行動_資金提供・支払い猶予	26	0	7	2.00	2.32	0.67	0.46	−0.95	0.89
実際行動_返品・市場リスクの負担	27	0	6	2.63	2.00	−0.16	0.45	−1.25	0.87
実際行動_顧客データ管理の受託	27	0	4	0.85	1.51	1.50	0.45	0.57	0.87
実際行動_人材派遣	27	0	6	1.11	1.93	1.43	0.45	0.51	0.87
要望_商圏情報の提供（得意先・競合店の状況）	27	0	7	4.00	2.40	−0.77	0.45	−0.66	0.87
要望_売れ筋・売り方情報の提供	27	0	7	4.74	1.65	−1.64	0.45	3.62	0.87

要望_インターネットによる受発注	27	0	6	1.59	2.34	1.02	0.45	-0.71	0.87
要望_特定小売業の専用センターの運営	27	0	7	1.89	2.41	0.78	0.45	-0.93	0.87
要望_リードタイムの短縮・正確な納品	27	0	7	4.78	2.03	-1.32	0.45	1.52	0.87
要望_多頻度小口配送	27	0	7	4.37	2.54	-0.98	0.45	-0.55	0.87
要望_取扱い品目の拡大	27	0	7	4.63	1.52	-1.08	0.45	1.90	0.87
要望_棚割等の配置提案	27	0	7	3.33	2.72	-0.18	0.45	-1.64	0.87
要望_販売促進の企画・提案	27	1	7	4.85	1.32	-0.79	0.45	1.42	0.87
要望_新商品の探索と提案	27	0	7	4.67	1.64	-1.34	0.45	1.79	0.87
要望_資金提供・支払い猶予	26	0	7	3.35	2.46	-0.24	0.46	-1.27	0.89
要望_返品・市場リスクの負担	27	0	7	3.19	2.32	-0.18	0.45	-1.14	0.87
要望_顧客データ管理の受託	27	0	6	0.93	1.84	1.80	0.45	1.80	0.87
要望_人材派遣	27	0	6	1.44	2.26	1.11	0.45	-0.57	0.87
自社工場による製造	27	0	7	1.33	2.39	1.44	0.45	0.57	0.87
メーカーへの製造委託	27	0	7	1.70	2.54	0.97	0.45	-0.83	0.87
消費者に対する販売	27	0	6	1.89	2.26	0.54	0.45	-1.42	0.87
他の卸売業に対する納品	27	0	7	3.22	2.39	-0.05	0.45	-1.19	0.87
提携	27	1	7	3.93	2.02	-0.26	0.45	-1.09	0.87
合併	26	1	7	3.08	2.00	0.57	0.46	-0.78	0.89

中小規模卸売業が行っている機能と小売業が期待している機能との相関行列

期待 \ 実際	Kendall のタウ b	a)	b)	c)	d)	e)	f)	g)
a) 商圏情報	相関係数	**0.651*****	0.514***	0.146	0.395**	0.277*	0.442***	0.278*
	有意確率（両側）	0.000	0.001	0.373	0.014	0.076	0.005	0.079
	N	27	27	27	27	27	27	27
b) 売れ筋・売り方情報	相関係数	0.486***	**0.494*****	0.135	0.366**	0.348**	0.351**	0.243
	有意確率（両側）	0.002	0.002	0.420	0.026	0.031	0.030	0.135
	N	27	27	27	27	27	27	27

c) インターネットによる受発注	相関係数 有意確率（両側） N	0.338** 0.038 27	0.359** 0.031 27	**0.921**** 0.000 27	0.442*** 0.008 27	0.256 0.118 27	0.193 0.241 27	0.192 0.246 27
d) 特定小売業の専用センターの運営	相関係数 有意確率（両側） N	0.160 0.324 27	0.190 0.250 27	0.386** 0.023 27	**0.851**** 0.000 27	0.150 0.359 27	0.095 0.560 27	0.299* 0.069 27
e) リードタイムの短縮・正確な納品	相関係数 有意確率（両側） N	0.491*** 0.002 26	0.517*** 0.002 26	0.196 0.243 26	0.241 0.143 26	**0.786**** 0.000 26	0.603*** 0.000 26	0.150 0.356 26
f) 多頻度小口配送	相関係数 有意確率（両側） N	0.539*** 0.001 27	0.475*** 0.003 27	0.114 0.487 27	0.189 0.238 27	0.545*** 0.001 27	**0.685**** 0.000 27	0.344** 0.031 27
g) 取扱い品目の拡大	相関係数 有意確率（両側） N	0.374** 0.016 27	0.381** 0.016 27	−0.016 0.921 27	0.164 0.301 27	0.157 0.315 27	0.237 0.130 27	**0.472**** 0.003 27
		h)	I)	j)	k)	l)	m)	n)
h) 棚割等の配置提案	相関係数 有意確率（両側） N	**0.815**** 0.000 27	0.474*** 0.003 27	0.390** 0.013 27	0.466*** 0.003 26	0.361** 0.019 27	0.051 0.759 27	0.189 0.250 27
I) 販売促進の企画・提案	相関係数 有意確率（両側） N	0.566*** 0.000 27	**0.520**** 0.001 27	0.288* 0.067 27	0.361** 0.022 27	0.208 0.177 27	−0.139 0.405 27	0.150 0.358 27
j) 新商品の探索と提案	相関係数 有意確率（両側） N	0.335** 0.036 26	0.445*** 0.006 26	**0.354**** 0.030 26	0.324** 0.046 25	0.366** 0.021 26	0.005 0.977 26	0.149 0.375 26
k) 資金提供・支払い猶予	相関係数 有意確率（両側） N	0.104 0.525 26	−0.048 0.769 26	0.213 0.194 26	**0.396**** 0.016 25	0.325** 0.044 26	0.440** 0.011 26	0.105 0.537 26
l) 返品・市場リスクの負担	相関係数 有意確率（両側） N	0.172 0.281 27	−0.029 0.857 27	−0.029 0.857 27	0.449*** 0.006 27	**0.550**** 0.001 27	0.223 0.191 27	−0.114 0.497 27
m) 顧客データ管理の受託	相関係数 有意確率（両側） N	0.103 0.538 27	0.187 0.270 27	0.310** 0.067 27	0.180 0.290 26	0.282* 0.089 27	**0.837**** 0.000 27	0.476*** 0.007 27
n) 人材派遣	相関係数 有意確率（両側） N	0.196 0.239 27	0.349** 0.038 27	0.145 0.389 27	−0.160 0.344 26	−0.066 0.690 27	0.629*** 0.000 27	**0.873**** 0.000 27

（注）　*** 相関係数は1％、** 相関係数は5％、* 相関係数は10％水準で有意（両側）

資料2

大規模卸売業の記述統計値

記述統計量	度数統計量	最小値統計量	最大値統計量	平均値統計量	標準偏差統計量	歪度 統計量	歪度 標準誤差	尖度 統計量	尖度 標準誤差
売上総利益	19	0	2	0.53	0.66	0.94	0.52	-0.33	1.01
小売業者の販売額増加率（3年間）	17	3	6	4.41	1.00	0.27	0.55	-0.81	1.06
実際行動_商圏情報の提供（得意先・競合店の状況）	21	0	7	3.95	1.83	-0.73	0.50	0.48	0.97
実際行動_売れ筋・売り方情報の提供	20	0	7	4.70	1.78	-1.11	0.51	1.27	0.99
実際行動_インターネットによる受発注	20	0	7	3.45	2.65	-0.18	0.51	-1.39	0.99
実際行動_特定小売業の専用センターの運営	20	0	7	4.40	2.58	-0.88	0.51	-0.69	0.99
実際行動_リードタイムの短縮・正確な納品	20	3	7	5.70	1.26	-0.59	0.51	-0.70	0.99
実際行動_多頻度小口配送	19	0	7	4.79	1.81	-1.03	0.52	1.32	1.01
実際行動_取扱い品目の拡大	18	2	7	4.83	1.38	-0.27	0.54	-0.39	1.04
実際行動_棚割等の配置提案	20	0	7	4.75	2.20	-1.00	0.51	0.28	0.99
実際行動_販売促進の企画・提案	21	2	7	4.95	1.40	-0.27	0.50	-0.52	0.97
実際行動_新商品の探索と提案	20	2	7	5.05	1.36	-0.66	0.51	-0.12	0.99
実際行動_資金提供・支払い猶予	21	0	5	2.67	2.06	-0.19	0.50	-1.64	0.97
実際行動_返品・市場リスクの負担	21	0	6	3.29	1.90	-0.79	0.50	-0.56	0.97
実際行動_顧客データ管理の受託	21	0	6	2.24	2.21	0.22	0.50	-1.68	0.97
実際行動_人材派遣	21	0	7	2.33	2.11	0.54	0.50	-0.31	0.97
要望_商圏情報の提供（得意先・競合店の状況）	21	0	7	4.33	1.77	-0.68	0.50	0.74	0.97
要望_売れ筋・売り方情報の提供	20	1	7	5.05	1.47	-0.98	0.51	1.73	0.99
要望_インターネットによる受発注	21	0	7	3.19	2.54	-0.22	0.50	-1.54	0.97
要望_特定小売業の専用センターの運営	21	0	7	4.19	2.36	-0.96	0.50	-0.37	0.97

要望_リードタイムの短縮・正確な納品	21	0	7	5.24	1.67	-1.63	0.50	3.68	0.97
要望_多頻度小口配送	21	0	7	5.10	1.64	-1.52	0.50	3.45	0.97
要望_取扱い品目の拡大	22	0	7	4.68	1.55	-1.00	0.49	2.66	0.95
要望_棚割等の配置提案	21	0	7	4.76	2.02	-1.24	0.50	1.33	0.97
要望_販売促進の企画・提案	21	2	7	5.38	1.36	-0.91	0.50	0.50	0.97
要望_新商品の探索と提案	21	2	7	5.33	1.32	-0.98	0.50	0.71	0.97
要望_資金提供・支払い猶予	21	0	7	3.00	2.24	-0.21	0.50	-1.13	0.97
要望_返品・市場リスクの負担	21	0	7	3.52	2.02	-0.65	0.50	-0.04	0.97
要望_顧客データ管理の受託	21	0	5	2.19	1.89	-0.15	0.50	-1.79	0.97
要望_人材派遣	21	0	5	2.05	1.91	0.26	0.50	-1.41	0.97
自社工場による製造	21	0	7	2.86	2.74	0.10	0.50	-1.75	0.97
メーカーへの製造委託	21	0	7	2.71	2.15	-0.12	0.50	-1.00	0.97
消費者に対する販売	22	0	7	2.50	2.50	0.23	0.49	-1.53	0.95
他の卸売業に対する納品	21	0	6	3.29	1.59	-0.77	0.50	0.15	0.97
提携	22	1	7	3.95	1.36	-0.03	0.49	0.54	0.95
合併	22	1	7	3.27	1.72	0.21	0.49	-0.54	0.95

大規模卸売業が行っている機能と小売業が期待している機能との相関行列

期待 \ 実際	Kendall のタウ b	a)	b)	c)	d)	e)	f)	g)
a) 商圏情報	相関係数	0.419**	0.350*	0.120	0.551***	0.477***	0.438**	0.636***
	有意確率（両側）	0.018	0.058	0.502	0.002	0.008	0.015	0.000
	N	21	20	21	21	21	21	21
b) 売れ筋・売り方情報	相関係数	0.307*	0.441**	0.013	0.522***	0.575***	0.521***	0.669***
	有意確率（両側）	0.098	0.018	0.945	0.005	0.002	0.005	0.000
	N	20	20	20	20	20	20	20
c) インターネットによる受発注	相関係数	0.298	0.161	0.594***	0.076	0.038	0.051	-0.027
	有意確率（両側）	0.102	0.396	0.001	0.681	0.836	0.783	0.888
	N	20	19	20	20	20	20	20
d) 特定小売業の専用センターの運営	相関係数	0.171	0.171	0.132	0.506***	0.091	-0.091	0.112
	有意確率（両側）	0.353	0.354	0.473	0.006	0.626	0.626	0.551
	N	20	20	20	20	20	20	20

資料2

e) リードタイムの短縮・正確な納品	相関係数	0.255	0.190	0.013	0.222	**0.314***	0.153	0.203
	有意確率（両側）	0.174	0.313	0.945	0.238	0.097	0.418	0.287
	N	20	20	20	20	20	20	20
f) 多頻度小口配送	相関係数	0.271	0.267	0.158	0.416**	0.596***	**0.509***	0.544***
	有意確率（両側）	0.150	0.159	0.399	0.029	0.002	0.007	0.005
	N	19	19	19	19	19	19	19
g) 取扱い品目の拡大	相関係数	0.367*	0.188	0.185	0.293	0.347*	0.209	**0.364***
	有意確率（両側）	0.060	0.337	0.340	0.136	0.080	0.291	0.069
	N	18	18	18	18	18	18	18
		h)	I)	j)	k)	l)	m)	n)
h) 棚割等の配置提案	相関係数	**0.741***	0.542***	0.323*	0.313	0.438**	0.389*	0.221
	有意確率（両側）	0.000	0.003	0.080	0.087	0.017	0.037	0.230
	N	20	20	20	20	20	20	20
I) 販売促進の企画・提案	相関係数	0.552***	**0.661***	0.519***	0.298	0.236	0.336*	0.115
	有意確率（両側）	0.003	0.000	0.005	0.106	0.206	0.075	0.535
	N	20	20	20	20	20	20	20
j) 新商品の探索と提案	相関係数	0.243	0.568***	**0.596***	0.311*	0.027	0.027	-0.163
	有意確率（両側）	0.190	0.003	0.002	0.095	0.887	0.888	0.383
	N	20	20	20	20	20	20	20
k) 資金提供・支払い猶予	相関係数	0.436**	0.211	0.080	**0.659***	0.428**	0.355*	0.280
	有意確率（両側）	0.017	0.254	0.668	0.000	0.021	0.059	0.133
	N	21	21	21	21	21	21	21
l) 返品・市場リスクの負担	相関係数	0.525***	0.373**	0.234	0.328*	**0.617***	0.165	0.280
	有意確率（両側）	0.004	0.041	0.200	0.070	0.001	0.374	0.126
	N	21	21	21	21	21	21	21
m) 顧客データ管理の受託	相関係数	0.408**	0.289	0.225	0.244	0.206	**0.806***	0.421**
	有意確率（両側）	0.026	0.119	0.227	0.186	0.269	0.000	0.024
	N	21	21	21	21	21	21	21
n) 人材派遣	相関係数	0.155	0.106	0.078	0.053	0.024	0.590***	**0.647***
	有意確率（両側）	0.388	0.559	0.670	0.771	0.896	0.001	0.000
	N	21	21	21	21	21	21	21

（注）　*** 相関係数は1％、** 相関係数は5％、* 相関係数は10％水準で有意（両側）

専門型卸売業の記述統計値

記述統計量	度数統計量	最小値統計量	最大値統計量	平均値統計量	標準偏差統計量	歪度		尖度	
						統計量	標準誤差	統計量	標準誤差
売上総利益	24	-3	22	0.75	4.68	4.40	0.47	20.70	0.92
小売業者の販売額増加率（3年間）	22	1	7	4.09	1.27	-0.34	0.49	1.24	0.95

項目									
実際行動_商圏情報の提供（得意先・競合店の状況）	25	0	7	3.20	2.16	-0.33	0.46	-0.93	0.90
実際行動_売れ筋・売り方情報の提供	24	0	7	4.29	1.76	-1.12	0.47	1.37	0.92
実際行動_インターネットによる受発注	25	0	7	1.72	2.37	0.99	0.46	-0.44	0.90
実際行動_特定小売業の専用センターの運営	24	0	7	2.21	2.67	0.62	0.47	-1.29	0.92
実際行動_リードタイムの短縮・正確な納品	23	0	7	4.43	2.11	-0.99	0.48	0.66	0.93
実際行動_多頻度小口配送	24	0	7	3.29	2.48	-0.23	0.47	-1.41	0.92
実際行動_取扱い品目の拡大	23	0	6	4.17	1.80	-1.10	0.48	0.67	0.93
実際行動_棚割等の配置提案	24	0	7	2.88	2.72	0.12	0.47	-1.70	0.92
実際行動_販売促進の企画・提案	25	0	7	4.28	1.77	-0.91	0.46	1.24	0.90
実際行動_新商品の探索と提案	23	0	7	4.65	1.58	-1.17	0.48	2.31	0.93
実際行動_資金提供・支払い猶予	24	0	5	1.50	1.93	0.71	0.47	-1.26	0.92
実際行動_返品・市場リスクの負担	25	0	5	2.48	1.90	-0.37	0.46	-1.60	0.90
実際行動_顧客データ管理の受託	25	0	4	1.04	1.67	1.16	0.46	-0.53	0.90
実際行動_人材派遣	25	0	6	1.60	2.18	0.90	0.46	-0.76	0.90
要望_商圏情報の提供（得意先・競合店の状況）	25	0	7	3.24	2.26	-0.44	0.46	-1.08	0.90
要望_売れ筋・売り方情報の提供	24	0	7	4.33	1.61	-1.49	0.47	3.22	0.92
要望_インターネットによる受発注	25	0	6	1.80	2.40	0.79	0.46	-1.13	0.90
要望_特定小売業の専用センターの運営	25	0	6	1.92	2.20	0.52	0.46	-1.30	0.90
要望_リードタイムの短縮・正確な納品	25	0	7	4.16	2.13	-0.92	0.46	0.28	0.90
要望_多頻度小口配送	25	0	7	3.72	2.57	-0.54	0.46	-1.26	0.90
要望_取扱い品目の拡大	26	0	6	4.23	1.61	-1.22	0.46	2.07	0.89
要望_棚割等の配置提案	25	0	7	2.68	2.66	0.23	0.46	-1.59	0.90
要望_販売促進の企画・提案	25	2	7	4.68	1.18	-0.14	0.46	-0.20	0.90
要望_新商品の探索と提案	25	0	7	4.48	1.53	-1.13	0.46	1.96	0.90

資料2

要望_資金提供・支払い猶予	25	0	7	2.44	2.40	0.22	0.46	-1.50	0.90
要望_返品・市場リスクの負担	25	0	6	2.64	2.22	-0.08	0.46	-1.46	0.90
要望_顧客データ管理の受託	25	0	4	0.88	1.56	1.42	0.46	0.28	0.90
要望_人材派遣	25	0	6	1.64	2.20	0.78	0.46	-1.17	0.90
自社工場による製造	25	0	7	2.40	2.86	0.47	0.46	-1.64	0.90
メーカーへの製造委託	25	0	7	1.64	2.34	0.96	0.46	-0.59	0.90
消費者に対する販売	26	0	6	1.85	2.29	0.59	0.46	-1.41	0.89
他の卸売業に対する納品	25	0	7	3.16	2.25	-0.31	0.46	-1.23	0.90
提携	26	1	7	3.62	1.90	-0.04	0.46	-0.99	0.89
合併	26	1	7	2.62	1.63	0.98	0.46	0.83	0.89

専門型卸売業が行っている機能と小売業が期待している機能との相関行列

実際 \ 期待	Kendall のタウ b	a)	b)	c)	d)	e)	f)	g)
a) 商圏情報	相関係数	**0.724*****	0.490***	0.116	0.344**	0.281*	0.445***	0.330**
	有意確率（両側）	0.000	0.004	0.496	0.040	0.085	0.007	0.047
	N	25	24	25	25	25	25	25
b) 売れ筋・売り方情報	相関係数	0.493***	**0.510*****	-0.121	0.362**	0.590***	0.520***	0.378**
	有意確率（両側）	0.003	0.003	0.490	0.036	0.000	0.002	0.027
	N	24	24	24	24	24	24	24
c) インターネットによる受発注	相関係数	0.149	0.171	**0.939*****	0.211	0.097	0.005	-0.323*
	有意確率（両側）	0.382	0.334	0.000	0.226	0.566	0.978	0.062
	N	25	24	25	25	25	25	25
d) 特定小売業の専用センターの運営	相関係数	0.154	0.195	0.428**	**0.732*****	0.134	-0.053	-0.045
	有意確率（両側）	0.371	0.265	0.017	0.000	0.433	0.757	0.798
	N	24	24	24	24	24	24	24
e) リードタイムの短縮・正確な納品	相関係数	0.473***	0.531***	0.238	0.256	**0.738*****	0.521***	0.190
	有意確率（両側）	0.006	0.002	0.183	0.147	0.000	0.002	0.278
	N	23	23	23	23	23	23	23
f) 多頻度小口配送	相関係数	0.340**	0.304*	0.131	0.281	0.539***	**0.699*****	0.465***
	有意確率（両側）	0.043	0.076	0.455	0.104	0.001	0.000	0.006
	N	24	24	24	24	24	24	24
g) 取扱い品目の拡大	相関係数	0.206	0.209	-0.095	0.166	0.293*	0.280	**0.511*****
	有意確率（両側）	0.229	0.231	0.597	0.345	0.087	0.104	0.004
	N	23	23	23	23	23	23	23
		h)	i)	j)	k)	l)	m)	n)

項目								
h) 棚割等の配置提案	相関係数	**0.876***	0.406**	0.273	0.367**	0.436**	0.170	0.216
	有意確率（両側）	0.000	0.018	0.107	0.031	0.011	0.345	0.220
	N	24	24	24	24	24	24	24
i) 販売促進の企画・提案	相関係数	0.556***	**0.565***	0.443***	0.393**	0.235	-0.040	0.250
	有意確率（両側）	0.001	0.001	0.008	0.020	0.166	0.822	0.151
	N	24	24	24	24	24	24	24
j) 新商品の探索と提案	相関係数	0.180	0.583***	**0.688***	0.293*	0.147	-0.025	-0.049
	有意確率（両側）	0.298	0.001	0.000	0.091	0.403	0.892	0.783
	N	23	23	23	23	23	23	23
k) 資金提供・支払い猶予	相関係数	0.110	0.067	0.224	**0.613***	0.525***	0.684***	0.154
	有意確率（両側）	0.534	0.705	0.203	0.001	0.003	0.000	0.397
	N	24	24	24	24	24	24	24
l) 返品・市場リスクの負担	相関係数	0.319*	0.084	0.074	0.560***	**0.761***	0.300*	-0.025
	有意確率（両側）	0.061	0.625	0.664	0.001	0.000	0.096	0.888
	N	25	25	25	25	25	25	25
m) 顧客データ管理の受託	相関係数	0.207	0.095	0.156	0.454	0.388	**0.855***	0.332
	有意確率（両側）	0.242	0.593	0.376	0.011	0.030	0.000	0.070
	N	25	25	25	25	25	25	25
n) 人材派遣	相関係数	0.256	0.273	0.009	-0.097	-0.058	0.487	**0.957***
	有意確率（両側）	0.138	0.115	0.956	0.575	0.739	0.008	0.000
	N	25	25	25	25	25	25	25

（注）　*** 相関係数は1％、** 相関係数は5％、* 相関係数は10％水準で有意（両側）

総合型卸売業の記述統計値

記述統計量	度数 統計量	最小値 統計量	最大値 統計量	平均値 統計量	標準偏差 統計量	歪度 統計量	歪度 標準誤差	尖度 統計量	尖度 標準誤差
売上総利益	19	3	6	4.68	1.00	-0.02	0.52	-1.07	1.01
小売業者の販売額増加率（3年間）	20	-2	9	1.17	2.13	2.72	0.51	10.12	0.99
実際行動_商圏情報の提供（得意先・競合店の状況）	23	0	7	4.26	1.86	-0.97	0.48	0.63	0.93
実際行動_売れ筋・売り方情報の提供	23	2	7	5.04	1.19	-0.45	0.48	0.44	0.93
実際行動_インターネットによる受発注	22	0	7	3.00	2.74	0.15	0.49	-1.58	0.95
実際行動_特定小売業の専用センターの運営	23	0	7	3.65	2.81	-0.37	0.48	-1.66	0.93
実際行動_リードタイムの短縮・正確な納品	23	3	7	5.74	1.18	-0.73	0.48	-0.25	0.93

実際行動_多頻度小口配送	22	3	7	5.18	1.33	0.30	0.49	-1.37	0.95
実際行動_取扱い品目の拡大	22	1	7	4.73	1.64	-0.37	0.49	-0.12	0.95
実際行動_棚割等の配置提案	23	2	7	5.35	1.50	-0.75	0.48	-0.28	0.93
実際行動_販売促進の企画・提案	23	2	7	5.22	1.41	-0.74	0.48	-0.08	0.93
実際行動_新商品の探索と提案	23	2	7	5.22	1.41	-0.85	0.48	-0.19	0.93
実際行動_資金提供・支払い猶予	23	0	7	3.13	2.20	-0.15	0.48	-1.25	0.93
実際行動_返品・市場リスクの負担	23	0	6	3.39	1.97	-0.60	0.48	-0.66	0.93
実際行動_顧客データ管理の受託	23	0	6	1.91	2.17	0.56	0.48	-1.38	0.93
実際行動_人材派遣	23	0	7	1.70	2.01	1.01	0.48	0.46	0.93
要望_商圏情報の提供（得意先・競合店の状況）	23	1	7	5.13	1.49	-0.88	0.48	1.12	0.93
要望_売れ筋・売り方情報の提供	23	1	7	5.43	1.34	-1.64	0.48	4.35	0.93
要望_インターネットによる受発注	23	0	7	2.83	2.62	0.07	0.48	-1.73	0.93
要望_特定小売業の専用センターの運営	23	0	7	3.96	2.69	-0.67	0.48	-1.28	0.93
要望_リードタイムの短縮・正確な納品	23	4	7	5.87	0.97	-0.71	0.48	-0.18	0.93
要望_多頻度小口配送	23	4	7	5.74	0.96	-0.42	0.48	-0.58	0.93
要望_取扱い品目の拡大	23	2	7	5.13	1.29	-0.40	0.48	-0.21	0.93
要望_棚割等の配置提案	23	1	7	5.35	1.40	-1.23	0.48	2.87	0.93
要望_販売促進の企画・提案	23	1	7	5.52	1.41	-1.70	0.48	3.93	0.93
要望_新商品の探索と提案	23	1	7	5.48	1.38	-1.89	0.48	4.29	0.93
要望_資金提供・支払い猶予	22	0	7	4.05	2.01	-0.57	0.49	0.02	0.95
要望_返品・市場リスクの負担	23	0	7	4.09	1.90	-0.61	0.48	0.56	0.93
要望_顧客データ管理の受託	23	0	6	2.13	2.14	0.24	0.48	-1.62	0.93
要望_人材派遣	23	0	6	1.78	2.07	0.73	0.48	-0.90	0.93
自社工場による製造	23	0	7	1.57	2.35	1.10	0.48	-0.27	0.93

メーカーへの製造委託	23	0	7	2.70	2.40	0.05	0.48	−1.43	0.93
消費者に対する販売	23	0	7	2.52	2.45	0.21	0.48	−1.46	0.93
他の卸売業に対する納品	23	0	7	3.35	1.87	0.08	0.48	0.08	0.93
提携	23	1	7	4.30	1.49	−0.21	0.48	0.24	0.93
合併	22	1	7	3.82	1.94	−0.19	0.49	−0.88	0.95

総合型卸売業が行っている機能と小売業が期待している機能との相関行列

実際＼期待	Kendall のタウ b	a)	b)	c)	d)	e)	f)	g)
a) 商圏情報	相関係数	**0.348****	0.304*	0.058	0.470***	0.369**	0.427**	0.480***
	有意確率（両側）	0.043	0.082	0.734	0.006	0.038	0.015	0.006
	N	23	23	23	23	23	23	23
b) 売れ筋・売り方情報	相関係数	0.180	**0.325***	0.201	0.421**	0.221	0.184	0.466***
	有意確率（両側）	0.306	0.069	0.252	0.017	0.224	0.307	0.009
	N	23	23	23	23	23	23	23
c) インターネットによる受発注	相関係数	0.248	0.281	**0.567*****	0.357**	0.062	0.171	0.333*
	有意確率（両側）	0.158	0.117	0.001	0.043	0.732	0.341	0.063
	N	22	22	22	22	22	22	22
d) 特定小売業の専用センターの運営	相関係数	0.053	0.114	0.179	**0.705*****	0.010	0.010	0.285
	有意確率（両側）	0.758	0.512	0.296	0.000	0.953	0.954	0.104
	N	23	23	23	23	23	23	23
e) リードタイムの短縮・正確な納品	相関係数	0.165	0.134	0.005	0.256	0.285	0.147	−0.021
	有意確率（両側）	0.348	0.452	0.977	0.146	0.116	0.413	0.908
	N	23	23	23	23	23	23	23
f) 多頻度小口配送	相関係数	0.515***	0.377**	0.011	0.255	0.462**	**0.493*****	0.232
	有意確率（両側）	0.004	0.040	0.951	0.160	0.013	0.008	0.205
	N	22	22	22	22	22	22	22
g) 取扱い品目の拡大	相関係数	0.552***	0.413**	0.197	0.274	0.111	0.147	**0.345***
	有意確率（両側）	0.002	0.021	0.257	0.120	0.537	0.412	0.053
	N	22	22	22	22	22	22	22
		h)	l)	j)	k)	l)	m)	n)
h) 棚割等の配置提案	相関係数	**0.601*****	0.449**	0.242	0.213	0.228	0.243	0.376**
	有意確率（両側）	0.001	0.011	0.173	0.228	0.186	0.167	0.032
	N	23	23	23	22	23	23	23
l) 販売促進の企画・提案	相関係数	0.491***	**0.543*****	0.288	0.150	0.137	0.056	0.123
	有意確率（両側）	0.005	0.002	0.107	0.397	0.429	0.750	0.484
	N	23	23	23	22	23	23	23
j) 新商品の探索と提案	相関係数	0.318*	0.351**	0.227	0.314**	0.243	−0.057	0.141
	有意確率（両側）	0.070	0.047	0.205	0.077	0.160	0.746	0.424
	N	23	23	23	23	23	23	23

資料2

k) 資金提供・支払い猶予	相関係数	0.114	-0.187	-0.167	0.283	0.150	0.132	0.219
	有意確率（両側）	0.516	0.289	0.347	0.109	0.383	0.453	0.211
	N	23	23	23	22	23	23	23
l) 返品・市場リスクの負担	相関係数	0.290*	0.158	-0.005	0.131	**0.347****	0.144	0.189
	有意確率（両側）	0.093	0.363	0.976	0.454	0.041	0.406	0.273
	N	23	23	23	22	23	23	23
m) 顧客データ管理の受託	相関係数	0.279	0.302*	0.272	-0.144	0.076	**0.748****	**0.592****
	有意確率（両側）	0.115	0.091	0.132	0.421	0.662	0.000	0.001
	N	23	23	23	22	23	23	23
n) 人材派遣	相関係数	0.262	0.242	0.281	-0.104	0.061	**0.765****	**0.631****
	有意確率（両側）	0.137	0.173	0.117	0.557	0.727	0.000	0.000
	N	23	23	23	22	23	23	23

（注）　*** 相関係数は1%、** 相関係数は5%、* 相関係数は10%水準で有意（両側）

《資料3》──第5章の付属資料

食品卸売業に関する企業調査

平成15年3月実施

調査実施主体:専修大学大学院経営学研究科田口研究室
専修大学大学院商学研究科矢澤研究室

- 当調査票の構成
  1. 貴社全般についてのご質問　（1ページ～2ページ）
  2. 流通センターについてのご質問（3ページ）
  3. 購入先についてのご質問（3ページ～5ページ）
  4. 販売先についてのご質問（5ページ～6ページ）
  5. 小売に対する卸機能についてのご質問（7ページ）

お問い合わせ先
ご不明な点がございましたらご遠慮なくお尋ねください。
TEL：070-5581-1219（担当：秋川）
TEL：070-5029-4411（担当：金）
Email：thz1800@isc.senshu-u.ac.jp
FAX：044-911-1227（田口研究室宛）

※ **回答に際しての注意事項**：特別の指示がない場合、もっとも適切と思われる選択肢の□に ✔ をつけてください。

I 貴社全般について

1. 現在取り扱っている商品の分類は何ですか。該当するもの**すべて**にチェックしてください。
   - 1□ 調味料・加工食品
   - 2□ 酒類
   - 3□ 乾物類
   - 4□ 飲料類
   - 5□ 菓子類
   - 6□ 生鮮食品類
   - 7□ 日配品類
   - 8□ 冷凍食品
   - 9□ 米穀類
   - 10□ パン類
   - 11□ 弁当・調味済み食品
   - 12□ 日用品・雑貨類
   - 13□ その他（　　　　　）

2. 現在取り扱っているSKU注はいくつですか。おおよその数値を下の空欄にご記入ください。

   ［　　　　　］品目

   注　ここでの「SKU」とは、いわゆる「アイテム」の一種で、製品を分類する最小の単位です。サイズ・価格・外観などで区別されるものも含みます。

3. 貴社の従業員数（正社員数）を記入してください。

   ［　　　　　］人

4. 売上高、売上総利益（粗利益）、経常利益率は **3年前と比較して**、何割変化しましたか。例に従って記入してください。（回答例：変化なし「±0」、倍増「+10割」、半減「-5割」）。

例　売上高（5割増の場合）	⊕・-・±	5 割
a. 売上高	+・-・±	割
b. 売上総利益	+・-・±	割
c. 経常利益	+・-・±	割

資料3

5. 平成13年度期末時における貴社の資本金（株主資本）、総資産、売上高、売上総利益（粗利益）、経常利益をお教えください。

	平成13年度（前年度）	
a. 資本金	_____	円
b. 総資産	_____	円
c. 売上高	_____	円
d. 売上総利益（粗利益）	_____	円
e. 経常利益	_____	円

6. 以下の項目に関して、貴社が**競合他社と比較して**どの程度優れているかをお答えください。下にあげた項目ごとに、もっとも適切な選択肢を**1つずつ**選んでください。

劣っている ←　　　　　　　　　　　　　　　　　　　　　　→ 優れている

		1	2	3	4	5	6	7
a.	在庫水準	□	□	□	□	□	□	□
b.	仕入価格	□	□	□	□	□	□	□
c.	施設・設備機器費	□	□	□	□	□	□	□
d.	人件費	□	□	□	□	□	□	□
e.	受注―納入リードタイム	□	□	□	□	□	□	□
f.	注文充足率[注1]	□	□	□	□	□	□	□
g.	配送の頻度[注2]	□	□	□	□	□	□	□
h.	受注ロットの大きさ[注3]	□	□	□	□	□	□	□

注1　注文のうち納入遅れや分割納入せずに納入完了した割合。
注2　配送頻度が多いほど優れているものとします。
注3　受注ロットが小さいほど優れているものとします。

7. 以下に示した時間の**最短日数、平均日数、最長日数**をお答えください（おおよそで結構です）。

		最短日数	平均日数	最長日数
a.	（販売先からの）受注→出荷までの時間	日	日	日
b.	（購入先への）発注→納入まで時間	日	日	日
c.	在庫回転日数	日	日	日

8. **貴社が今後における事業展開**で重点的に行っていきたいと思われるものは何ですか。下記より**5つ以内**で、該当するものを選んでください。

1□ 新規販路の開拓	2□ 販売拠点の開設	3□ 商品開発の取り組み
4□ 仕入先の開拓	5□ 取扱い品目の拡大	6□ 取扱い品目の絞込み
7□ 得意先の絞込み	8□ 得意先の組織化	9□ 特定仕入先との関係強化
10□ 特定販売先との関係強化	11□ 同業・異業種の提携	12□ 同業・異業種の合併
13□ 低価格商品の取扱い拡大	14□ 人材育成・強化	15□ 物流機能の強化
16□ 情報機能の強化	17□ 小売業の顧客管理	

9. 貴社は経営規模の拡大を目的とした**提携と合併**をどの程度**積極的**に考えていますか。

消極的 ←　　　　　　　　　　　　　　　　　　　　　　→ 積極的

		1	2	3	4	5	6	7
a.	提携	□	□	□	□	□	□	□
b.	合併	□	□	□	□	□	□	□

II 流通センター（物流拠点）についてのご質問

※ 以下の10～17までのご質問は、貴社が流通センターをお持ちの場合だけお答えください。お持ちでない場合は質問18に進んでください。ちなみに、ここでの流通センターとは、輸配送ないしは在庫の拠点となるものをいいます。

10. 全ての流通センターで配送をカバーしている都道府県数はいくつありますか（例えば東京、神奈川、埼玉、千葉の場合、4都道府県とお答えください）。

    ☐ 都道府県

11. 現在稼動している管理下の流通センターは何ヶ所ありますか。

    ☐ ヶ所

12. 管理下の流通センターのうちおおよそ何%が、取引先を限定している専用の流通センターですか。
    0☐ なし　1☐ 1～19%　2☐ 20～39%　3☐ 40～59%　4☐ 60～79%　5☐ 80～99%　6☐ 100%

13. 貴社の標準的な流通センターにおいて、販売先への配送に使用されるトラックの台数は1日平均何台ですか（おおよそで結構です）。

    ☐ 台

14. 貴社の標準的な流通センターにおいて、仕入先から納入を受けるトラックの台数は1日平均何台ですか（おおよそで結構です）。

    ☐ 台

15. 流通センターからの出荷において、バラ単位（ケース単位よりも細かい）注文は、全体のおおよそ何%を占めますか。伝票上の注文行（注文ライン）での割合でお答えください。
    0☐ なし　1☐ 1～19%　2☐ 20～39%　3☐ 40～59%　4☐ 60～79%　5☐ 80～99%　6☐ 100%

16. 貴社では情報システムを通して流通センターの在庫をリアルタイムに把握できていますか。
    1☐ はい　　　0☐ いいえ ➔ 質問18へ

17. 16で「1. はい」とお答えした方だけにお尋ねします。情報システムを通して流通センターの在庫量を何%ぐらいリアルタイムに把握できていますか。
    1☐ 1～19%　2☐ 20～39%　3☐ 40～59%　4☐ 60～79%　5☐ 80～99%　6☐ 100%

III 購入先についてのご質問

18. 現在における仕入高は、仕入先別にどのような構成になっていますか。おおよその構成割合をパーセンテージでお答えください。その際は合計が100%になるようにしてください（例：卸売業者20%、メーカー80%）。

a. 卸売業者		%
b. メーカー		%
c. 生鮮専門業者（青果、精肉、鮮魚）		%
d. その他（　　　　　　　　）		%
合計	100	%

資料3

19. 現在、以下にあげた取引慣行が、何割の**購入先**との間に存在しますか。下にあげた項目ごとに、あてはまる程度を示す選択肢を**1つずつ**選んでください。

		ない	〜2割	〜4割	〜6割	〜8割	〜10割
a.	リベート制[注1]	0☐	1☐	2☐	3☐	4☐	5☐
b.	返品制[注2]	0☐	1☐	2☐	3☐	4☐	5☐
c.	発注後の未引取り[注3]	0☐	1☐	2☐	3☐	4☐	5☐
d.	建値制[注4]	0☐	1☐	2☐	3☐	4☐	5☐
e.	テリトリー制[注5]	0☐	1☐	2☐	3☐	4☐	5☐
f.	専売店制度[注6]	0☐	1☐	2☐	3☐	4☐	5☐

注1 取引量や支払条件に応じて、売り手が事後的に買い手に対して金銭を支払う制度
注2 売れ残りや見込違いなど、商品の欠陥以外の理由で、返品が可能なこと
注3 売り手に対して発注を行った後に、支払責任や特別なペナルティもなく、注文を取り消して、買い手が商品を引き取らないことが可能であること
注4 流通業者に対して各流通段階の販売価格の体系を売り手が提示する制度
注5 売り手が買い手に対して営業地域を特定地域に限定する制度
注6 競合するメーカーの製品の取り扱いを制限する制度

20. 貴社では、**購入先から貴社に定期的に提供してもらう**以下の情報をどの分野に利用していますか。各情報ごとに、**該当するすべての項目をチェック**してください。また、「i」〜「iv」のいずれかをチェックした（何らかの分野で利用している）場合は、同業他社と比較してその取り組みがどの程度進んでいるか、例にしたがって回答してください。

		利用分野					利用程度 かなり遅れている ←→ かなり進んでいる						
		利用なし	在庫管理	販売計画・需要予測	物流活動	その他							
例1	購入先の販売実績・出荷実績（上記の情報を在庫管理と物流活動に利用している場合）	0☐	i ■	ii ☐	iii ■	iv ☐	1☐	2☐	3☐	4☐	5■	6☐	7☐
例2	購入先の商品在庫状態（上記の情報を全く利用していない場合）	0■	i ☐	ii ☐	iii ☐	iv ☐	1☐	2☐	3☐	4☐	5☐	6☐	7☐
a.	購入先の販売実績・出荷実績	0☐	i ☐	ii ☐	iii ☐	iv ☐	1☐	2☐	3☐	4☐	5☐	6☐	7☐
b.	購入先の商品在庫状態	0☐	i ☐	ii ☐	iii ☐	iv ☐	1☐	2☐	3☐	4☐	5☐	6☐	7☐
c.	購入先の商品供給能力についての情報	0☐	i ☐	ii ☐	iii ☐	iv ☐	1☐	2☐	3☐	4☐	5☐	6☐	7☐
d.	購入先が取り扱う商品についての情報[注1]	0☐	i ☐	ii ☐	iii ☐	iv ☐	1☐	2☐	3☐	4☐	5☐	6☐	7☐
e.	消費者動向についての情報	0☐	i ☐	ii ☐	iii ☐	iv ☐	1☐	2☐	3☐	4☐	5☐	6☐	7☐
f.	事前出荷明細[注2]	0☐	i ☐	ii ☐	iii ☐	iv ☐	1☐	2☐	3☐	4☐	5☐	6☐	7☐
g.	購入先が行う今後の販促についての情報	0☐	i ☐	ii ☐	iii ☐	iv ☐	1☐	2☐	3☐	4☐	5☐	6☐	7☐
h.	購入先が考える商品需要の見通し	0☐	i ☐	ii ☐	iii ☐	iv ☐	1☐	2☐	3☐	4☐	5☐	6☐	7☐

注1 新商品や打ち切り商品についての情報も含みます。
注2 この場合、商品が入荷される前に購入先から貴社に出荷内容の明細が伝えられるものをいいます。

21. 貴社において、**貴社から購入先に対する**、以下の各情報の定期的な提供は、**同業他社と比較して**どの程度進んでいますか。各情報ごとに、選択肢のなかからもっとも適切なものを**1つずつ**選んでください。全く提供していない場合は、「0.全く提供していない」をチェックしてください。

	全く提供していない	かなり遅れている	←	→	かなり進んでいる
a. 自社の販売実績・出荷実績	0☐	1☐……2☐……3☐……4☐……5☐……6☐……7☐			
b. 自社の製品在庫状態	0☐	1☐……2☐……3☐……4☐……5☐……6☐……7☐			
c. 自社の商品供給能力についての情報	0☐	1☐……2☐……3☐……4☐……5☐……6☐……7☐			
d. 自社が取り扱う商品についての情報[注1]	0☐	1☐……2☐……3☐……4☐……5☐……6☐……7☐			
e. 消費者動向についての情報	0☐	1☐……2☐……3☐……4☐……5☐……6☐……7☐			
f. 自社の今後の発注予定	0☐	1☐……2☐……3☐……4☐……5☐……6☐……7☐			
g. 自社が行う販促についての情報	0☐	1☐……2☐……3☐……4☐……5☐……6☐……7☐			
h. 自社が考える商品需要の見通し	0☐	1☐……2☐……3☐……4☐……5☐……6☐……7☐			

注1 新商品や打ち切り商品についての情報も含みます。

IV 販売先についてのご質問

22. 現在における売上高は、販売先別にどのような構成になっていますか。おおよその構成割合をパーセンテージでお答えください。その際は**合計が100%**になるようにしてください（例：小売業者50%、卸売業者50%）。

a. 小売業者	%
b. 卸売業者	%
c. メーカー	%
d. 飲食業者	%
e. その他（　　　　　　）	%
合計	100 %

23. 22で小売業者の欄に1%以上の数値を記入した方（少しでも小売業者と取引のある場合）だけにお聞きします。小売業者に対する現在の販売額は、**3年前と比較して**どのように変化していますか。

大幅に減少　1☐……2☐……3☐……4☐……5☐……6☐……7☐　大幅に増加

24. 現在、以下にあげた取引慣行が、何割の**販売先**との間に存在しますか。下にあげた項目ごとに、あてはまる程度を示す選択肢を**1つずつ**選んでください。

	ない	〜2割	〜4割	〜6割	〜8割	〜10割
a. リベート制[注1]	0☐	1☐	2☐	3☐	4☐	5☐
b. 返品制[注2]	0☐	1☐	2☐	3☐	4☐	5☐
c. 発注後の未引取り[注3]	0☐	1☐	2☐	3☐	4☐	5☐
d. 建値制[注4]	0☐	1☐	2☐	3☐	4☐	5☐
e. テリトリー制[注5]	0☐	1☐	2☐	3☐	4☐	5☐
f. 専売店制度[注6]	0☐	1☐	2☐	3☐	4☐	5☐

注1　取引量や支払条件に応じて、売り手が事後的に買い手に対して金銭を支払う制度
注2　売れ残りや見込違いなど、商品の欠陥以外の理由で、返品が可能なこと
注3　売り手に対して発注を行った後に、支払責任や特別なペナルティもなく、注文を取り消して、買い手が商品を引き取らないことが可能であること
注4　流通業者に対して各流通段階の販売価格の体系を売り手が提示する制度
注5　売り手が買い手に対して営業地域を特定地域に限定する制度
注6　競合するメーカーの製品の取り扱いを制限する制度

資料3

25. 貴社では、**販売先から貴社に**定期的に提供してもらう以下の情報をどの分野に利用していますか。各情報ごとに、**該当するすべての項目をチェック**してください。また、「i」～「iv」のいずれかをチェックした（何らかの分野で利用している）場合は、同業他社と比較してその取り組みがどの程度進んでいるか、例にしたがって回答してください。

	利用分野					利用程度						
	利用なし	在庫管理	販売計画・需要予測	物流活動	その他	かなり遅れている ←						→ かなり進んでいる
例1 販売先の販売実績・出荷実績 （上記の情報を在庫管理と物流活動に利用している場合）	0□	i■	ii□	iii■	iv□	1□…2□…3□…4□…5■…6□…7□
例2 販売先の商品在庫状態 （上記の情報を全く利用していない場合）	0■	i□	ii□	iii□	iv□	1□…2□…3□…4□…5□…6□…7□
a. 販売先の販売実績・出荷実績	0□	i□	ii□	iii□	iv□	1□…2□…3□…4□…5□…6□…7□
b. 販売先の商品在庫状態	0□	i□	ii□	iii□	iv□	1□…2□…3□…4□…5□…6□…7□
c. 販売先の商品供給能力についての情報	0□	i□	ii□	iii□	iv□	1□…2□…3□…4□…5□…6□…7□
d. 販売先が取り扱う商品についての情報[注1]	0□	i□	ii□	iii□	iv□	1□…2□…3□…4□…5□…6□…7□
e. 消費者動向についての情報	0□	i□	ii□	iii□	iv□	1□…2□…3□…4□…5□…6□…7□
f. 販売先の今後の発注予定	0□	i□	ii□	iii□	iv□	1□…2□…3□…4□…5□…6□…7□
g. 販売先が行う今後の販促についての情報	0□	i□	ii□	iii□	iv□	1□…2□…3□…4□…5□…6□…7□
h. 販売先が考える商品需要の見通し	0□	i□	ii□	iii□	iv□	1□…2□…3□…4□…5□…6□…7□

注1 新商品や打ち切り商品についての情報も含みます。

26. 貴社において、**貴社から販売先に対する、**以下の各情報の定期的な提供は、**同業他社と比較して**どの程度進んでいますか。選択肢のなかからもっとも適切なものを1つずつ選んでください。全く提供していない場合は、「0.全く提供していない」をチェックしてください。

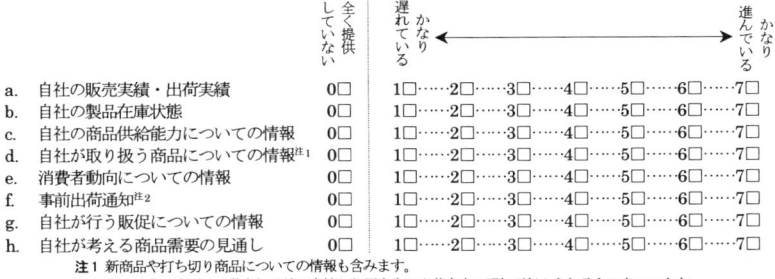

	全く提供していない	遅れている かなり ←						→ 進んでいる かなり
a. 自社の販売実績・出荷実績	0□	1□……2□……3□……4□……5□……6□……7□
b. 自社の製品在庫状態	0□	1□……2□……3□……4□……5□……6□……7□
c. 自社の商品供給能力についての情報	0□	1□……2□……3□……4□……5□……6□……7□
d. 自社が取り扱う商品についての情報[注1]	0□	1□……2□……3□……4□……5□……6□……7□
e. 消費者動向についての情報	0□	1□……2□……3□……4□……5□……6□……7□
f. 事前出荷通知[注2]	0□	1□……2□……3□……4□……5□……6□……7□
g. 自社が行う販促についての情報	0□	1□……2□……3□……4□……5□……6□……7□
h. 自社が考える商品需要の見通し	0□	1□……2□……3□……4□……5□……6□……7□

注1 新商品や打ち切り商品についての情報も含みます。
注2 この場合、商品が入荷される前に貴社から販売先に出荷内容の明細が伝えられるものをいいます。

VI 小売に対する卸機能についてのご質問

※ 以下の27～29の質問は、貴社が小売業者と取引がある場合だけお答えください。ない場合は次頁に進んでください。

27. 貴社が小売業に対して**実際に行っている**以下の項目は、以前（**5年前**）と比べてどの程度変化していますか。最も適当と思われるものを<u>1つずつ</u>選んでください。ただし、該当項目が貴社に存在しない場合は、右の「0」をチェックしてください。

		大幅に弱体化 ←――→ 大幅に強化	存在しない
a.	商圏情報の提供（得意先・競合店の状況）	1□‥‥2□‥‥3□‥‥4□‥‥5□‥‥6□‥‥7□	0□
b.	売れ筋・売り方情報の提供	1□‥‥2□‥‥3□‥‥4□‥‥5□‥‥6□‥‥7□	0□
c.	インターネットによる受発注	1□‥‥2□‥‥3□‥‥4□‥‥5□‥‥6□‥‥7□	0□
d.	特定小売業の専用センターの運営	1□‥‥2□‥‥3□‥‥4□‥‥5□‥‥6□‥‥7□	0□
e.	リードタイムの短縮・正確な納品	1□‥‥2□‥‥3□‥‥4□‥‥5□‥‥6□‥‥7□	0□
f.	多頻度小口配送	1□‥‥2□‥‥3□‥‥4□‥‥5□‥‥6□‥‥7□	0□
g.	取扱い品目の拡大	1□‥‥2□‥‥3□‥‥4□‥‥5□‥‥6□‥‥7□	0□
h.	棚割の配置提案	1□‥‥2□‥‥3□‥‥4□‥‥5□‥‥6□‥‥7□	0□
i.	販売促進の企画・提案	1□‥‥2□‥‥3□‥‥4□‥‥5□‥‥6□‥‥7□	0□
j.	新商品の探索と提案	1□‥‥2□‥‥3□‥‥4□‥‥5□‥‥6□‥‥7□	0□
k.	資金提供・支払い猶予	1□‥‥2□‥‥3□‥‥4□‥‥5□‥‥6□‥‥7□	0□
l.	返品・市場リスクの負担	1□‥‥2□‥‥3□‥‥4□‥‥5□‥‥6□‥‥7□	0□
m.	顧客データ管理の引受け	1□‥‥2□‥‥3□‥‥4□‥‥5□‥‥6□‥‥7□	0□
n.	人材派遣	1□‥‥2□‥‥3□‥‥4□‥‥5□‥‥6□‥‥7□	0□

28. 貴社に対する取引先の**小売業からの要望**は、以前（**5年前**）と比べてどのように変化していますか。最も適当と思われるものを<u>1つずつ</u>選んでください。ただし、小売業から要望を受けていない項目につきましては、一番右の「0」をチェックしてください。

		大幅に低下 ←――→ 大幅に増加	要望無し
a.	商圏情報の提供（得意先・競合店の状況）	1□‥‥2□‥‥3□‥‥4□‥‥5□‥‥6□‥‥7□	0□
b.	売れ筋・売り方情報の提供	1□‥‥2□‥‥3□‥‥4□‥‥5□‥‥6□‥‥7□	0□
c.	インターネットによる受発注	1□‥‥2□‥‥3□‥‥4□‥‥5□‥‥6□‥‥7□	0□
d.	特定小売業の専用センターの運営	1□‥‥2□‥‥3□‥‥4□‥‥5□‥‥6□‥‥7□	0□
e.	リードタイムの短縮・正確な納品	1□‥‥2□‥‥3□‥‥4□‥‥5□‥‥6□‥‥7□	0□
f.	多頻度小口配送	1□‥‥2□‥‥3□‥‥4□‥‥5□‥‥6□‥‥7□	0□
g.	取扱い品目の拡大	1□‥‥2□‥‥3□‥‥4□‥‥5□‥‥6□‥‥7□	0□
h.	棚割の配置提案	1□‥‥2□‥‥3□‥‥4□‥‥5□‥‥6□‥‥7□	0□
i.	販売促進の企画・提案	1□‥‥2□‥‥3□‥‥4□‥‥5□‥‥6□‥‥7□	0□
j.	新商品の探索と提案	1□‥‥2□‥‥3□‥‥4□‥‥5□‥‥6□‥‥7□	0□
k.	資金提供・支払い猶予	1□‥‥2□‥‥3□‥‥4□‥‥5□‥‥6□‥‥7□	0□
l.	返品・市場リスクの負担	1□‥‥2□‥‥3□‥‥4□‥‥5□‥‥6□‥‥7□	0□
m.	顧客データ管理の引受け	1□‥‥2□‥‥3□‥‥4□‥‥5□‥‥6□‥‥7□	0□
n.	人材派遣	1□‥‥2□‥‥3□‥‥4□‥‥5□‥‥6□‥‥7□	0□

29. 貴社において、以下の業務は以前（**5年前**）と比べてどの程度強化されていますか。最も適当と思われるものを<u>1つずつ</u>選んでください。そのような業務が存在しない場合は、右の「0」をチェックしてください。

		大幅に弱体化 ←――→ 大幅に強化	存在しない
a.	自社工場による製造	1□‥‥2□‥‥3□‥‥4□‥‥5□‥‥6□‥‥7□	0□
b.	メーカーへの製造委託	1□‥‥2□‥‥3□‥‥4□‥‥5□‥‥6□‥‥7□	0□
c.	消費者に対する販売	1□‥‥2□‥‥3□‥‥4□‥‥5□‥‥6□‥‥7□	0□
d.	他の卸売業に対する納品	1□‥‥2□‥‥3□‥‥4□‥‥5□‥‥6□‥‥7□	0□

※裏面にも記入欄がございます。

資料3

調査資料の送付をご希望される方は、貴社名、ご住所、記入者のお名前、ご所属の部署名、E-mail アドレスのご記入をよろしくお願いいたします（**名刺の添付に代えることができます。名刺を添付される方は、調査票に挟んでおいてください**）。**個人情報の機密保持に万全を期し、他用途には絶対に利用しないことをお約束いたします。**

貴社名	
ご住所	〒
記入者のお名前	様
ご所属部署名	
E-mail アドレス	

記入項目は以上です。ご協力ありがとうございました。大変恐れ入りますが、返信用封筒をご使用の上、**平成15年4月20日**までに、ご返送していただければ幸いです。

《資料4》──補章の付属資料

以下の質問は、加工食品に関する質問です。該当する項目に○をつけて下さい。

問1　御社は加工食品の所有権を持っていますか。1 はい。2 いいえ
1 はいと答えた御社は％で、答えてください（　　％）

問2　御社の売上の中で、御社のブランドは何％を占めていますか。PB（　　％）
そして、何種類を持っていますか（　　品種）
以前（5年前）と比べて増えていますか。1 はい。2 いいえ

問3　御社の商品検査（安全性など）は以前（5年前）と比べて強化されましたか。1 はい。
2 いいえ
1 はいを選んだ方は約何％を行っていますか。

問4　御社は在庫を全品目の中で何％を持っていますか。（　　％）また、在庫日数は、何週間程度ですか。（　　）
以前（5年前）と比べて強化されていますか。1 はい。2 いいえ

問5　御社は新製品開発をどのような方法で行っていますか。御社は％で、答えてください。
1）自社のみで（　　％）
2）メーカーと自社で（　　％）
3）自社と小売業で（　　％）
4）メーカー、自社、小売業と一緒に（　　％）
問5に関連して、以前（5年前）と比べて強化されている機能（　　）と強化されていない機能（　　）を上の1）、2）、3）、4）に答えてください。

問6　御社は配送をどこまで行っていますか。％で記入してください。
1）メーカーから自社（　　％）
2）自社から小売業（　　％）
3）メーカーから小売業（　　％）
問6に関連して、以前（5年前）と比べて強化している機能（　　）と強化していない機能（　　）を上の1）、2）、3）に答えてください。

問7　御社はどのくらいの品種を持っていますか。（　　品種）
問7に関連して、以前（5年前）と比べてどのように増えましたか。

資料4

問8　御社は危険負担（返品）を行っていますか（　）。1 はい。2 いいえ
1 はいを選んだ方は％で記入してください。 1 売れ残り（　％） 2 破損（　％） 3 その他（　％）

問9　御社は小売業に対して人材派遣を行っていますか。1 はい。2 いいえ
以前（5年前）と比べて強化されましたか。1 はい。2 いいえ

問10　御社は小売業に対して融資（資金援助）を行っていますか。1 はい。2 いいえ
以前（5年前）と比べて強化されましたか。1 はい。2 いいえ

問11　御社の出荷商品の形態は、どのように行っておりますか（　）。御社は％で、答えてください。店舗事業ベース：ケース単位（　％）とピース単位（　％）。 売上高ベース：ケース単位（　％）とピース単位（　％）。

問12　御社の取引先である大規模小売業と中小規模小売業の割合を、％で答えてください。 大企業（　％）、中小企業（　％）。傾向として、どちらが増えていますか。

問13　卸売機能の中で、特に強化している機能は何ですか。

御協力有難うございました。

参考文献

《日本文献》

麻生寿稿「全国一括物流とIT活用の情報提供で活路」『FORBES』GYOSEI、2001年8月、78–79頁。

荒川祐吉著『現代配給理論』千倉書房、1960年、219–220頁。

李海珠著『東アジア時代の韓国経済発展論』税務経理協会、1995年、131頁。

石原武正著『商業組織の内部編成』千倉書房、2000年、122–125頁。

生井澤進稿「我が国の商業」宮澤永光・十合暁編著『現代商業学入門』八千代出版、1999年284頁。

糸園辰雄稿「現代日本における卸売業の構造」糸園辰雄・中野安・前田重郎・山中豊国編著『転換期の流通経済2　卸売業』大月書店、1989年、19頁。

大久保孝著『韓国の流通産業』産能大学出版部、1992年、18–21頁。

「卸売業の逆襲が始まった」『LOGI-BIZ月刊 ロジスティックス・ビジネス』ライノス・パブリケーションズ、2002年11月、13頁。

大橋正彦稿「マーケティング機能と卸売業」玉城芳治編著『卸売業マーケティング』中央経済社、1988年、51頁。

懸田豊甲稿「流通環境の変化と卸売機能」『商工金融』商工総合研究所、2002年11号、第52巻第11号、13頁。

加藤義忠著『わが国流通機構の展開』中央経済社、2000年、4–5頁。

金成洙稿「日韓卸売業の商業構造の変化—特に韓国の卸売業を中心に」『専修社会科学論集』第29号、2002年3月、95頁。

金成洙稿「日・韓卸売業の比較—消費者行動の変化に関連して」『日本消費経済学会年報』2001年、第27回全国大会、113–116頁。

金成洙稿「韓国卸売業の実証分析」専修大学商学研究所報、2001年、第32巻第4号、28–45頁。

金成洙稿「日・米におけるコンビニエンス・ストアの生成・発展の比較研究」『専修社会科学論集』第23号、1999年3月、135–152頁。

金顕哲著『日本型マーケティングの再構築』大学教育出版、1998年。

久保村隆祐稿「流通機能と商業」久保村隆祐・荒川祐吉編著『商業学』有斐閣大学双書、1990年、103頁。

久保村隆祐著『第二次流通革命』流通問題研究協会編、1996年、1頁。

『国分290周年記念特集号』食品新聞社、2002年、42頁。

佐々木實雄稿「W/R 比率と集中度からみる主要国の流通構造」田島義博・宮下正房編著『流通の国際比較』有斐閣、1985 年、116-119 頁。
佐藤肇著『日本の流通機構』有斐閣、1976 年、73-74 頁。
産業研究所編著『卸売業における構造変化の統計的把握に関する調査研究』2002 年 3 月。
嶋口充輝著『総合マーケティング』日本経済新聞社、1986 年、23 頁。
沈晩燮著『論攷　韓国経済論』中京大学商学会、1987 年、11-19 頁。
『新流通の創造―株式会社菱食社史』株式会社菱食、1999 年、310 頁。
鈴木安昭著『新・流通と商業』有斐閣、1997 年、197 頁。
鈴木安昭・田村正紀編著『商業論』有斐閣、1980 年、198-199 頁。
住谷宏稿「卸売機構」久保村隆祐編著『商学通論』同文舘、2002 年、92 頁。
関友作編著『SPSS のやさしい使い方　基礎編』ATMS、1998 年、139 頁。
関根孝稿「卸売多段階性の研究」『マーケティングジャーナル』1982 年、Vol. 2、77 頁。
総務庁統計局「日本統計月報」No. 468、2000 年、6 月、13 頁。
十合晩窺「総説」宮澤永光・十合晩編著『現代商業学入門』八千代出版、1999 年、39-40 頁。
田口冬樹著『体系流通論』白桃書房、2001 年。
田島義博稿「比較流通の概念的問題」阿部真也・白石善章・加藤義忠・岩永忠編著『現代流通の解明』ミネルヴァ書房、1991 年、75 頁。
田島義博稿「国際比較の意義と研究方向」田島義博・宮下正房編『流通の国際比較』有斐閣、1985 年、3-5 頁。
田島義博・宮下正房編著『日本的卸売経営の未来』東洋経済新報社、1986 年、208 頁。
田村正紀著『日本型流通システム』千倉書房、1996 年、113 頁。
崔虎鎮著『近代朝鮮経済史』慶應書房、1942 年、30 頁。
中小公庫レポート『求められる中小卸売業の IT 戦略―連携戦略を軸にした卸売業の今後の展開について―』中小企業金融公庫調査部、2002 年 3 月、No. 2001-6。
中小企業庁『中間流通業の「戦略的ビジョン」策定に関わる調査研究』2001 年 3 月。
朝鮮総督府編著『朝鮮人の商業』1925 年、81-82 頁。
通商産業省編『21 世紀に向けた流通ビジョン』通商産業調査会、1995 年。
通商産業省企業局編『流通近代化の展望と課題』大蔵省、1968 年。
通商産業省産業政策局商政課編『70 年代の流通』通商産業調査会、1971 年、22-31 頁。
通商産業省産業政策局商政課編『80 年代における流通産業ビジョン』通商産業調査会、1984 年、22 頁。
通商産業省産政課編『90 年代における流通ビジョン』通商産業調査会、1989 年、8 頁。
通商産業省編『21 世紀に向けた流通ビジョン』通商産業調査会、1995 年、90-100 頁。
通産省（現、経済産業省）『商業統計表』の各年度。
通商産業大臣官房調査統計部編『平成 6 年商業統計表流通経路別統計編（卸売業）』通商産業大臣官房調査統計部、1996 年、32 頁。

参考文献

出牛正芳著『マーケティング概論』税務経理協会、1997年、39頁。
東京都商工指導所『平成11年度東京都中小企業白書（卸売業編）』1999年、252頁。
豊田武著『増訂　中世日本商業史の研究』岩波書店、1970年、206-207頁。
「中抜きに負けるな」『日経ビジネス　特別編集版』日経BP社、2002年1月。
波形克彦著『卸売業の21世紀型革新戦略』経林書房、2001年、155頁。
西方博著『朝鮮社会経済史研究　上』国書刊行会、1971年、122-123頁。
日本の通産省「商業統計表」各年度。
日本経済新聞社編『流通経済の手引78年』日本経済新聞社、1977年、8頁ならびに94-96頁。
日本経済新聞社編『流通経済の手引1982年』日本経済新聞社、1981年、102-103頁。
日本経済新聞社編『流通経済の手引1983年』日本経済新聞社、1982年、12-13頁。
日本経済新聞社編『流通経済の手引1986年』日本経済新聞社、1985年、26頁。
日本経済新聞社編『流通経済の手引1987年』日本経済新聞社、1986年、124頁。
日本経済新聞社編『流通経済の手引1989年』日本経済新聞社、1988年、144頁。
日本経済新聞社編『流通経済の手引1990年』日本経済新聞社、1989年、18頁。
日本経済新聞社編『流通経済の手引1993年』日本経済新聞社、1992年、20-21頁ならびに155-157頁。
日本経済新聞社編『流通経済の手引1994年』日本経済新聞社、1993年、120頁ならびに123-124頁。
日本経済新聞社編『流通経済の手引1999年』日本経済新聞社、1998年、17頁。
日本経済新聞社編『流通経済の手引2001年』日本経済新聞社、2000年、262頁、
日本経済新聞社編『流通経済の手引2002年』日本経済新聞社、2001年、258頁。
日本生産性本部生産研究所流通委員会「マーケティング―原理と事例―」日本生産性本部、1957年、3頁。
林周二著『流通革命』中央公論社、1962年、168頁。
原田英生稿「卸売業の機能と構造」原田英生・田島義博編著『ゼミナール流通入門』日本経済新聞社、1997年、183頁。
広田正稿「21世紀の食品卸売業の課題」『生活起点』セゾン総合研究所、2002年、6月、No. 50。
風呂勉稿「卸売業存在根拠論」『季刊　消費と流通』第2巻1号、日本経済新聞社、1978年、89-90頁。
風呂勉稿「卸売業業の意義と特徴」久保村雄介・荒川祐吉編『商業論』有斐閣大学双書、1974年、235頁。
丸山雅祥著『日本市場の競争構造―市場と取引―』創文社、1992年、53-55頁。
三上富三郎著『卸売業経営』同文舘、1963年、19頁。
三上富三郎著『卸売業　経営と診断』東京教学社、1975年、65-70頁。

三村優美子稿「わが国中小小売業の構造変化とマーケティング・チャネル政策」『東京国際大学論叢』第35号、1987年、31-44頁。
三村優美子著『現代日本の流通システム』有斐閣、1992年、163頁。
三村優美子稿「卸売構造変化と流通再編成の進展」青山学院大学経営学会『青山経営論集』第31巻第4号、1997年3月、27頁。
三村優美子稿「関係性概念と価値連環流通システムの可能性」青山学院大学経営学会『青山経営論集』第35巻第4号、2001年3月、71-88頁。
三村優美子稿「小売業を支援する卸売業―小売業と卸売業の機能連携の可能性―」『商工金融』商工総合研究所、第52巻第11号、2002年、16-17頁。
宮下正房著『現代の流通戦略』中央経済社、1996年、86-89頁。
宮下正房稿「卸売経営の革新」『流通現代史』日本経済新聞社編、1993年、177頁。
文定昌著『朝鮮の市場』日本評論社、1941年、48頁。
村山智順著『朝鮮市場の研究』国書刊行会、1999年、45頁。
本藤貴康稿「中小卸売業の機能開発の方向性に関する一考察」『東京経大学会誌』東京経済大学経営学会、2001年10月、No. 226。
森下二次也著『流通組織の動態』千倉書房、1995年、142頁。
森下二次也稿「商業の分化と商業組織」森下二次也編著『商業概論』有斐閣双書、1967年、94-95頁。
山崎隆三稿「戦間期日本資本主義分析と視角と基準」山崎隆三編『両大戦間期の日本資本主義（上券）』大月書店、1978年、21-22頁。
渡辺達郎著『現代流通政策』中央経済社、1999年、40-41頁。

《韓国文献》

オクソンジョン著『流通経済』チャンヒョン出版社、1998年。
オセゾ編著『流通管理』博英社、2001年、141頁。
韓国の統計庁編「卸・小売業総調査報告書」各年度。
韓国百貨店協会編『流通法令集』韓国百貨店協会、2000年、11頁。
キムセボム外3人編著『消費者行動論』キョンソル出版社、2000年。
国史編纂委員会編『国史館論争』国史編纂委員会、1996年、第67号53-55頁。
大韓商工会議所編『韓国の流通産業』大韓商工会議所、1985年、84頁。
大韓商工会議所編『商工業100年の展開過程』大韓商工会議所、1982年、63-64頁。
大韓商工会議所編『韓国の商工業百年史』大韓商工会議所、1982年、562頁。
大韓商工会議所編『韓国の商工業百年』大韓商工会議所、1984年、115-116頁。
大韓商工会議所編『流通産業　競争力強化5年間の計画（1996～2000）』1995年11月、5頁。

参考文献

大韓商工会議所編『流通産業の発展戦略と政策課題』大韓商工会議所、1999 年、83 頁。
趙炳賛著『韓国の市場経済史』東国大学校出版部、1993 年、196 頁。
鄭福祚著『食料流通経済論』高麗大学出版部、1985 年、64 頁。
統計庁編『2001 韓国の社会指標』統計庁、2001 年。
朴奉斗外 4 人編著『流通学概論』学現社、2000 年、251 頁。

《欧米文献》

Anne T. Coughlan, Erin Anderson, Louis W. Stern and Adel I. El-Ansary, *Marketing Channels*, 6 ed., Prentice-Hall, 2001, pp. 475–476.

Arch W. Shaw, *Some Problems in Market Distribution*, Harvard University Press, 1915, pp. 76–97.（伊藤康男・水野裕正訳『A. W. ショウ 市場配給の理論』文眞堂、1988 年、49–57 頁。）

Bert Rosenbroom, *Marketing Channels*, 6 ed., New York: The Dryden Press, 1999, p. 51.

Bartels, R. (ed.), *Comparative Marketing: Wholesaling in Fifteen Countries*, Richard D. Irwin, Inc., 1963, pp. 285–296.

Bartels, R., "Are Domestic and International Marketing Dissimilar?" *Journal of Marketing*, Vol. 32, No. 3, 1968, pp. 56–61.

Cundiff, E. W., "Concepts in Comparative Retailing", *Journal of Marketing*, Vol. 29, No. 1, 1965, pp. 59–63.

E. Jerome McCarthy, *Basic Marketing: A managerial approach*, 6th ed., Irwin, 1978, and pp. 19–21.

Ford, P., "Excessive Competition in the Retail Trades Changes in the Number of Shop, 1901–1931", *The Economic Journal*, September, 1935.

Fred E. Clark, and Carrie P. Clark, *Principles of Marketing*, The Macmillan Company, 1922, p. 11.

L. D. H. Weld, "Marketing Functions and Mercantile Organization", *The American Economic Review*, Vol. VII, No. 2 June 1917, pp. 306–318.

Louis W. Stern and Adel I. El-Ansary, *Marketing Channels*, 4 ed., Prentice-Hall, 1992.

Mall, M., *Distributive trading; An Economic Analysis*, Hutchinson's University Libraty, 1947, pp. 80–82.（片岡一郎訳『商業の経済理論―商業の経済学的分析―』東洋経済新報社、1957 年、108–111 頁。）

Philip Kotler, *Marketing Management: Analysis, Planning, Implementation, and Control*, Tenth ed., Prentice-Hall, 2000, pp. 68–70.

金成洙（Kim Sung Su）

1966年　ソウル生まれ
2004年　専修大学大学院経営学研究科博士課程修了、同大学大学院助手
現　在　専修大学北海道短期大学商科専任講師（経営学博士）
　　　　専門は、マーケティング論、流通論
　　　　主な担当科目は、マーケティング論、商学概論、商業政策
主な著作・論文
　　　　「韓国卸売業の実証分析―日韓商業統計による卸売業の比較分析―」（専修大学商学研究所報、平成13年3月）、「韓国のディスカウントストア―ホームプラスを中心として―」（日本商業施設学会年報、平成14年9月）、「日・韓卸売業比較―消費者行動の変化に関連して―」（日本消費経済学会年報、平成15年3月）、「卸売業の機能強化のための再構築モデル―食品卸売業の実証研究―」（専修大学経営研究所年報、平成16年3月）、『基本マーケティング用語辞典』（編著、白桃書房、平成16年11月）、その他多数。

日・韓卸売構造の変化に関する研究

2005年3月15日　第1版第1刷

著　者　　金　成　洙
発行者　　原田　敏行
発行所　　専修大学出版局
　　　　　〒101-0051　東京都千代田区神田神保町3-8-3
　　　　　　　　　　　㈱専大センチュリー内
　　　　　電話　03-3263-4230㈹
印　刷
製　本　　電算印刷株式会社

©Kim Sung Su 2005　Printed in Japan
ISBN 4-88125-155-4

◎専修大学出版局の本◎

日本のビール産業―発展と産業組織論―
水川 侑　　　　　　　　　　　　　　　A5判　本体2400円

大手各社の熾烈なシェア獲得戦争、量販店や地ビールの出現、発泡酒の登場を考察。業界の発展のために規制の緩和と地ビールの育成を訴える。

台湾の経済発展と政府の役割―いわゆる「アジアNIES論」を超えて―
陳 振雄　　　　　　　　　　　　　　　A5判　本体4500円

日領以前からの歴史的経験を踏まえ、政治・社会・文化などと関連づけて考察。アジア経済論や開発経済論に希有な寄与をもたらす一書。

専修大学社会科学研究所　社会科学研究叢書3
情報革新と産業ニューウェーブ
溝田誠吾 編著　　　　　　　　　　　　A5判　本体4800円

大規模な企業合併や製品の共同開発など、産業に新しい潮流が起ってきた。コンピュータ産業や通信業、金融業、自動車、航空産業の動向を実証分析。

専修大学社会科学研究所　社会科学研究叢書6
現代企業組織のダイナミズム
池本正純 編　　　　　　　　　　　　　A5判　本体3800円

組織ガバナンスの核となる企業家機能はいかにあるべきか。アウトソースや第三者割当増資、企業の研究開発（R&D）、コーポレートガバナンスと監査など、注目の問題を精緻に考察。

天然ガス産業の挑戦―伸びゆく各国の動向とその展望―
小島 直 他　　　　　　　　　　　　　A5判　本体2800円

環境保全などの課題が山積するなか、天然ガスは21世紀の重要なエネルギーとして注目されている。各国の事情、利用技術の進展などを包括的に検証、将来を展望する。